大夏书系·名家经典

名家儿童观中的教育之道

楚江亭 主编

Education

华东师范大学出版社

全国百佳图书出版单位

图书在版编目（CIP）数据

名家儿童观中的教育之道 / 楚江亭主编 . —上海：华东师范大学出版社，2014.11
ISBN 978-7-5675-2744-7

Ⅰ.①名… Ⅱ.①楚… Ⅲ.①儿童教育—通俗读物 Ⅳ.① G61-49

中国版本图书馆 CIP 数据核字（2014）第 259945 号

大夏书系·名家经典

名家儿童观中的教育之道

主　　编	楚江亭
策划编辑	程晓云
审读编辑	张思扬
封面设计	奇文云海·设计顾问
出版发行	华东师范大学出版社
社　　址	上海市中山北路 3663 号　邮编　200062
网　　址	www.ecnupress.com.cn
电　　话	021-60821666　行政传真　021-62572105
客服电话	021-62865537
邮购电话	021-62869887　地址　上海市中山北路 3663 号华东师范大学校内先锋路口
网　　店	http://hdsdcbs.tmall.com
印刷者	北京季蜂印刷有限公司
开　　本	700×1000　16 开
插　　页	1
印　　张	16
字　　数	229 千字
版　　次	2015 年 9 月第一版
印　　次	2015 年 9 月第一次
印　　数	6 100
书　　号	ISBN 978-7-5675-2744-7/G·7724
定　　价	32.00 元
出版人	王焰

（如发现本版图书有印订质量问题，请寄回本社市场部调换或电话 021-62865537 联系）

目 录
CONTENTS

上 篇

1 阿莫纳什维利：做儿童的大朋友 ……… 3
儿童应该热爱和善于幻想，而我们成人——教师、教养员——应该善于发展他们的幻想能力。幻想——这是现实的摇篮，这已被我们今天所证实，明天还将被我们的孩子们所证实。

2 杜威：儿童是具有无限潜能的社会成员 ……… 18
给学生留下最持久的印象的教师，能够把自己对知识或艺术的热情传导给学生，使其有探究的欲望。

3 福禄培尔：让我们与儿童一起生活 ……… 28
父亲、教师和儿童的教导者们，你们不要以"关于这个我自己还不知道"，"这一点我自己还不知道"等话回答孩子。你们的任务绝不仅仅是传授已经掌握的知识，而是启发孩子去获得新的知识。

4 卢梭：让儿童成为儿童 ……… 41
在万物的秩序中，人类有他的地位；在人生的秩序中，童年有他的地位；应把成人看作成人，把孩子看作孩子。

5 罗素：教育是打开新世界的钥匙 ……… 53
我们所应追求的未来教育制度乃是一种能使每个儿童都获得最优机会的制度，理想的教育制度必定是民主的。

6　洛克：儿童的心灵犹如白板 ································66

儿童的好奇心，只是一种追求知识的欲望，所以应该加以鼓励，不独因为它是一种好现象，而且因为这是自然给他们预备的一个好工具，给他们除去生来的无知。

7　蒙台梭利：不教的教育 ································78

成人给儿童不需要的帮助，是儿童将受到的所有制约中的第一种制约，谁会想到这种压制将对儿童以后的生活产生最严重的后果呢？

8　裴斯泰洛齐：爱与自然的交响曲 ························92

为人在世，可贵者在于发展，在于发展个人天赋的内在力量，使其经过锻炼，使人能尽其才，能在社会上达到他应有的地位。这就是教育的最终目的。

9　皮亚杰：见证儿童非凡的成长 ··························106

儿童的行为仓库为了适应现实的需要，这些动作图式又进一步得到改变和充实。刺激输入的过滤或改变叫做同化，内部图式的改变，以适应现实，叫做顺应。

10　苏霍姆林斯基：把整个心灵献给孩子 ····················120

我们教育的人，不管他是个多么"没有希望"和"不可救药"的钉子学生，他的心灵里也总有点滴的优点。

下 篇

11 蔡元培：让儿童成为他自己 ······139

　　教育是帮助被教育的人，给他们能发展自己的能力，完成他的人格，于人类文化上能尽一分子责任；不是把被教育的人，造成一种特别器具，给抱有他种目的的人去应用。

12 陈鹤琴：活教育的践行者 ······150

　　活教育不是标新立异想自外于一般教育的主张，而是不满于传统教育的固陋和偏估，想推动为全民幸福服务的一种教育运动。

13 丰子恺：回归童真 ······161

　　世间的大人们，你们是由儿童变成的，你们的童心不曾完全泯灭。你们应该时时召回自己的童心，亲自去看看儿童的世界，不要误解他们，摧残他们的美丽与幸福，而硬拉他们到这枯燥苦闷的大人的世界里来。

14 胡适：做一个堂堂的人 ······173

　　树本无心结子，我也无恩于你。但是你既来了，我不能不养你教你，那是我对人道的义务，并不是待你的恩谊。将来你长大时，莫忘了我怎样教训儿子；我要你做一个堂堂的人，不要你做我的孝顺儿子。

15 梁启超：提倡儿童的趣味教育 ······184

　　每历若干时候，趣味转过新方面，便觉得像换个新生命，如朝旭升天，如新荷出水，我自觉这种生活是极可爱的，极有价值的。

16 鲁迅：儿童作为正当的"人" ················195

　　人性既然是发展的，就没有天生的"愚"和天生的"智"，其实即使是天才，在生下来的时候的第一声啼哭，也和正常的儿童一样，绝不会是一首好诗。

17 陶行知：教育在儿童生活的每个瞬间 ················205

　　我们要解放小孩子的空间，让他们去接触大自然中的花草、树木、青山、绿水、日月、星辰以及大社会中之士、农、工、商、三教九流，自由的对宇宙发问，与万物为友，并且向中外古今三百六十行学习。

18 夏丏尊：教育源于爱 ················215

　　教育上的水是什么？就是情，就是爱。教育没有了情爱，就成了无水的池，任你四方形也罢、圆形也罢，总逃不出一个空虚。

19 叶圣陶：童话中的拓荒者 ················226

　　人们最高精神的连锁是文学，使无数弱小的心团结而为大心，是文学独具有力量。文学能够穿黑暗，迎接光明，使人们抛弃卑鄙和浅薄，趋向高尚和精深。

20 周作人：发现儿童 ················236

　　我们对于教育的希望，是把儿童养成一个正当的"人"，而现在的教育却想把他做成一个忠顺的国民，这是极大的谬误。

　后　记 ················247

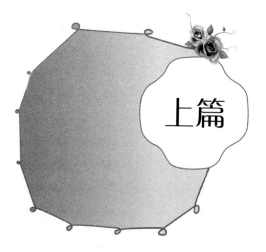
上篇

1
阿莫纳什维利：做儿童的大朋友

郑 策

一、阿莫纳什维利其人

阿莫纳什维利（1930—），格鲁吉亚著名的教育家，苏联继苏霍姆林斯基、赞科夫之后又一位杰出的教育革新家。在苏联解体前，他担任教育科学院院士、全苏教师创造协会理事长，之后担任格鲁吉亚戈盖巴什维利教育所长。

阿莫纳什维利对苏联传统学校教育制度、教育教学方法的种种弊端极为不满，他特别反对教育和教学过程的强制性和专制性、师生关系的不民主、用分数统治学校等做法。他认为这使学校生活成为学生的苦难，压制了儿童的个性发展。[1]于是，从20世纪60年代初开始，阿莫纳什维利就致力于教育革新实验，并长期坚持在教育教学第一线，数十年如一日。

阿莫纳什维利在与儿童的接触中，深入研究了教育、教学与儿童发展的关系。他从儿童角度出发，以人道的态度对待儿童，处理教育教学问题，创建了没有分数的教学体系。在阿莫纳什维利的班级里，孩子们亲切地喊他"大叔"，他就像大朋友一样和孩子们共同学习、共同成长。

阿莫纳什维利著述甚多，代表作有：《孩子们，你们好！》《孩子们，你们生活得怎样？》《孩子们，祝你们一路平安！》《教学·分数·评价》《6

---

[1] 朱佩荣.阿莫纳什维利的教育原则[J].外国教育资料，1989（2）：46.

岁入学》《对学生的学习评价的教养和教育职能》等。

苏联解体后,俄罗斯教育科学院首任院长彼得罗夫斯基在为《孩子们,你们好!》一书所写的序言中说道:"……这位教育家能够像作曲家谱写歌剧总谱或钢琴和乐队协奏的舞蹈组曲一样地谱写每一个学日的'总谱'。"

二、阿莫纳什维利儿童观的阐释

在阿莫纳什维利眼中,儿童是自然之母赠送给人类的"杰作",是充满活力的、精力充沛的、能动的、无限的"自然存在物"。[①]儿童的潜力是无穷无尽的,每个儿童都有独特的个性特点,教育者要相信每个儿童都有发展的可能性。教育就是顺应儿童的发展规律,帮助他们完成成长的过程。阿莫纳什维利就是怀着这样一种乐观的态度对待每个儿童的,他从每个儿童身上寻找珍贵的闪光点,并让这些闪光点更加灿烂。

在阿莫纳什维利看来,教师要全心全意地爱每个儿童,要从儿童的角度出发去了解儿童的世界,要充分相信儿童、尊重儿童。在学习中,教师和儿童之间应该是一种合作关系,对双方来说都是一种学习、进步。他曾这样说:"想要了解儿童心灵的秘密,想要揭示教育的技巧和教育科学的秘密,先要把每一个儿童认作是自己的老师和教育者。"[②]

(一)与儿童站在"同一边"

传统的观点认为,教师与学生是一组相对的概念,教师和学生之间隔着的讲桌,就如同隔着的鸿沟一样不可跨越。但在阿莫纳什维利看来,"只有把自己当作儿童,才能帮助儿童成为成人;只有把儿童的生活看作自己童年生活的重现,才能使自己日益完善起来;最后,应当全心全意地关怀

---

① [苏]阿莫纳什维利.孩子们,你们好![M].朱佩荣,译.北京:教育科学出版社,2005:233.
② 同上:3.

儿童的生活，才能使自己成为一个人道的教师"。① 教师要站到儿童的立场上去，设身处地为儿童着想，珍视他们的感情、愿望、需求，以他们的乐为乐，以他们的忧为忧，在思想感情上与他们息息相通，在行动上与他们打成一片，成为儿童的"自己人"、和蔼可亲的"大朋友"、足智多谋的"出谋策划者"。②

儿童是学习课程的主体，只有符合儿童发展规律和需要的课程才能达到预期的效果。从儿童的视角出发，提供儿童最需要的学习内容，并且以儿童喜欢的形式呈现出来，才能够真正让儿童在快乐中获得知识。

时事链接

警惕"幼小衔接"沦为"准小学"③

近日，一则题为"家长'纠结'：上学前班有错吗？"的报道一经发布，立刻引发不少网友关注。尽管不少人对"准小学生"们的经历表示同情，呼吁给孩子们一个完整的美好童年，但家长们似乎对此并不买单，纷纷慨言："幼升小"不亚于一场"战役"，"学前班"当之无愧是进军优质小学的有利"武器"。

……

早在先秦《学记》就记载有"禁于未发"的观点，意思是说儿童的发展尚未到位时，相应的教育是不能登场的。这是一种主张等待的"消极教育"主张，是以尊重儿童并以儿童可持续发展为前提的理念。再看当代著名童话作家郑渊洁的博文《请让孩子输在起跑线》，鲜明地提出主张并劝告家长们，"通过各种培训班给孩子超前学习与其年龄不同步的知识，无疑是揠苗助长"。幼儿的智力和心理成长都有明显的阶梯化特征，必须遵

---

① ［苏］阿莫纳什维利.孩子们，你们好！[M].朱佩荣，译.北京：教育科学出版社，2005：25.
② 同上：236.
③ 警惕"幼小衔接"沦为"准小学"[EB/OL]. http://edu.sina.com.cn/zxx/2014-02-25/1129410487.shtml，2014-2-25.

行循序渐进、因势利导的教育法则，而超前学习各种技能最终是会扼杀孩子的想象力和创造力。比起孩子们初上小学知识上的得心应手，难道幼儿时期激发起孩子对知识的探索欲望不更显得重要吗？

……

记得在奥地利首都维也纳，有一个"想象幼儿园"，步入其中一个教室，犹如走进了童话世界。孩子们在教师的指导下，尽情张开想象的翅膀，把自己装扮成美丽的白雪公主、可爱的灰姑娘或凶恶的大灰狼……而我们身旁，有多少孩子的童年是伴随着形式各样的辅导班、学前班、潜能开发班，他们的童年快乐吗？有多少孩子们奇特的想象力正渐行渐远？学前教育"小学化"，是中国的教育之病。家长若真"望子成龙"，切不可过于急切地早早就把孩子绑上应试教育的战车。

试想：在"准小学"的环境中，孩子们能获得多少快乐？且不说时间被占有，这些知识本身就超出了孩子们的接受范围，教育并没有真正与孩子站在"同一边"。应试的导向使教育"异化"，家长"异化"，最终将会导致孩子的"异化"。

（二）每个儿童都是独一无二的

阿莫纳什维利认为："在每一个儿童身上都潜藏着他独特的精神、心灵和智慧的力量，我们把在他们身上显示出来的这些无价之宝的'物质'视作某种原料，通过教育把每一个儿童所具有的这种独特的精神、心灵和智慧塑造成一个和谐结合的、特殊的结晶体——特殊的个性。"[1]儿童是一个完整的个体，在教育过程中是以完整独特的个性展示自己的。

在教学过程中，阿莫纳什维利根据不同学生的性格特点分配给他们不同的任务，让每个人都能在学习中获得乐趣和成功的体验。阿莫纳什维利力图将每个孩子培养成有个性的人，也就是一个在动机、目的、意志、智

---

[1] ［苏］阿莫纳什维利.快乐的、生气勃勃的教育学［N］.［苏］教师报，1980-10-09.

力、情感,以及对人的爱等方面具有个人特点的和无与伦比地融为一体的人。他认为:"个性孕育于自我斗争,孕育于自我认识和自我觉悟的过程,因而教育和教学的目标应该指引儿童走上这一自我形成的道路,并该帮助儿童在这一相当困难的搏斗中获取胜利。"①

时事链接

衡水中学的"神话"

河北衡水中学创建于1951年,位于河北省衡水市,以善于高考闻名全省甚至全国。截至2013年,学校连续14年成为河北省高考冠军。2011年河北省高考文、理科状元双双花落衡水中学。2013年高考,河北省高考文、理科状元再次被衡水中学收入囊中,其中文科类包揽河北省前十名。2013年,衡水中学共有104人考入清华、北大,在非京籍学校中与西北工业大学附中并列全国第一。但是在这样耀眼的成绩背后,学生和教师付出的又是什么样的努力呢?

所谓衡中模式,其实就是紧抓高考中心路线不动摇,在提升成绩之后从社会效益、经济效益角度全面扩张:扩张生源、打造垄断地位;扩张教育品牌(如教辅、服务、会议经济等),形成应试产业链;扩张教育经验与亮点,塑造改革伟岸形象。在此过程中进一步集聚各方资源,做大做强学校品牌,再吸引更多优质生源,形成新一轮循环。②

在这样的模式中,学生就成了"流水线上的产品",老师只会对孩子某一阶段的成绩负责,不去考虑孩子未来的发展。教育的最终目的是培养有活力、有个性的人,而不是统一规格的机器。按照流水线工艺生产出来的"产品"能有多少个性?我们不得而知。

---

① [苏]阿莫纳什维利.孩子们,你们好![M].朱佩荣,译.北京:教育科学出版社,2005:183.
② 王强.夕阳无限"好",只是近黄昏——管窥衡水中学[J].基础教育课程,2012(6):64.

（三）批评还是表扬

对儿童的学业进行评价会影响其对学习的兴趣，这对低年级的学生来说尤其如此。阿莫纳什维利通过自己的教学经验总结得出：表扬孩子正确的做法比批评他们的错误有更好的效果。积极的评价带给儿童的是胜利的喜悦而不是失败的沮丧。对于年龄较小的孩子来说，树立对学习的信心与培养学习的兴趣，积极的情绪体验是十分重要的。

拓展阅读

红墨水与绿墨水的故事

阿莫纳什维利班上的一个女孩列拉一拿到批改完的数学作业本就哭了起来，因为她每次的作业本上都有用红色墨水画的叉号和写的批注，这些就像老师在训斥自己一样："不及格！错误！你怎么就不害臊！"这些红颜色的标记让她感到恐惧和羞愧，完全丧失了改正错误的信心。列拉这样的情绪反应很容易导致她对数学失去兴趣，阿莫纳什维利在仔细思考之后将红墨水换成了绿墨水，标注出那些做对的题目。同时，错误的题由阿莫纳什维利自己抄录在一个专门的本子里，再把纠正的错误包含进新教材的掌握和新作业的完成之中。列拉拿到绿色墨水批改的数学作业本后，兴高采烈地喊叫了起来："我做对啦！做对啦！你看，我做对了那么多，数学真有趣！"

这并不仅仅是选择某一种颜色墨水的问题，其实质是教育观问题。怎样才能更好地帮助儿童？是指出他们的错误，还是指出他们所取得的成绩？阿莫纳什维利的做法不仅帮助列拉喜欢上了数学，而且他自己在批改作业的过程中也能更多地关注到学生的进步，教师和学生都在学习中获得了快乐。

（四）儿童不是一块"白板"——使儿童的生活在课上得到继续

儿童虽然年幼，相对于教师来说缺少经验和知识，但他们也是人，同成人一样有自尊心，有喜怒哀乐，也有烦心事和小秘密。每个孩子到课堂上来，都是带着经验来的，他们对每件事都有或多或少的看法。教师在教育教学中，要充分利用这些经验，才能取得更好的效果。

正是由于儿童不可能把自己的生活、自己的印象、自己的感受统统丢在校门之外，怀着纯而又纯的学习愿望来到学校[1]，所以阿莫纳什维利索性就作了这样的决定——让每一个儿童都带着自己的全部生活来到学校吧！他并不像多数教师那样，在上课一开始就假定孩子们已经全身心地投入到课堂中，一旦发现有人走神就会恼怒不已。阿莫纳什维利让孩子们把心事和故事拿到课堂上来分享，让其他同学也能体会到他们的快乐或分担他们的烦恼。在阿莫纳什维利看来，利用这样的方式可以培养孩子们对他人的同情心、关切感，这比多讲几个单词、几个句子更加重要。

（五）生活是最好的老师

阿莫纳什维利认为只有丰富的生活经验才能孕育出丰富的想象力，而且丰富的生活经验也是掌握书本中抽象的知识、形成独特良好个性的必要条件。他曾经说："儿童的童年生活经验愈是丰富多彩，就愈能顺利地使他长上最丰富的人类经验的翅膀。"[2] 如果一个孩子没有丰富多彩的童年生活，那么他在课堂里就不会有快乐的学习和生活，在成长过程中也会出现障碍。阿莫纳什维利班上有个叫凯蒂诺的小女孩，暑假里，她妈妈每天都在教她做书法练习和演算习题，不让她走出院子一步，也不让其他女孩来找她玩。这三个月的假期成了凯蒂诺成长的真空，她不能交到新朋友，开学后也不能和同学们分享快乐，这些损失是怎么也无法挽回的。

---

[1] ［苏］阿莫纳什维利.孩子们，你们好！［M］.朱佩荣，译.北京：教育科学出版社，2005：150.
[2] ［苏］阿莫纳什维利.孩子们，你们生活得怎样？［M］.朱佩荣，高文，译.北京：教育科学出版社，2005：9.

时事链接

广州多所小学尝试低年级不留书面作业[①]（节选）

近日，教育部新拟定的《小学生减负十条规定》（征求意见稿）在全社会公开征询意见。……新学期到来，不少学校已在"减负"上有所行动。在广州，多所小学设置了"作业绿色通道"，不少小学已尝试一、二年级不留书面作业，同时把中高年级的课后作业控制在一小时以内可以完成。

把假期还给孩子，让孩子在假期中获得丰富的生活经验，从而能够更好地理解课堂上的知识，让学生从"要我学"转变成"我要学"，做到在快乐中学习，在学习中获得快乐。

（六）儿童生来就爱学习

这个观点似乎与我们通常的想法有所不同。我们通常觉得儿童是贪玩的，是厌恶学习的。而阿莫纳什维利并不这样看，他说："没有必要指令6岁儿童，必须好好学习，因为他们本来就是喜欢学习的人。如果我们填鸭式地向他们灌输知识，并叮嘱说：'这是必定要掌握的！'他们就不会再喜欢学习了。"[②]

在阿莫纳什维利看来，知识和教育的重要性不需要向儿童强调。儿童并不像大人们认为的那样仅仅是贪玩，他们有强烈的求知欲望。如果教师让课堂充满欢乐，那儿童就能全身心地沉浸在知识的海洋中；如果教师强制儿童学习，那就是一种纯粹的利己主义的行为：教育简单化和轻松化。然而这使得儿童在课堂上的学习生活死气沉沉、缺少欢乐。当儿童长大以后，他们回想起自己的学习经历时，会认为那是一种苦难。

---

① 广州多所小学尝试低年级不留书面作业［EB/OL］. http://edu.people.com.cn/n/2013/0903/c1053-22785374.htm, 2013-09-19.

② ［苏］阿莫纳什维利. 孩子们，你们好！［M］. 朱佩荣，译. 北京：教育科学出版社，2005：13.

阿莫纳什维利认为,在掌握知识的过程中,让儿童体会到学习的快乐和克服困难的愉悦,是教师的天职。让儿童在课堂上发自内心地微笑,让他感受到自己智力的胜利,这样儿童就会竭力地追求真知。在阿莫纳什维利的课堂上,他利用"话袋"、拼字板等独特的教具,使课堂气氛活跃起来。在那里,常常能听到孩子们的欢声笑语。

(七)相信儿童

阿莫纳什维利认为每个儿童都具有成为好学生的潜力,教师不应根据成绩、乖巧与否等标准对待儿童。没有教不好的儿童,只有不会教的教师。教师对每个儿童都要抱有积极、真诚、乐观的态度。他要了解每个儿童的个性特点,并制定不同的教育方案,让每个儿童都能在学习中获得快乐,得到成长。阿莫纳什维利曾经做过这样的比喻:一个儿童学习有困难,而他自己并不清楚自己所处的状况,他是有病的,要靠教育医治。因此,教师对待所谓"问题"儿童就要像医生对待病人一样,在任何情况下都不能丧失信心,否则就将这个儿童送上了"绝路"。"如果一个儿童学习有困难,而我们确实想帮助他,那么,最主要的事——我们应该从何入手,什么是我们应该始终不渝地信守的原则——这就是使他能感受到,他像所有其他儿童一样,也是有才能的,他也有自己的特殊的'天赋'。"[1]

时事链接

10岁男孩跳楼引深思:别用语言伤了孩子[2]**(节选)**

近日,成都10岁男孩发生悲剧,沪上淘气孩子的班级被老师集体体罚……近日屡发的痛心事让沪上教育界再度沉思:今天的孩子该如何面对挫折?面对犯错的孩子,怎样的教育批评方法更科学、合适?昨日,记者

---

[1] [苏]阿莫纳什维利.孩子们,你们好![M].朱佩荣,译.北京:教育科学出版社,2005:66.
[2] 10岁男孩跳楼引深思:别用语言伤了孩子[EB/OL].http://edu.sina.com.cn/zxx/2013-11-05/1607400338.shtml,2013-11-5.

在采访中发现，家长、教师纷纷表示对于不同的孩子要区别对待，教育专家则指出，教育和保护应该同步进行，在尊重学生的同时，代表学生权利的代表应当参与到"教育规则"的制定中来。

……

21世纪教育研究副院长熊丙奇教授专门写博文指出，学校老师在批评教育的过程中要求学生写检讨书，究竟合不合适？熊丙奇表示，对学生采取这种教育方式，需要注意教育与保护相结合。其一，不能伤及学生自尊；其二，对检讨书提出字数等要求，对学生来说变成了"折磨"；其三，学校制定处罚规定没有经过家长委员会的同意，也没事先把学校的处罚告诉学生和家长，几乎所有学校，都在学生的"规则教育"方面做得不够——规则教育的要义是，学生（家长）有权参与规则的制定，表达意见，而制定规则之后大家遵守、执行规则，学生若违背相关的校规，将受到惩罚。但在此之前，学生权利的代表应当参与到规则的制定中来，事前的沟通会避免很多矛盾和冲突。

三、阿莫纳什维利儿童观的教育启示

（一）"蹲下来"——从儿童的视角出发

阿莫纳什维利儿童观中最基本的就是要理解儿童。他主张教师要把儿童想象成自己童年生活中的自我，将自己的童年生活融入到儿童的生活中去。儿童眼中的世界是什么样的？儿童最需要什么？儿童不喜欢什么？教师在面对学生的时候，应最先思考这些问题，只有回答了这些问题，才能为教育教学工作打好基础——这是一种人道主义的、真正以儿童为主的儿童观。教师需要蹲下来，站在儿童的角度，反思自己的教学是否合理。

阿莫纳什维利将这种从儿童立场出发的教学称为"后方的教育和教学战略"，实质就是调动学生的积极性，以此为基础完成教育所必需的学习和认识任务。在这个过程中，教师要充分借用"自由选择感"原则，即教师根据儿童发展的个性特点，从他们的立场、他们的生活经验和他们的潜力可达到的水平出发，巧妙地运用教育艺术，将教学大纲规定的内容转化为儿童自主的要求，把教师要求他们学习的教材变成他们自由选择的对象。① 这样儿童在学习时就如同做游戏一样，是完全主动自愿的。

而在我们的学校中，却常常看到这样的情景：运动器械过于高大，挂画横幅也远远高于孩子们的身高，孩子们在校园中的活动并不自由；学生学习多数是被迫的，教师和学校的相关人员很少考虑孩子们真正的想法……教师及学校管理者如何在教育教学中培养"儿童视角"，是值得从事教育工作的每一个人深思的。

（二）培养个性，因材施教

阿莫纳什维利坚信：教育的强大力量在于，它能在多大程度上区别对待地发展每一个学生的精神力量和形成他的个性特点，能在多大程度上以普遍的友爱和与人为善的精神感染他们中的每一个人。② 教师应该尊重儿童的个性，并让儿童感受到温暖和真诚。但是在传统教学中，儿童的主体地位被忽视，教师更多地关心教学大纲的完成、学生知识技能的习得等，而忽视学生个性的培养、情感态度的养成等。

同时，为了保证教师能够充分了解班里每个儿童的个性特点，阿莫纳什维利还对班级授课制提出了疑问。他认为："没有哪一种教学方法，没有哪一位教师，能够在学生人数任意增加的班级里获得同样的教育效果。一架飞机的乘客超过定额，就会导致空难事故。"③ 因此，当有几位家长执意要将自己的孩子送入实验班时，阿莫纳什维利显得很为难。他认为多一两个孩子对于他来说是个"大问题"，因为这样每个孩子能够分得的教师关注就会减少。他害怕不能给每个孩子足够的关注，不能让每个孩子获得最

---

① ［苏］阿莫纳什维利.孩子们，你们好！［M］.朱佩荣，译.北京：教育科学出版社，2005：237.
② ［苏］阿莫纳什维利.孩子们，你们生活得怎样？［M］.朱佩荣，高文，译.北京：教育科学出版社，2005：126.
③ 同①：32.

好的教育。

反观当今的班级，在某些所谓的重点学校里，班容量近百人，教室里不能再多放一张课桌。教师讲课时需借助麦克风，才能让全班同学都能听到声音。在这样的班级里，教师几乎不可能关注到每个学生，不要说学生的情感个性、心理健康的发展程度如何，就连最受关注的知识、技能的习得都不一定能得到保证，这怎么能完成教学目标以及学生发展目标呢？而且，在如此拥挤的教室中，教室的活动空间狭小，空气质量不高，对学生的身体健康也会造成不良的影响。

（三）让儿童拥有丰富的生活经验

阿莫纳什维利认为，儿童的生活经验首先来自精彩的假期——内容丰富的、充满着种种奇遇的生活，也许是冒险的，也许是可笑的，但都是认识的活动。其次，孩子们可以通过阅读丰富自己的经历。阅读某个故事并不仅仅是为了了解故事的内容，更重要的是要使自己像故事中的人那样去生活（当然这些故事必须是优秀的、向上的）。再有就是孩子可以与父母或者祖父母（尤其是祖父母）一起聊天、做游戏等，祖父和祖母能用自己的爱、关怀和智慧使儿童金色的童年更加绚丽多彩。[1]

现在的儿童生活在一个信息大爆炸的时代，他们获取信息的来源异常丰富，但同时也更趋向于单一的信息渠道——网络等电子媒体。很多儿童缺少与世界、自然的直接接触，这对于他们来说无疑是一种缺失。而且由于升学、考试的压力，儿童的假期常常被各种补习班占据，本来最快乐的假期也远离了他们，他们没有时间也没有机会利用假期来丰富自己的生活经验。

同样由于升学、考试的压力，儿童课外阅读的时间被大大压缩了。他们不能按照自己的兴趣选择阅读内容，而总是被强迫着读教师或家长认为"有用的"东西。这使得儿童在阅读时，缺乏兴趣而不能深入，阅读被当

---

[1] [苏]阿莫纳什维利.孩子们，你们好！[M].朱佩荣，译.北京：教育科学出版社，2005：174.

作一项任务去完成，儿童也就不能从这些书中获得有意义的理解和心灵的洗礼。此外，在一些家庭中，父母忙于工作，祖辈又生活在距离较远的故乡，儿童主要的生活空间都在学校。长辈与儿童的交流不便，很少有机会向儿童传递岁月带给他们的智慧。

儿童获得丰富生活经验的机会很少，对他们正确地认识世界，以及健康成长来说都是不利的。现在很多儿童缺少同情心，做事自私、冷漠，很大程度上是因为他们未习得相关经验，很难作出正确的反应。

（四）快乐学习

使学生获得学习成功的快乐是阿莫纳什维利最基本的教育原则之一。为此，他进行了一系列的教学改革。比如，他将语文、数学和俄语改成15分钟的微型课，并让孩子们每学15分钟就休息5分钟。这样，孩子们就不会感到疲惫，不会感到枯燥，也不会感到单调。在数学课上，阿莫纳什维利故意算错数字，让学生们找错误，引起学生们的好奇心，激起学生们强烈的学习愿望。此外，阿莫纳什维利还重新编订了教材，把6岁儿童的语文教科书编成四个分册，第一分册把他们带进语言的现实世界，第二分册把他们带进阅读的秘密世界，第三和第四分册促进他们发展阅读兴趣。[①]在课程评价上，阿莫纳什维利舍弃了分数，利用秘密纸袋对每个儿童进行多角度评价。在他的课堂上，孩子们不仅学到了知识，还收获了快乐。

在我国新课改进行了十年之后，一些学校课堂教学有了很大变化：教师们以学生为主体的意识越来越强，学生越来越主动地参与到课堂中来；在课堂教学中教师鼓励学生们合作讨论，而不仅仅是被动地接受；杜郎口、杨思等课改名校的教学模式越来越受到老师们的重视……但是更多的学校仍然采用"你讲我听"的老办法，在课堂上，学生们无精打采，教师们缺乏激情。在这样的课堂上，怎么能培养出具有丰富想象力、创造力的儿童呢？

---

① [苏]阿莫纳什维利.孩子们，你们好![M].朱佩荣,译.北京：教育科学出版社,2005：121.

（五）互相信任，合作学习

阿莫纳什维利特别强调师生合作。所谓合作，一是指教学中师生交往的方式，二是指在完成教学任务中，教师努力使师生在兴趣、情绪、目的、努力等方面一致起来。[①]他认为这样的师生关系更能够发挥学生的主体地位，调动学生的主体意识，让学生感到自己不仅是教学过程的参与者，同时也是教学过程的创造者。当然，这种师生合作建立在双方相互尊重、相互信任的基础之上。教师用积极乐观的态度对待每位学生，无论他的成绩、家庭背景如何，都要相信他能够在学习生活中取得进步。由此可见，教师的态度在师生关系形成中起着关键的作用，正是教师对学生的信任、尊重，对学生的关怀、爱护，唤起了学生对教师的信任。他们把教师看作自己的"大朋友"，从心底里愿意接受"大朋友"的建议、批评。在这样的氛围中，孩子们不仅能够学到正确的知识和行为习惯，而且能够养成关爱、理解他人的态度，形成高尚的人格特征。诚然，想要做到这一点，教师们必须真正热爱孩子，热爱自己的职业。

在阿莫纳什维利看来，孩子们是他的老师。他认为："我将教他们读书和写字，计算和加减乘除，画图和唱歌，而他们将授予我最高水平的师范教育。"[②]他觉得，只有从孩子们身上才能学到他们需要什么样的教师，需要什么样的教育，也只有孩子们能够给予使教育思想前进的养料，促使教师不断进行创造性的思考。

附录：阿莫纳什维利教育语录选摘

1. 丰富多彩的童年生活经验犹如一块最肥沃的土壤，在上面可以播下最美好的人类经验的种子，以期获得最稀罕的收成——独一无二的个性。

2. 谁爱儿童的叽叽喳喳声，谁就愿意从事教育工作，而谁爱儿童的叽

---

① ［苏］阿莫纳什维利.孩子们，你们好！［M］.朱佩荣，译.北京：教育科学出版社，2005：239.
② 同上：2.

叽喳喳声已经爱得入迷，谁就能获得自己的职业的幸福。

3. 要培养儿童具有用于创新的头脑，对认真的智力活动的兴趣和作为一种个性特点的独立性，要使他们感受到共同创造的欢乐，就得创造这样的条件：使他们点点滴滴的思维闪光组成一个思维的王国，使他们有可能认识到自己是思维王国的主宰者。

4. 教育的强大力量在于，它能在多大程度上区别对待地发展每一个学生的精神力量和形成他的个性特点，能在多大程度上以普遍的友爱和与人为善的精神感染他们中的每一个人。

5. 培养儿童心灵的诚实和高尚的情感，较之用各种知识丰富他们的头脑更有必要、更有价值。

6. 过分的关怀使儿童萌生的不是互相同情和关心，而是冷漠无情和粗暴；过分充裕的物质享受使儿童养成的不是对劳动人民的尊重态度，不是对物质财富的爱惜态度，而是挥霍浪费、敲诈勒索；过分的迁就使儿童发展的不是心灵的仁慈，而是意志薄弱和性格的懦弱；经常使儿童感到，只有他才是家庭的快乐和骄傲，这培养的不是他对家庭的责任感，而是自高自大和自满自足。

7. 点点滴滴的教育经验与批判性思维的火花相接触可以孕育有意义的思想，而教育实践与有意义的思想接触可以引发创造性的教育活动。

8. 教育儿童实际上就是培养儿童的生活，教师应该培养的不是儿童，而是儿童的生活。

9. 儿童应该热爱和善于幻想，而我们成人——教师、教养员——应该善于发展他们的幻想能力。幻想——这是现实的摇篮，这已被我们今天所证实，明天还将被我们的孩子们所证实。

10. 教师，要培养自己的学生具有怀疑的能力，因为在掌握知识的过程中产生的怀疑为思维打开着认识世界的通道，孕育信心和个性的独立性。

2 杜威：儿童是具有无限潜能的社会成员

孙 琦

一、杜威其人

约翰·杜威（1859—1952），美国著名实用主义哲学家、教育家、心理学家。1859年10月20日，杜威出生于佛蒙特州伯灵顿市一个杂货商家，并在家乡度过了童年和少年时代。1875年，杜威进入佛蒙特大学，开始受进化论的影响。1879年，杜威大学毕业，先后到一所中学和一所乡村学校教书，在此期间，他阅读了大量的哲学著作，开始受黑格尔派和实验心理学的影响。1884年，杜威到密歇根大学任教。1894年，他应聘到芝加哥大学，后曾任该校哲学系主任。1896年，杜威创办了著名的实验学校，将他的教育理论付诸实践。

杜威酷爱读书，但厌烦死记硬背的传统学校教育。他的女儿简·M·杜威在《约翰·杜威传》中指出："在形成约翰·杜威教育理论的各种因素中，他童年时代的环境显然起了很大的作用。"

杜威的思想对美国乃至世界教育产生了深远的影响。在美国，杜威是一位积极推动社会改革、畅言民主政治理想的自由主义派人士，也是致力于实践民本主义教育思想的进步人士。杜威毕生从事著书和教学工作，其主要著作有《我的教育信条》《学校与社会》《儿童与课程》《明日之学校》《民主主义与教育》等。

二、杜威儿童观的阐释

杜威在对前人尤其是卢梭的儿童教育继承和批判的基础上,提出了以儿童为中心取代教师为中心、教材为中心的教育思想,这无疑是教育史上一次哥白尼式的革命。

(一)作为社会正式成员的儿童

杜威反对把儿童看作候补人的看法。在他看来,儿童是社会的正式成员。他强调,儿童在智力上、社会性上、道德上和身体上是一个有机的整体,从最广义上把儿童看作社会的成员。学校做任何事情都必须能够理智地认清儿童的一切社会关系,并参与维护这些关系。杜威尊重儿童,尊重儿童现在的生活。杜威的儿童观是进步的,他让人们重新审视儿童的能力。这给现代教育提供了强有力的理论基础。

在杜威看来,每一个人的生存都是有限的,但社会却可以一直延续下去。儿童并非生来就有了解和关心社会群体的目的和习惯,他们生来是不成熟的,需要我们教给他们兴趣、知识、技能和实践等。生活通过教育传递,而这种传递并不像传递具体东西那样,它必须使人们通过参与、沟通,并促成相同情绪和理智倾向才能达成。杜威认为:"社会环境既不直接给人灌输某些愿望和观念,也不仅仅养成那些纯粹肌肉的动作习惯,如'本能地'眨眼或躲避打击。第一步是设置一种环境,激起某些看得见和摸得着的行动方式,使个人成为联合活动的共同参与者或伙伴,使他感到活动的成功就是他的成功,活动的失败就是他的失败,这是结束的一步。"[1]只有这样,个体才能在共同经验和联合行动中获得事物的意义。但正规的学校教育却存在着与学生生活经验割裂的危险,教学脱离生活实际,冷漠、死板。这使得学生很难理解事物的真正意义。

---

[1] [美]约翰·杜威.民主主义与教育[M].王承绪,译.北京:人民教育出版社,2001:20.

教育探索

一个苹果走天下[1]

在学校的德育课中,我们时常给同学们讲水资源的珍稀,要节约用水。但是孩子们也许并不理解,他们或许会想:"我们的大海有那么多水,怎么也用不完,为什么要节约?"这个时候,我们和孩子们解释人类可利用的淡水资源只占总量的千分之三,说一堆要节约用水的大道理,其效果是不理想的,孩子们对千分之三不会有什么概念。而温州市平阳县昆阳镇第一小学教师池昌斌却摸索出一条"生活——体验"型品德课的新路子,他是如何演绎这千分之三的呢?

首先他让学生联系生活,说说水的用途;接着展示人体水分图,说明水对生命的重要性;然后他给学生展示干裂的土地等各地缺水的图片,视觉冲击感很强,让学生能感受到水资源缺乏的现状。为了说明可利用淡水占水资源总量的千分之三,池昌斌老师给同学们每人一个苹果,让他们将苹果开始对半切直到切出他们眼中的千分之三。

同学们开始切苹果,切到二分之一、切到四分之一,拿给老师看,问是不是这么多,老师否定,让他们继续切……如此反复,同学们开始震惊,难道只有这么一点儿吗?他们开始产生危机感。最后他们都不敢再往下切。这时候,老师告诉孩子们,大概十六分之一片苹果上的皮才相当于可利用淡水占水资源总量的比例。老师削下那一小块苹果皮时,同学们目瞪口呆,教室里一片寂静但"此时无声胜有声",这堂课在孩子们心中留下了不可磨灭的深刻印象……

课后,池昌斌老师让同学们观察身边的浪费水资源的现象,并且让他们自己制作节水标语。在这一连串的教学设计中,学生们都感受到了节约用水的重要性,很多学生从那以后,再也不浪费水了。

---

[1] 摘自北京师范大学吴国珍《课程理论》授课案例。

这堂课给我们很多启示，学校教育应避免与生活脱节，应联系学生的生活经验。作为教师，应当清楚自己并非灌输知识和观念的工具，应当成为儿童的心灵导师，引导他们在共同的经验和联合的行动中获得事物的意义，一次"深入心灵"的体验或许胜于一箩筐大道理。

（二）柔弱之下的无限潜能

在杜威看来，不要小视那看似平凡而柔弱的种子，或许某一天，当它历经风雨长成参天大树时，你会惊叹于它挺拔伟岸的身姿。看似柔弱的孩童，却具有无限的发展潜能。人们总将初生的婴儿看作"既无能，又无知，处于未成熟状态，必须依赖成人抚育"的。杜威认为这种不成熟的状态恰恰是儿童能力的体现，这种不成熟状态不代表"缺乏"和"一无所有"，它是指一种积极的势力或能力——向前生长的力量，潜藏着巨大的能量的力量。

杜威认为，正是因为未成熟，儿童才最富有可塑性。儿童出生时十分脆弱，但却可以在复杂的环境中生存下来。因为儿童有一种特殊的适应能力，身体上的软弱使得儿童无力控制自然界中的事物，便转而注意周围成人的行为，由此儿童适应社会的能力得到发展。因此，儿童需要依赖成人，需要通过周围的环境学习，只有这样才能更好地适应社会生活。在《民主主义与教育》中，杜威这样写道："一般动物出生不久即能啄食和行路，儿童则需长期抚养才能独立生活，表面上儿童居于弱势，殊不知这较长的生长时期正好蕴藏着使他们进行比较复杂而高深的学习的可贵潜能。因此，一般动物仅能被环境所制约，人类则不仅能适应环境，还能改造环境。"

（三）"非善非恶"的儿童本能

杜威在对儿童天赋本能的认识上既不赞同"性善论"，也不同意"性恶论"，他认为："人类原始冲动本身既不是善的，也不是恶的，原始冲动或善或恶，就看我们怎么使用它们。"[1]

---

[1] ［美］约翰·杜威.民主主义与教育[M].王承绪，译.北京：人民教育出版社，2001：126.

未成熟的状态是儿童生长的前提，而儿童的本能则是儿童生长的原动力，儿童的能力、兴趣和习惯都建立在原始本能之上，本能是儿童发展和教育的最根本的基础。杜威认为儿童生来就具有自己的潜在本能和倾向，他把儿童的本能分为四种：

一是语言和社交的本能，这是一种社交的冲动，在儿童的谈话、亲身交往和交流中表现出来，语言是儿童的社交表现的最简单的形式。

二是制作的本能，这是一种建造性的冲动，通常在儿童的游戏、运动和模仿成人的活动中表现出来。

三是研究和探索的本能，这是一种探究性的冲动。

四是艺术的本能，这是一种表现性的冲动，是在建造性本能和交流本能的基础上产生的，是建造性本能和交流本能的精髓和完满的表现。

杜威认为，儿童自己的本能和能力为一切教育提供了素材，指出了起点，同时也对教育有着限制作用。对于儿童的本能我们不能任由其发展，也不能违背儿童的天性。教育应当以儿童为中心，尊重儿童的天赋能力。儿童不是一块橡皮泥，可以按照我们的主观意愿被捏成任何一种形状，儿童有自己的天性和本能，我们所能做的只是引导而非控制，正如我们能够把马牵到河边，但却不能强行按下它的头，强迫它喝水。正确的做法是对儿童的天赋本能进行正确的引导，设置一种有利于儿童本能发展的环境。

（四）儿童的中心地位

杜威认为儿童是不断主动发展的。他主张学校教育的中心是儿童。他批判旧教育"重心在教师，在教科书以及你所喜欢的任何地方，唯独不在儿童自己的直接的本能和活动上"[①]。他认为儿童不应当被动地、简单地接受、吸收知识，而应当积极主动地参与社会生活，并不断成长。杜威突破了"身心二元论"，他眼中的儿童是一个完整的整体。

---

① [美]约翰·杜威.学校与社会·明日之学校[M].赵祥麟，任钟印，吴志宏，译.北京：人民教育出版社，1994：43.

随着时代的发展,课堂教学活动中学生的角色已经从被动的接受者渐渐转变为主动的参与者。教学已经不再是老师讲、学生听的单一模式,而是以儿童为中心,引导学生主动地学习,并且结合多样化的教学方式激发学生学习兴趣。课堂的重心渐渐从教师、教材转移到儿童。

三、杜威儿童观的教育启示

杜威从他的民主主义社会理想出发,把儿童视为民主主义社会的正式成员,主张尊重儿童,尊重儿童的自然天性,把儿童看作一个有能力的、积极主动的整体,提倡教学中应当把儿童当作中心,并由此发展了他的教育理论,提出了"教育无目的""教育即生长,教育即生活,教育即经验的不断改造""学校即社会""做中学"等命题,他的这些思想有利于提高儿童的地位,为教育的发展作出了不可磨灭的贡献。即使是现在,他的某些观点仍然具有重要的借鉴意义。

(一)教育在儿童与社会之间

杜威认为儿童是教育的出发点,社会是教育的归宿点,正像两点之间形成一条直线一般,在教育出发点的儿童和教育归宿点的社会之间,形成了教育历程。杜威认为"学校即社会",学校是一个微缩的简化的社会。在现代学校教育中,学校要提供一个简化的环境,建立一个循序渐进的秩序,使得复杂的文明逐步地、分层次地被学生吸收。学校要建立一个净化的活动环境,尽力排除现存环境中的丑陋现象,把有助于未来更美好的社会的部分传承和保存起来。学校要创设一个更加广阔的和更加平衡的环境,使得青少年不受原来环境的限制,并能和更加广阔的环境建立充满生机的联系。

(二)精心地选取教材

1. 做中学

杜威反对传统学校的教材,认为传统教材与儿童的生活没有直接联系，是在儿童经验之外的。他主张"做中学"。例如，在一个班的课程以建造一所小平房为中心，那么各科的教学将围绕这个"做"的内容而展开。动工前，手工课打图样，算术课计算所需材料和测量房子面积。如果确定这房子将来要住一户农民，算术课还要计算耕地面积，所需种子以及收成等；语文课就要学习有关的词语；作文课则描写这个家庭的生活；评议作文的时候又成了修辞课；美术课描绘房子的颜色；表演课儿童自编自导在农场生活的戏剧。可见这种教学不是单纯要儿童学习书本知识，而是要求儿童在实践活动中获得经验和知识。

2. 关注儿童兴趣

杜威认为："所谓教材，就是在一个有目的的情境的发展过程中所观察的、回忆的、阅读的和谈论的种种事实，以及所提出的种种观念。"教师在选择教材时，首先要考虑的是教材要兼顾儿童的兴趣。兴趣是学习的原动力，只有儿童对教材感兴趣，才会用心去学习，从而掌握知识。

3. 贴近生活经验

杜威认为教育要联系学生的实际生活经验，教材也必须是在过去人类历史经验基础上与现实意义的结合，而不能远离学生的实际生活。另外，教师对教材的态度与学生对教材的态度是不同的，教师的知识超出了学生的认知范围，如果教师不考虑学生的理解能力，学生就没有办法掌握这些远离其生活经验的知识。在杜威看来，随着社会生活复杂性的增加，过去经验的数量和意义亦应随之增加，教师应当对这些材料进行特别的选择、表述和组织，以便更好地传授给学生。

因此，在现代学校教育中，学校教材选取一定要在"做中学"的理念指导下，与儿童的社会经验联系起来，与儿童的兴趣联系起来，才能达到事半功倍的效果。

（三）与儿童经验和学科整体紧密联系的课程观

1. 儿童与课程

杜威批判了传统教学中教师、教材与儿童实际生活经验相隔离的弊病。在他看来，传统教学中的课程和儿童之间存在明显的脱节。儿童的世界是关于个人的狭小世界，而课程中呈现的是非个人的、空间和时间无限扩大的世界；儿童的生活是统一的，而课程是专门化和分门别类的；儿童的生活是情绪的，而课程是逻辑的、抽象的。由于这些冲突的因素，我们就产生了不同的教育理论派别：

一派关注课程教材，认为儿童的生活是琐碎的、狭隘的和粗糙的，而课程教材呈现的是在一般真理的基础上安排好的永恒的世界，比儿童的生活经验重要得多。学生的本分是驯良和服从、容纳或接受。教育者的任务就是以课程教材中稳定的、安排妥当的现实代替儿童生活中的表面和偶然的事情。

另一派认为儿童是起点，是中心，是目的。所有科目都处于从属地位，是儿童发展生长的工具。我们应该以儿童为出发点，以儿童的自我实现为目标，而不是从外部将教材灌输给儿童，学习是主动的，学习的效果取决于儿童而不是教材。

2. 地图不能替代旅行

杜威把逻辑的经验和心理的经验比作一个探险家的一些笔记和一张地图。探险家在披荆斩棘寻找道路中记一些笔记，在彻底勘探后绘制了一张精美的地图。与此类似，我们的课程和教材就像一张精美的地图，是所有前人的旅行经验的总结。它可以指引我们的方向，让我们减少旅途中的徘徊，但是他人绘制的地图并不能代替我们自己的旅行，所以教师不应该仅仅简单地传授教材上的知识，而应该利用教材引导学生产生生动的个人亲身体验，将知识转化为儿童生活经验的一部分。

3. 注重实践

杜威认为学校的课程应该更加注重学生的实践性学习，教学应当从学生的经验和能力出发，在游戏和工作中采用与儿童、青年在校外所从事的活动类似的活动形式。传统学校教育注重灌输式教学方法，"从听中学"的方式传递的是人类长期积累的最牢固的知识，但是这种教学方式因为脱离社会情境的实际而使知识变得空洞乏味且难以掌握。

由于杜威强调一切教育都来源于经验，所以他主张"做中学"，即"生活中学习""经验中学习"。"做中学"的观点改变了以往教育只是让儿童学习书本知识的弊病，教育不是知识的直接灌输，而应使儿童在活动中得到经验和知识。杜威认为，要实现这种"做中学"，学校需要在课堂中为学生准备具有充分活动的地方和适合学生活动所需的各种材料和工具，要在学校里设实验室、工厂、园地等，让学生在制作的活动中学习。在他看来，实现"做中学"就是要设计一个对学生来说充满了有趣的事的环境，一个设计是否良好在于是否让不同的学生形成各种不同的反应，并允许每个学生自由地去做，而且按照他特有的方式作出他的贡献。

4.学科联系

杜威在博物、地理、历史、园艺等学科的教学问题上指出，各种教学科目知识之间存在着内在联系。例如，历史与地理学科是互相补充的。而这两门学科是扩大个人直接经验的意义的两大学校资源，是同一活生生的整体的两个方面。因此，教师应该特别注重学科之间的联系。

学科课程与综合课程孰优孰劣的问题一直存在争议。学科课程虽有利于各科基础知识的掌握，但各学科知识之间缺乏联系，将知识整体割裂开来。综合课程有利于学生获得整体性体验，在更广泛的领域理解知识的意义，尤其是综合实践活动，能够加深学生对自我、对世界的理解，在合作探究活动中寻求解决问题的方法，发表见解，培养探索人类世界和自然世界的好奇心和兴趣。虽然我们的基础教育在综合课程的推广上作了很大努力，但是综合课程的实施并不乐观。一些综合课程的开设只是徒有虚名，并未真正实施。学科课程与综合课程并非是对立的，二者可以并行不悖。综合课程的推广还需要进一步的努力，课程的改革一方面需要以高考改革为指导，另一方面也需要教师的教学观念的转变。

附录：杜威教育语录选摘

1.通过社会群体的更新，任何经验的延续是实在的事实。教育在它最广的意义上就是这种生活的社会延续。

2. 一个使人相信的合理的结论要建立在种种理由和证据的基础上。

3. 社会生活本身的经久不衰需要教导和学习,共同生活过程本身也具有教育作用。

4. 教育的过程在它自身以外无目的,它就是它自己的目的。

5. 兴趣是生长中的能力的信号和象征。我相信,兴趣显示着最初出现的能力,因此,经常而细心地观察儿童的兴趣,对于教育者是最重要的。

6. 教师总是真正上帝的代言者,真正天国的引路人。

7. 教育是在经验中、由于经验、为着经验的一种发展过程。

8. 我们的社会生活正在经历着一个彻底的和根本的变化。如果我们的教育对于生活必须具有任何意义的话,那么,它就必须经历一个相应的完全的变革,这个变革已经在进行,所有这一切,都不是偶然发生的,而是出于社会发展的各种需要。

9. 给学生留下最持久的印象的教师,能够把自己对知识或艺术的热情传导给学生,使其有探究的欲望。

10. 关系是民主和协作的关系,只有在这种社会关系中,学生才能形成社会需要的精神。

3
福禄培尔：让我们与儿童一起生活

雷雪玉

一、福禄培尔其人

福禄培尔（1782—1852），19世纪德国著名的幼儿教育家，近代西方学前教育理论的奠基人。他所创立的"幼儿园"模式和完整幼儿园教育理论体系，对世界各国幼儿教育工作起着非常重要的作用，他因此被誉为"幼儿教育之父"。

1782年，福禄培尔出生于德国图林根地区的一个牧师家庭。不幸的是，福禄培尔在不到一岁时失去了母亲。父亲忙于教务无暇顾及他，后母对他感情淡薄、缺乏关怀，他自小便意识到母爱和家庭温暖对儿童成长的重要性。

1811～1813年，福禄培尔到哥廷根大学和柏林大学深造，学习了哲学、人类学、伦理学、语言学、历史、地理、矿物学等学科。这些知识为他形成自己的教育思想奠定了良好的基础。1817年，福禄培尔在学校里推行裴斯泰洛齐的教育思想，重视儿童自由发展和自我活动。在实践基础上，他创办了《教育家庭》周刊，并在勃兰根堡创办了一所"发展幼儿活动本能和自发活动的机构"，招收工人和手工业者的孩子到这个机构接受教育，并把自己设计的幼儿游戏的材料——恩物拿到"游戏小组"中实验。

1839年，福禄培尔在德累斯登创办了第一个儿童指导员训练班。次年，他把设立在勃兰根堡的机构命名为"德国幼儿园"，并将"游戏指导员"改称为"幼儿园教师"。"幼儿园"一词蕴含着福禄培尔的自然教育思想，他把幼儿园比作花园，把幼儿比作花草树木，把幼儿园教师比作园丁，把幼儿教育过程比作培植花草树木的过程，以表达他对幼儿能够像花草树木一样在自然环境中生长的希望。

二、福禄培尔儿童观的阐释

福禄培尔从小就对大自然有着浓厚的兴趣，在哲学思想上，他甚至把自然看成是上帝的表现。在接触卢梭、裴斯泰洛齐等教育家的思想后，福禄培尔吸收、发展了"教育遵循自然"的思想，并将其视为最主要的教育原则。

（一）顺应自然

在福禄培尔看来，"自然"主要有两层含义：一方面是指大自然；另一方面是指儿童的天性，即生理和心理特点。当他在论述教育顺应自然时，"自然"主要指的是儿童的天性。

福禄培尔教育顺应自然思想以性善论为基础。他认为，一方面，上帝愿意在有限中表现自己；另一方面，人只能通过有限的和暂时的东西实现自己的目的。显然，在尘世生活中，人性与神性有相互统一的一面。因此，把人的本质看成既不善也不恶，或者把人本身和人的本质看成是恶的、坏的观点都是错误的。所以他明确地指出："人的本质本身肯定是善的，并且人本身有良好的品质和追求。"

拓展阅读

《人的教育》[①]（节选）

按上帝精神的作用和从人的完美性和本来的健全性来看，一切专断

[①] ［德］福禄培尔.人的教育[M].孙祖复，译.北京：人民教育出版社，1991：6.

的、指示性的、绝对的和干预性的训练、教育和教学必然地起着毁灭的、阻碍的、破坏的作用。因此，为进一步接受大自然的教训，葡萄藤应当被修剪。但修剪本身不会给葡萄藤带来葡萄，相反的，不管出自多么良好的意图，如果园丁在工作中不是十分耐心地、小心地顺应植物本性的话，葡萄藤可能由于修剪而被彻底毁灭，至少它的肥力和结果能力被破坏。在对待自然物方面，我们的做法常常是正确的，而在对待人的问题上，却会走上完全错误的道路，而且在两者中起作用的力量出自同一来源，服从于同一条法则。因此，从这一观点出发，对于人来说，重视自然和观察自然也是十分重要的。

在这段话中，福禄培尔用自然类比法说明教育必须遵循自然。他指出，家长把孩子当成"一块蜡"和"一团泥"可以任意捏的观点以及相应的做法是错误的，因此他呼吁教育要遵循儿童的自然本性。

在福禄培尔看来，开展儿童教育的基点是顺应自然。他对家长妄加干预儿童的现象表示强烈的不满。他认为，使人变坏的大多是成年人，甚至是教育者自己。人对孩子犯的罪过远远多于对上帝犯的罪过。"人身上的缺点，归根结底是因为对善良品行的追求遭到了压制或扭曲。因此，家长努力寻找和发现孩子原本就有的善良源泉，然后加以培养、保护、树立起来，加以正确引导。"所以，教育的目的就在于：使儿童的自然性向得到自由发展，并通过直接有效的手段帮助儿童达到所期望的目标。

（二）家庭教育是重中之重

1. 唤醒、激发、发展孩子的全部力量和素质是父母的职责

受童年经历以及夸美纽斯、裴斯泰洛齐等人的影响，福禄培尔非常重视家庭教育。他认为，在任何教育阶段，甚至人的一生，家庭生活都是非常重要的。儿童是在家庭中长大的，家庭生活是他的生活的楷模。在家庭里，儿童看到父母及其他家庭成员在生活中进行创造、工作和劳动后，也会尝试着去学习。这一阶段的教育奠定了人的发展基础。因此，父母作为

上帝指派的监护人应认识到自己对儿童和对人类的责任。

拓展阅读

《人的教育》[①]（节选）

首先，这个年龄阶段（指少年期）的男孩和女孩是多么由衷地乐意分担父母的工作啊！而且不是分担游戏性的、容易的工作，而是费劲的、要求付出力气和辛苦的工作。父母们，这一点你们要谨慎，要小心和多加思考！如果你们把自己孩子的帮助看作孩子气、不中用、作用不大，甚至也许看作是障碍而加以拒绝，那么你们可能会一下子至少在长时间内破坏了你们孩子的活动和塑造冲动。你们不要因为工作紧迫而使自己做出错误的引导。要防止对孩子说："走开，你只会妨碍我！"或者说："我很忙，让我一个人快点做！"这样，孩子们的内心活动被扰乱了。他们会感到自己被拒绝于他们感到与之密切关系的整体之外。

由此可见，福禄培尔认为，当少年期的儿童在尝试去表现他所看到的父母所做的一切时，父母不应该直接简单地制止。

那家庭教育的任务是什么呢？在家庭范围内，父母抚育子女的内容和目的就是唤醒、发展和激发孩子的全部力量和全部素质，培养他的四肢和一切器官的能力，满足他的素质和力量的要求。为此，福禄培尔主要强调了以下三点：第一，饮食适度、简单；第二，衣着宽松、完整；第三，学会观察和思考。

2.学校生活与家庭生活保持一致

福禄培尔认为，儿童入学以后便成了学生。这时，教师是主要的教育者，学校是主要的教学场所。学校和社会一样是一个统一体，儿童通过参与学校的生活，塑造自己的人格和个性。教育不是生活的准备，而

---

① ［德］福禄培尔.人的教育［M］.孙祖复，译.北京：人民教育出版社，1991：16.

是生活的缩影。可以说,这为后来杜威提出"学校即社会"的观点具有重大而深远的影响。福禄培尔认为幼儿园和学校是一个小型的社会,在这里大家尊重个人权利,共同承担责任,同情友爱,共同协作。为了保证学生的健康发展,学校必须与家庭保持紧密联系。学校与生活一致,学校生活与家庭生活一致,这是我们要达到完善的人的发展和教育的首要的、不可或缺的要求。

时事链接

【陪读记】家长会①

今年的中国陪读妈妈,的确只有我一个,完全不具存在感。

仔细看了家长会日程,三天的内容,除了校长召集半小时的拉赞助会议和各科老师10分钟的介绍,其他内容全部都是参观,参与。参观校舍、参观比赛,参观表演和展览;参与的,则是各种冷餐会、教堂弥撒、募捐筹款、国际生家庭聚会……总之都是社交,一个人性格要多么外向,人脉要多么广泛,英语要多么流畅,才能乐在其中啊。

三天的家长会一场接一场的派对和文体活动,更像学校对家长的答谢,家长负担学费了嘛。这与国内公立学校家长会有本质的不同。国内家长会真的是开会,先是大会介绍整体情况,然后回各班听各科老师具体表扬一批,批评一批,再预告一番下次考试,于是散会,家长回去找自家孩子算账。女儿学校的家长会,却是联谊性质,对孩子能力的评价,一律随成绩单书面奉送,非常详尽,无需会上交流。这就是小班制的好处,老师深刻了解每个孩子。

的确,国外和国内的家长会确实有很大的不同。毕竟国外是小班制,教师对每个孩子都非常的了解,所以家长会更多的是参观与参与。而在中国,家长会则是家长了解孩子、沟通教师的一个重要方式,但这远远不

---

① 【陪读记】家长会［EB/OL］. http://finance.ifeng.com/a/20131105/11013851_0.shtml,2013-11-5.

够。那如何更好地做到家长与教师的长期紧密的沟通联系，是我们需要认真思考的问题。

从上文中可以看出，在国外的家长会上，家长有充足的机会和时间了解孩子在学校的日常生活和教育效果，设身处地地感受学校整体的环境和氛围，而孩子的学习情况则是通过另一种更为详细的方式呈现给家长，而不是用简单的几句话应付。同时，连续的社交会让家长们可以建立广泛的联系，形成一个固定的教育交流圈，这既促进了家长们教育方式、生活态度的沟通交流，又促进了家长们更好地协助和引导孩子们形成亲密的同伴关系，有利于孩子们交际能力的发展。

（三）怎样安排游戏和作业——恩物

恩物是福禄培尔为儿童精心设计的游戏材料和教学用品，也就是玩具。他之所以把这些游戏材料命名为恩物，源于其宗教思想。在他看来，世界上的万事万物都是上帝创造的，自然界是上帝给人的礼物。而他创设的恩物是对大自然的模仿，儿童可以通过这些恩物认识自然，进而认识上帝。

福禄培尔设计的恩物主要有六种，每一种恩物都有不同的象征意义和教育作用。

第一种是分别用红、绿、蓝、黄、紫、橙六种颜色的羊毛结扎而成的小球。每个小球直径四公分，小球上有一线连接。首先，根据他的球体法则，球是最初和最终的自然形式，是上帝的象征物。儿童可以通过认识球来理解"统一""无限"等。其次，幼儿可以通过球来认识一些抽象的概念。如教师通过球的甩动来发展儿童上、左、右、前、后等方位知觉，也可以认识"运动"等概念。再次，幼儿可以借此锻炼视觉和触觉。他总共设计出50种玩法，认为这种恩物对儿童认识世界具有重要的作用。

第二种是木制的球体、正立方体和圆柱体。正立方体和圆柱体上有穿孔，并附有木棒和细绳。他认为，三种物体的不同形状代表了不同事物的多样性：立方体代表事物的稳定性；球体代表事物的运动性；圆柱体代表事物既有运动的一面,又有稳定的一面。同时,这三种物体又有相同的特性,这种相似性意味着不同事物之间具有统一性。圆柱体是球体和立方体的混合,这种混合决定了这三者之间存在一些共同性。通过这种恩物,幼儿可以认识各种事物的形式、性质和相互关系,不断发展创造力和想象力。

随后的四种恩物是以对立方体的不同分割方法为依据的。例如,第三种恩物是把一个立方体沿着三个方向分成8个相同的小立方体,第四种恩物是把一个立方体分成8个相同的小长方体,第五种和第六种恩物是把一个立方体分成27个小立方体,包括平板、斜角等各种形状。其中,第一、二种恩物供3岁以前的儿童游戏,第三、四、五、六种恩物供3～7岁儿童游戏。第四、五、六种恩物的含义与第三种恩物相似,但组成成分更复杂,可以构成多种多样物体的形状。

另外,他还设计了一些双面彩色板、彩色纸、小棒、金属环等作为幼儿建筑游戏的补充。

而作业则是为幼儿设计的各种游戏活动,同样,积极有益的作业源于自动原则。积极有益的手工劳动除了有助于训练感觉、发展技能、锻炼体格、学成手艺之外,还有更深层次的意义,即展现人的内心思想,发展儿童的智力,帮助儿童表达其内心世界。手工作业的重要性就在于它遵循了"教育要表现人的内心生活的能力"的原则。

儿童表达内心世界的方式主要有三种:第一是手势,第二是唱歌,第三是语言。儿童通过这些方式来表达情感和思想。为此,福禄培尔投入了毕生精力,编制了各种各样的游戏、作业、故事等,为教师设计各种材料以引导儿童的兴趣和活动。而且,游戏、作业、故事等各种方式的教学手段是相辅相成的。例如,当教师为儿童讲故事时,儿童不仅可以用自己的语言来表达,还可以通过唱歌、手势、图片、剪纸、泥塑等手工劳动来表达。这样,儿童的手、眼同时得到训练,全身肌肉协调发展,想象力得到激发。同时,儿童的道德情操得到增强,情感也得到升华。总之,各种手段的结合,不仅使儿童得到了全面的发展,而且也使得幼儿园教育达到相应的目标。

（四）和自然交朋友——自然教学

福禄培尔非常重视自然教学，主要有以下两方面原因。一方面，认识自然与认识上帝是一致的。他说，只有基督的信徒才有可能真正理解和认识自然。人，特别是少年期的人，应当在内心熟悉自然，不是按照自然的个别细节和表现形式，而是按照在自然中活着的并支配着自然的上帝精神，去熟悉自然。另一方面，人和自然的发展遵循同样的规律，只不过处于不同的发展阶段而已，孩子们通过自己内部心灵的眼睛能够想象到、感觉到和看到周围自然的内在的东西和生命。

教师和家长至少每周带领孩子开展一次室外活动，让孩子们仔细观察和理解自然向他们显示的景色，在温暖的阳光下，多与孩子做与自然界有关的游戏。引导孩子用他的眼睛去认知大自然的奇妙，可以是高山流水的名胜古迹，也可以是虫鸣蛙叫的郊外，还可以是花草繁茂的动植物园。孩子的眼睛越灵动，他的观察力就越好。

例如，父母可以这样启发孩子：在一天里天空会有哪些变化？为何太阳出来时天被染红了？为什么有阳光的日子天空是蓝色的，阴天则是灰色的？天上的云彩有些什么变化？也可以让孩子倾听各种不同的声音，如马路上的人声，不同车辆行驶时的声音，田野、山林的鸟语与虫鸣，以此来锻炼儿童的听觉。

另外，大自然中还有很多可供孩子用手探知世界的东西。通过手的活动，儿童可以获取更多的外部信息，从而更好地促使大脑的活动。例如，当孩子用手去堆积沙粒和把玩沙土的时候，成人不必关注孩子的衣服是否被弄脏，而是应该鼓励孩子去感受沙子从手中流失时的感受，或者是怎样用手把泥巴捏成不同的形状。同时，在玩耍过程中可以鼓励孩子多提问，调动他思维的积极性和主动性。孩子在不断的提问和回答中，思维将更加活跃，想象力和创造力都得到了提高。

当然也要注意别早早给孩子标准答案：如果孩子问天上的云像什么时，你不要急着告诉他你的想法，而是应该启发他去想象，允许他去"胡思乱想",让他说出越多云彩的形状越好。在不断的描述中,孩子的想象力也会得到最大的激发。

(五)身体训练和劳动教育

1. 身体最重要

首先,良好的身体来自训练。只有对身体进行全面的训练,人们才能在生活和职业中保持强健活泼的身体,端庄的姿态和仪表。其次,身体训练和精神训练是相关联的。如果我们给儿童提供一种由简单到复杂的、全面的、科学的、与精神训练一致的身体训练,那么,儿童的许多不良行为就可以避免。唯有精神和身体的教养调和一致,真正的训育才有可能实现。因此,实行严格的与人的精神相关联的身体训练,是每所学校的重要的教学任务。为此,教育者可以在必要时采取训诫、处罚、严惩等手段。再次,身体的训练能促使少年儿童认识自己身体的内部结构。在身体训练的过程中,儿童能够特别生动地感受到相互联系的身体的各个部分,而且如果将这种感受与人体构造结合起来,就更有利于儿童了解身体的结构。当然,对人体构造的理解也会引起他们对身体的重视与保护。

时事链接

中小学体测或用20米往返跑[①](节选)

20米往返跑可能替代中小学中常规800米、1000米跑测试,用来反映学生的体质健康。昨天,华东师范大学成立"青少年健康评价与运动干预"教育部重点实验室——上海中小学研究基地,为青少年体质健康评价标准的修订、运动干预方案的制定,以及中小学生体质的纵向跟踪调查确立工作机制。

"青少年健康评价与运动干预"教育部重点实验室将选取本市虹口、奉贤、黄浦三个区的6所中小学为长期跟踪对象,每年4月到6月进行体质健

---

① 董川峰.中小学体测或用20米往返跑[N].新闻晨报,2013-05-05.

康测试工作，构建青少年体育行为数据库，建设全国体育教学资源平台。

实验室主任、华东师大体育与健康学院党委书记季浏表示，中小学现有的体育测试项目不能真实反映学生的体质状况，比如800米、1000米跑并不能准确地测试出孩子心肺功能的状况，而20米往返跑则更胜一筹，而且这样的测试项目更受孩子的喜欢，国外也大都以此来作为测试孩子心肺功能的项目，因此其有望替代800米、1000米跑成为中小学生的体质测试项目。

其实，无论是800米、1000米跑，还是20米往返跑，其目的只有一个，就是通过体测的手段来保证学生的身体素质。身体是基础，拥有了强壮的身体，才能够更好地学习。

2. 劳动最光荣

福禄培尔认为，使儿童早期养成劳动和做事的习惯是不言自明的事情。我们知道，文艺复兴以来，许多教育家如莫尔、夸美纽斯、卢梭、裴斯泰洛齐等都主张把手工劳动作为儿童的一项教育内容，福禄培尔的劳动教育思想显然受到了他们的影响。

但是，在实际劳动教育中，知识教育与劳动教育往往是相脱离的，而每个儿童，更进一步说，每个少年和青年，不管他们的地位和处境如何，应当每天至少有一或两个小时用于劳动。每一天，我们共同生活的环境都需要进行清洁和整理，这时候可以与孩子一起完成，共同承担责任。家长和老师首先要明确整体的安排和工作步骤，准备好物品，向孩子强调集体劳动中分工和协作的重要性。在劳动过程中，绝不是成人包办，也不是成人监督孩子完成，而是需要成人和孩子一同积极参与。这样可以传递给孩子一种平等对待事物的信念。这样，劳动就会成为我们和孩子共同成长与生活的方式，所以，感受劳动的快乐也是再自然不过的事情。

生活中会有许多点点滴滴的小事，可以让孩子在付出自己的努力的同时，感受到他自身的价值，从而收获满足与快乐，并不断增强自己的内心力量。而作为孩子守护者和领导者的成人，应该尽量做到不轻易地赞美，因为轻易地赞美容易使他们满足现状。

三、福禄培尔儿童观的教育启示

（一）适应自然，尊重天性

福禄培尔强调，"葡萄藤应该被修剪"，但是更需要适当的修剪。同样，对于孩子，教育者应该在充分尊重孩子天性的基础上，深入了解其兴趣倾向，并据此来合理地引导孩子向一定的方向发展。这一点和杜威、老子有相通之处。教育孩子，就应该像修剪葡萄藤一样，尊重其天性，让其自然地成长。少一些束缚，多一些宽容；少一些规定，多一些自然。

（二）肯定游戏，创设恩物

福禄培尔十分重视儿童创造能力的发展，并且认为游戏是发展儿童创造能力的重要方法，并由此创设了一系列的从简单到复杂、从统一到多样的循序渐进的恩物。而且，福禄培尔设计的每一种游戏都能够使儿童在其中接受教育并得到发展与进步。"无疑地，这些游戏涵盖了感觉教育的整个领域，从建立空间关系开始，进而发展为语言和思维的训练，并培养了合作的社会意识，从而为幼儿以后的教育打下基础。"[1]

（三）重视家庭教育，强调父亲的重要性

福禄培尔十分重视早期教育和家庭教育的作用，呼吁父母要关心子女的教育。"他认为，在幼儿期，虽然儿童已进入幼儿教育机构，幼儿及教育还是完全被托付给母亲、父亲和家庭的。因此，幼儿教育改革必须从家庭教育开始。这虽然不是百分之百正确，但也从某种程度上反映出家庭教育在幼儿教育中的作用。在福禄培尔来看，在家庭教育中，父母应感到并认识到自己对幼儿的责任，并且将这样一种责任升华到是对整个人类的责任。"[2] 同时，他还指出家庭教育不仅仅是母亲的责任，父亲对子女的教育也同样重要。

---

[1] 单中惠.福禄培尔游戏理论新析[J].合肥师范学院学报，2009（1）：49—53.
[2] 文欣.福禄培尔学幼儿家庭教育思想精髓[J].科教文汇（中旬刊），2009（8）：94.

时事链接

借《爸爸去哪儿》提醒父爱不能"缺位"[①]（节选）

10月16日扬子晚报报道，近日，湖南卫视的明星亲子生存体验真人秀《爸爸去哪儿》节目大火，引发热议，特别是，有很多年轻爸爸在网上自责和反省。

这事引发我们的思考："爸爸去哪儿"网络热议的背后有着怎样的背景？我们应该如何梳理？与世界上任何民族和国家的父亲相比，中国父亲对孩子的爱都不逊色，所以，中国人说"父爱如山"。可这些年的确给人一个感觉，与母亲相比，甚至与爷爷奶奶和公公婆婆相比，我国父亲为孩子投入的时间显然不足，特别是在教育上有缺位。10月15日，扬子晚报的调查发现，80%以上的幼儿园大班爸爸承认从没开过家长会。我们中小学教师也都知道，现在，家长会基本上是妈妈会，平时孩子有事也都是要找妈妈沟通的；孩子有什么活动，扎堆等待的也多是妈妈……即使在家庭日常生活或集体活动中，父亲缺席也不少见。

父亲虽然可能由于事业方面的原因，很少有时间陪孩子，但是也不能把有关孩子的一切事情全都交给母亲。孩子的发展，不仅仅需要母亲，也需要父亲。父爱与母爱，对孩子来说，是同等重要、不可替代的。

附录：福禄培尔教育语录选摘

1. 父母不应拒绝孩子帮助做事的自发要求，而应加以支持和肯定。否则，孩子的内心活动会被扰乱。

2. 包容一切的母爱试图激发幼儿与父亲和兄弟姐妹之间十分重要的共

[①] 借《爸爸去哪儿》提醒父爱不能"缺位"[EB/OL]. http://pinglun.eastday.com/c10/2013/1016/3136971242.html，2013-12-23.

同感情，并让幼儿明白这种感情。

3. 凡是他（指孩子）自己内心感觉到的和在内心活动着的，甚至他因缺乏语言而不能用自己的语言表达出来的东西，他都希望从别人那里并通过别人听到用语言表达出来。

4. 克服和消除一切缺点、恶习和不良现象的唯一切实的方法在于努力寻找和发现人的本来就有的善良的源泉，即人的本质方面，然后加以培养、保护、树立起来，加以正确引导。

5. 只要少年热爱自然之心尚未被损害，便没有其他什么东西比之教师和学生共同努力研究自然、研究自然物更能使他们密切结合起来。

6. 我们尤其在少年儿童十分善良和好心的意图中发现的那种残酷折磨动物和昆虫的方式，绝非真正的虐待，这种行动方式就少年儿童的本意来说是要理解动物的内部生命，渴望了解它的精神。

7. 父亲、教师和儿童的教导者们，你们不要以"关于这个我自己还不知道"，"这一点我自己还不知道"等话回答孩子。你们的任务绝不仅仅是传授已经掌握的知识，而是启发孩子去获得新的知识。

8. 人的教育如果没有数学，或至少没有透彻的数的知识，便是站不住脚的、拼凑起来的、不完全的劣作，并给人类所赋以使命和天职的培育和发展人的工作设置不可逾越的障碍。

9. 如果说，我们确信自己有比较深刻的洞察力并对我们的孩子抱有良好的，甚至最美好的愿望，如果说我们谈论我们孩子的发展和形成，那么实际上说的是强制接受和灌输我们的影响，而根本不是关系到作为人的一致和愿望之精神发展的陶冶，我们说的不过是打上某种印记和塑造某种形状，尽管我们大家都骄傲地坚信我们早已脱离了这种扼杀精神的见解。

10. 我们要把注意力放在人身上，以及我们的孩子们身上的灵性的普遍形成上，放在真正的人性，即作为个别现象和作为这样一种人性的神性的形成发展上，并坚信，真正被陶冶为人的每一个人也将被教育为适应公民生活和社会生活中任何个别要求和个别需要的人。

4 卢梭：让儿童成为儿童

邱化民

一、卢梭其人

让·雅克·卢梭（1712—1778），法国伟大的启蒙思想家、哲学家、教育家、文学家，是18世纪法国大革命的思想先驱，启蒙运动最卓越的代表人物之一。

卢梭的主要著作有《论人类不平等的起源和基础》《社会契约论》《爱弥儿》《忏悔录》《新爱洛漪丝》《植物学通信》等。在《爱弥儿》中，卢梭的自然主义思想深深地影响了现代教育理论。卢梭强调孩子的情感教育先于理性教育，尤为强调通过个人经验来学习。

二、卢梭儿童观的阐释

让儿童成为儿童是卢梭儿童观的主要内容。"让儿童成为儿童"，指的是尊重儿童的人格和尊严，尊重儿童所具有的特点。卢梭指出："在万物的秩序中，人类有他的地位；在人生的秩序中，童年有他的地位；应当把成人看作成人，把孩子看作孩子。"他认为儿童的价值、权利、天性是教育的出发点。这一观点贯穿于卢梭教育体系的始终，是卢梭自然主义教育的基本依据。

"儿童是人""儿童是成长中的人""儿童是儿童"，所有这些观点都是运用辩证的思维方式来分析儿童的本质特性，即首先要承认儿童是一个社会中的人——人格具有独立性，其次强调儿童是不断成长的人——发展具有阶段性，最后说明儿童的本性毕竟还是"儿童"——性格具有天真性，并由此提出成人应该尊重儿童的基本权利，遵循儿童的成长规律，正视儿童的天真本性。

（一）让儿童成为儿童，就要重视儿童的现在，要承认童年生活的价值

卢梭认为那种"时刻向往如此渺茫的未来，而轻视可靠的现在"的念头，"简直是发了疯"！因为人的一生是短暂的，而童年的光阴就更是短暂得不能再短暂了，是"稍纵即逝的时光"。在卢梭看来，童年是极其珍贵的财富，任何人不得以任何方式剥夺这笔"财富"。那种轻视儿童现在的做法，导致了儿童在其童年受尽了折磨和痛苦，享受不到儿童应有的欢乐。因此，卢梭提出："既然是不能肯定目前的痛苦能够解除将来的痛苦，为什么又要他遭受他现在承受不了的那么多灾难呢？"所以在目前就把儿童弄得"怪可怜的"，而抱着"好歹终有一天使他获得幸福"的希望，"这样的远虑是多么糟糕"。诚然，现在的生活在很大程度上为将来的生活奠定基础，但是将来的生活绝不能代替现在的生活！我们要重视儿童的现在，使他们过上并且过好现实的生活，不让他们最美好的童年蒙上成人的阴影。

（二）让儿童成为儿童，教育者就必须充分了解儿童特有的天资

卢梭认为，因为"每一个人的心灵有它自己的形式，必须按它的形式去指导他"，这样你对他的教育才能取得成效。他指出，那种"轻率地对孩子们下断语的人，是往往会判断错误的"，教育者"必须好好地了解你的学生之后，才能对他说第一句话，先让他的性格的种子自由自在地表现出来，不要对他有任何束缚，以便全面地详详细细地观察它"。因为这样我们的教育才能有的放矢，才能真正地做到因材施教。如果我们不了解儿童的特有天资就开始行动的话，"那么你就必然会盲目从事，容易做错，

不得不重新来做，所以你急于达到目标，结果反而不如慎重前进得快"。

（三）让儿童成为儿童，要求教育者把儿童放在教育的中心，要充分考虑儿童的利益

卢梭批评许多教师"考虑他自己的利益的时候比考虑他学生的利益的时候多"。这种教师所注意的是怎样向世人证明他没有浪费时间，证明别人给他的薪水他是受之无愧的。他把一套易于表现的本领教给他的学生，以便随时拿出来向别人夸耀，而他所教的东西是否对学生的发展有利则全然不管。这种不考虑儿童利益的教学对儿童的发展是不利的，它束缚了儿童的智力和个性的发展。在教学过程中，我们侧重的目的不在于教师的教，而在于学生的学。所以这就更多地要求教育者要把儿童放在教育的中心位置，充分考虑其利益。

（四）让儿童成为儿童，就要为儿童的发展创造良好的环境

人的发展，尤其是还处在"理性睡眠期"的儿童的发展，受环境的影响很大。因为儿童还不能明辨是非，容易产生"近朱者赤，近墨者黑"的效应。所以要让儿童成为儿童，我们就要尽可能地为儿童创造有利于其发展的良好环境，让他们都能够受到环境的正面影响。

（五）让儿童成为儿童，对儿童的教育要由口头教训转变成榜样示范

在卢梭看来，教育中"就不要对你的学生进行任何种类的口头教训，应该使他们从经验中去取得教习；也不要对他们施加任何种类的惩罚，因为他们还不知道他们的错究竟错在什么地方；也不要叫他们请求你的宽恕，因为他们还不知道他们冒犯了你"。这就要求教育应该是行动多于口训，"因为孩子们容易忘记他们自己说的和别人对他们说的话，但是对他们所做的和别人替他们做的事情，就不容易忘记了"。并因为儿童还处在"理性的睡眠期"，还没有形成善恶的观念，因而他们的行为无法用道德标准来衡量，所以也就无需惩罚和斥责了。

（六）让儿童成为儿童，要正确地评价儿童，不用成人的标准来评价儿童

卢梭认为，"不要急于对他做出或好或坏的评判"，要"让特异的征象经过一再地显示和确实证明之后，才能对他们采取特殊的方式"，而不要被其表面现象所迷惑，也不要用我们的看法、想法和感情去代替他们的看法、想法和感情。因为儿童有他特有的看法、想法和感情。在卢梭看来，"如果用我们的看法、想法和感情去代替他们的看法、想法和感情，那简直是最愚蠢的事情"。我们对儿童的评价应建立在尊重和爱护儿童这个前提下，这样才能正确地评价儿童。因此，我们既要尊重儿童的人格，尊重儿童的"天性"或"内在必然"，又要爱护儿童，培养他们可爱的本能。

总之，要让儿童成为儿童，把儿童当作人，当作成长中的人，教育必须依照儿童内在自然的发展顺序来进行，使儿童的身心能得到和谐的发展。

三、卢梭儿童观的教育启示

（一）儿童就是儿童——要以儿童的视角、儿童的需要来设计教育

"把孩子当作孩子""让儿童成为儿童"是卢梭"儿童本位"的儿童观的核心，也是他对儿童教育理论的最大贡献之所在。卢梭强调："大自然希望儿童在成人以前就要像儿童的样子。"在他看来，如果以成人的偏见加以干涉，剥夺儿童应有的权利，结果只会打乱自然的次序，破坏自然的法则，不利于儿童的发展。"在人生的秩序中，童年有它的地位；应当把成人看作成人，把孩子看作孩子。""人从来没有设身处地地揣摩过孩子的心灵，我们不了解他们的思想；而且我们始终是按照自己的理解在教育他们。所以，当我们把一系列的真理告诉他们的时候，也跟着在他们的头脑中灌入了许多荒唐和谬误的东西。"他在批评当时教育的同时，还要求教育者认识到"儿童是有他特有的看法、想法和感情的"。

(二)儿童是发展变化的人——要以发展的观念来实施教育

这是卢梭儿童观的另一个基本观点,即教育要适应("顺应")儿童身心发展的规律。在《爱弥儿——论教育》中,卢梭反复强调:"要按照你的学生的年龄去对待他。"他认为自然界有自然界的规律,儿童也有儿童发展的规律,只有按照儿童身心发展的年龄特征去实施教育,才能使儿童的天性不受伤害,这才是教育的正当途径,否则对儿童贻害无穷。根据儿童的年龄分期,卢梭提出,在不同时期所进行的教育也应该是不同的。在婴儿期,主要是进行体育,这一时期,教育的主要任务是促进儿童身体的健康发育。在儿童期,主要是进行感觉教育,这一阶段应该指导儿童锻炼及发展各种感觉器官,积累丰富的感觉经验,为下一阶段的学习打好基础。在少年期,主要是进行智育和劳动教育。卢梭认为,智育的任务不在于传授系统的科学知识,而在于发展儿童获得知识的能力,激发他们对所学知识的兴趣和热情;劳动教育的任务是使儿童通过劳动学会使用各种工具以及相关技术,锻炼身体,发展人的心灵。在青年期,主要是进行道德教育。道德教育的主要内容是培养儿童善良的情感、形成儿童正确的判断能力和坚强的意志。

(三)教育要适应和促进儿童的个性发展——因材施教

卢梭认为:儿童不但与成人有区别,儿童本身也因年龄阶段不同而表现出不同的特点。同时,人们更要注意儿童天性在个体间也是有差异的。因此,他主张教育要适应儿童的个别差异和个性特征,"要知道哪一种道德培养的方法最适合他,就必须对他特有的天资有充分的了解。每一个人的心灵有它自己的形式,必须按他的形式去指导他,必须通过这种形式而不是通过其他的形式去教育,才能使你对他花费的苦心取得成效"。同时,卢梭认为儿童的天赋是不同的,有"高""下"之分:有的儿童貌似愚钝,实际却很聪明;有的儿童年幼时被人认为天资愚笨,头脑简单,然而后来却成为最出色的思想家、哲学家。所以,卢梭告诫人们:"要尊重儿童,不要急于对他做出好或坏的评判,让特异的征象经过一再地显示和确实证明之后,才对他们采取特殊的方法。"卢梭认为,如果我们能够按照儿童的天性、个性特点去施教,就可以培养出有见识、有性格,身体和头脑健康,道德完善,有良好修养,具有新价值、新信念的人。

(四)教育要适应男女两性差异——因性施教

这一点是卢梭儿童观最发人深省的一个方面。卢梭承认男女有共同的地方,即"都是有人类的特点",但"他们不同的地方在于他们的性别"。他认为男女两性天赋不同,对于促进男女青少年的身心成长,塑造他们的精神面貌,能够产生巨大的作用。因此,卢梭认为要尊重和认识两性差异,根据性别实施不同的教育:"当我们论证了男人和女人在性格和性情上不是而且也不应当是完全相同之后,我们便可由此得出结论说:他们所受的教育也必须有所不同。"为此,卢梭在此思想指导下,在《爱弥儿——论教育》一书中,前四卷以爱弥儿的教育作为对男子进行教育的典范,第五卷以苏菲为典型,专门论述了对女子的教育。尽管卢梭的女子教育思想有其时代的局限,但他毕竟深刻地、富有远见地、以人为本地提出了这个问题,诚属可贵。这对于当前我国的儿童教育完全成了"没有性别的教育"的状况,也许有一定的启示意义。

(五)教育应以有益于儿童发展、增进儿童幸福为目的

教育要重视儿童自身的发展。人的发展应是全面、和谐的,是手与脑、身与心、体力与智力的相互协调、相互增进。教育改革正是要消除教育工作中的功利主义、考试主义,确立以追求教师和儿童在课堂中的人的价值为目标,将儿童从刻板僵硬的"技术程序"的栓桔中解放出来,将培养和提高人的素质作为根本宗旨,使儿童在德、智、体等诸方面均得到协调发展,成为具有鲜明个性的、丰富完整的人。"德智体美等是构成学生综合素质的有机整体,虽然各自的功能有所不同,但它们之间又是相互渗

透、紧密联系的，对于一个人的素质来讲是缺一不可的。"① 因此学校应转变只重视智育、忽视德育、轻视体育和美育的观念，将德、智、体、美等方面的教育有机地融入到教学活动的各个环节中。唯有如此才能培养足以适应时代和未来的新人，为社会的发展奠定坚实的人才基础。

教育还应以增进儿童幸福为目的。幸福不是对遥远未来的空洞许诺，而就在儿童当下的健康、自由的生活中。成人往往为了儿童将来的幸福牺牲现实的生活，强迫他们去做所谓有益于他们未来幸福的事情。但儿童对这种幸福是毫无兴趣的。这种为了不确定的将来而牺牲现在的教育，使儿童为了遥远的幸福作准备，但他们恐怕永远也享受不到这种幸福。只有现实的幸福生活才能让儿童逐步感受并理解幸福的真正含义。教育应当立足于儿童，立足于现在，使他们不必等到遥远的将来，在当下就能享受到幸福自由的生活。

（六）教育应赋予儿童"有节制的自由"

现代教育的核心理念是儿童在教育中享有自由的权利。自由是教育过程中的最高价值标准。"一个人在没有自由的时候，也不会有什么责任。现在的教师用自己的教育权力剥夺了本来属于学生的自由，同时也把责任背到了自己身上，摇摇晃晃，疲惫不堪。"教育应尊重儿童的自由，着力于儿童的解放，真正实现儿童的主体地位。同时，自由不是无限制的。有一副大自然的坚硬枷锁强加于人，人人都要受制于它。这种"有节制的自由"是指受制于自然，而不是受制于他人的权威。杜威认为，儿童的自由只应受到事物的限制。"你单单用事物的需要就可以使他毫无怨言地受你的束缚、推动或遏制；你单单用事物的强制就可以使他变得容易管教，同时使任何恶习都没有在他身上生长的机会。"②

教育应让儿童常常能自由，不对他们进行口头教训，也不施加人为的

---

① 余风盛.当代教育变革浅析［M］.武汉：武汉大学出版社，2004：85.
② ［法］卢梭.爱弥儿——论教育（上卷）［M］.李平沤，译.北京：人民教育出版社，2001：91.

惩罚，只让他们从经验和事实中取得教训。儿童因此做任何事情不是因为别人的命令，而是听从自然的要求。在保障儿童自由权利的同时，让他们学会承担生活的责任。要做到这一点，首先要给予儿童充分的自由，打破过分限制儿童自由的不合理制度，将儿童的兴趣和自由活动引入教育，让他们体会到自由所带来的快乐和幸福，并由此意识到自由对于生活的意义和人生的价值，进而才能尊重和珍视自己和他人的自由。其次，要让儿童自由表达自己的真实需要，帮助儿童学会自己选择并作出决定。自我表达和自我选择是儿童主体精神的集中体现，能充分锻炼儿童自主活动的能力。第三，要让儿童学会为自己的选择和行为负责，承担起一定的责任。当儿童的行为违反了事物的规定时，自然会去惩罚他。儿童逐渐懂得自己的行为应该服从自然的法则，否则就要负担相应的后果。自由和责任，权利和义务是相生相伴的。通过维护儿童的自由权利，我们培养了儿童的独立性、责任心、自制力和创造性等优秀的品质，为儿童今后的社会生活奠定了良好的心理基础。

（七）教育应根据儿童心理发展规律，培养"成熟的孩子"

教育儿童应当遵循自然天性的发展规律。每个儿童都经历从出生（新生儿）到成熟（青年初期）的自然发展过程。这一过程正是一个人的心理发生和形成的时期。儿童的心理一方面是不断发展的，同时又是具有阶段性的。儿童在不同发展阶段上表现出不同的心理特点。儿童心理学的任务就是"不但要研究儿童心理发展的一般规律或基本规律，而且要研究在不同发展阶段上的具体规律，这些具体规律是通过儿童各年龄阶段的心理特征表现出来的"[①]。儿童具有自己的特殊气质和个性，这种特殊气质决定着他独特的能力和性格。教育必须使那些优良的气质得以发展和改进，而使那些阻碍儿童发展的气质得以改变和限制。"每一个人的心灵有它自己的形式，必须按它的形式去指导他；必须通过它这种形式而不能通过其他的

---

① 朱智贤.儿童心理学[M].北京：人民教育出版社，1993：14.

形式去教育。"①

教育应避免采用刻板、整齐划一的方法简单地对待所有儿童，使儿童成为同一模式的"产品"，而是要发展每个儿童的个性，使儿童具有多样性的天赋潜质得到充分的展现，以便儿童将来能够从自身个性特点出发，并根据社会需要来找准自己生存和发展的道路，从而最大限度地实现自我。一个具有良好个性和独特能力的人必定是对社会有益的公民。每个人的自我实现必将促进整个社会的不断发展。

（八）教学过程应倡导儿童主动学习和探究

卢梭的教学理论是以发展儿童的主动性、独立精神、观察能力为目的的。他认为学习对象的选择应当以儿童的学习欲望和现有理解力为标准，知识的获得应当以儿童主动研究各种现象为基础。因此卢梭理想的教学方式是在自然界中进行的，通过运用直观性原则让儿童直接认识自然界本身和生活事实本身。这种方法虽然没有能够把儿童的个人经验和人类已有的科学经验结合起来进而获得系统的知识，但是能够让儿童在跟自然界的直接交往中最大限度地发展创造性、求知欲和灵敏性。教学不在于教给儿童各种知识，而在于培养他们钻研学问的兴趣，当兴趣被激发起来以后，再授之以研究学问的方法，这正是教学的基本原则。教师不需要强迫儿童去思考或学习。

儿童天性中具有学习的本能。当儿童感到有学习的需要时，教师应鼓励他主动通过自己的实践去获得对事物的理解。教师在教育过程中发挥着引导、启迪的作用，在各种问题情境下激发儿童的兴趣和好奇心，引导他们依靠自己的努力去解答问题。教师应尊重和信任儿童，而不是压制和防范他们，努力创设良好的教育氛围，促进儿童思想和智慧的自由发展。解放儿童，也是解放教师；为儿童减压，也是为教师减负。儿童有了自由活动的时间，教师也就有了研究教学的精力。儿童获得了自我发展的空间，教师也赢得了学生的尊重和爱。

---

① [法]卢梭.爱弥儿——论教育（上卷）[M].李平沤,译.北京：人民教育出版社,2001:95.

卢梭把儿童当作儿童的教育观，能够很好地引起我们对当下很多教育现象的深刻反思，比如幼儿园低龄化现象，小学生被迫学习各种特长的现象，中小学生拼命补课的现象……

时事链接

"00后"孩子成"班奴" 抱怨休息日比上学还累[①]（节选）

"我不是在数学补习班的课堂上，就在正前往英语补习班的途中……"今年上初一的鹏鹏这样形容自己休息日的状态。

让我们看看鹏鹏休息日的课程安排表吧：周六上午8点至11点学校补课半天，下午2点30分到5点长笛课，晚上7点到10点写作业；周日上午8点到11点30分语文补习班，下午2点到5点30分英语补习班，晚上7点到8点课外阅读时间（妈妈布置）。

13岁的鹏鹏正是活泼好动的时候。"詹姆斯、科比、韦德、杜兰特都是我最欢的篮球明星。"说起篮球明星他如数家珍，"可是我已经很久没有看过NBA了，我妈说耽误学习。"鹏鹏告诉记者，他的休息时间几乎被各类补习班安排得满满当当，最爱的篮球课也在小学五年级时被妈妈强行停掉。马上就要升入初二了，鹏鹏的妈妈又忙着为鹏鹏联系物理、化学补习班。"现在每天看着妈妈坐在那儿研究那些补习班宣传单，制定补习课程表，我就无比郁闷。"鹏鹏抱怨说，除了春节，几乎每天都要上课，休息日比上学还累。

上小学三年级的苗苗多才多艺，在班上是学习委员。苗苗告诉记者，每周妈妈都为她安排了舞蹈、钢琴、画画、书法、英语各类兴趣班。"可这些班我一点都不感兴趣，我喜欢围棋，可妈妈说女孩子要有艺术修养，非让我学习舞蹈和钢琴。"苗苗说，班上同学几乎每个人都在上各类兴趣班，但这些兴趣班多是家长们按照自己的兴趣强行布置的。

据一份中小学生补习班现状调查显示，小学生中上钢琴、小提琴、舞

[①] 张黎娜."00后"孩子成"班奴" 抱怨休息日比上学还累[N].西安晚报，2011-05-30.

蹈、书法、美术、写作等兴趣班的学生达到80%，其中30%的学生是自愿上这些兴趣班。初中生参加数学、语文、英语、物理、化学等补习班的占到85%，其中25%的学生是自愿参加的。

从这篇报道中可以看出当下孩子的学习负担如此之重。我们一直在喊"减负"，可是到现在为止也没有减下来，反而让孩子的负担更加沉重，不但要学习学校规定的各种课程，还要在家长苦口婆心的教导下去学习各种特长，已经远远超出了孩子的承受能力。

在给孩子选报补习班时，家长应从孩子自身实际情况出发，首先应该考虑到孩子的年龄段和孩子的承受能力。把孩子当作孩子，而不是以成人的角度去向其施加压力。如果孩子在某些方面的知识确实比较欠缺，跟不上学校的教学进度，家长可以适当给孩子报补习班，进行"补差"。如果只为让孩子赶超学习进度，反而容易让孩子产生厌学的情绪。

建议家长在给孩子报班时，充分征求、重视孩子的意见，以孩子自愿为原则，不要强迫孩子参加自己不喜欢的辅导班。孩子所处的成长阶段直接决定了他的接受能力；压力过大，对孩子的成长只能是事倍功半，处理不好还会引发极端事件。

在人生秩序中，童年有它的地位，应当把孩子看作孩子。教育的主体和对象是儿童，应该适应儿童身心发展的具体情况。卢梭说："那种试图不成熟地造就思想，以成人的职责去教育孩子的教育，我称之为积极教育；那种想在直接授予知识前让知识开路的教育，我称之为否定式教育（即消极教育）。一种否定式教育不是浪费光阴，无所事事，远远不是……它是为了让孩子达到理解真理的年龄时，能够走上引导他向真理进发的道路；在他获得认识和热爱善良的本能时，走上引导他成为善良人的道路。"[1] 所以，由于错用时间而带来的损失，比在那段时间中一事不做的损失还大。一个受了不良教育的孩子，远远不如没有受过任何教育的孩子聪明，因此

---

[1] ［英］劳伦斯.现代教育的起源和发展［M］.纪晓林，译.北京：北京语言学院出版社，1992：137.

最初几年的教育应当纯粹是消极的，教育的基本准则是不按照常规来管教你的学生，要放任无为才能一切有为。在卢梭看来，不仅不应争取时间，还必须将时间白白地放过去，这样是为了争取更多的时间，即不要急于达到目的，这样才能更迅速地达到目的。

教育应根据儿童不同发展阶段的特点、需要和能力进行施教。每一个年龄，人生的每一阶段，都有它适当的完善程度，有它特有的成熟时期，有它自身的生理、心理特点，有它的需要、欲望、情感和爱好，教育过程应以此作为基础。教育不在于教学生以道德和真理，而在于防止他的思想产生谬见，防止心灵沾染罪恶，不应在他内在因素尚不成熟时强加给他某种形式的训练，而在于使他获得正确的观念。

附录：卢梭教育语录选摘

1. 在自然秩序中，所有的人都是平等的，他们共同的天职，是取得人品。
2. 真正的教育不在于口训而在于实行。
3. 生活得最有意义的人，并不就是年岁活得最大的人，而是对生活最有感受的人。
4. 用热心去弥补才能，是胜过用才能弥补热心的。
5. 在万物的秩序中，人类有他的地位；在人生的秩序中，童年有他的地位；应把成人看作成人，把孩子看作孩子。
6. 大自然希望儿童在成人以前就要像儿童的样子。
7. 要尊重儿童，不要急于对他做出好或坏的评判，让特异的征象经过一再地显示和确实证明之后，才对他们采取特殊的方法。
8. 每一个人的心灵有它自己的形式，必须按它的形式去指导他。
9. 在儿童时期没有养成思想的习惯，将使他从此以后一生都没有思想的能力。
10. 为了使一个青年能够成为明智的人，就必须培养他有自己的看法，而不能硬是要他采取我们的看法。

5
罗素：教育是打开新世界的钥匙

阿依古丽　周小娟

一、罗素其人

柏特兰·罗素（1872—1970），英国著名哲学家、数学家、思想家、社会活动家、人道主义者，他的思想对英国文化乃至世界文化都有着巨大的贡献。1950年，罗素荣获诺贝尔文学奖，评选委员会称其为"当代理性和人道的最杰出的代言人""西方最无畏的自由言论与自由思想的斗士"。罗素也是位汉学家，他在报刊上发表了大量有关中国问题的文章，还出版了专著《中国之问题》。

罗素的教育思想和实践对现代教育有极为重要的价值。他的许多著作涉及教育问题，如《社会改造原理》《自由之路》《教育论》《教育与美好生活》《教育与群治》等。在教育实践方面，罗素批评传统公学和公立学校的社会性质与实际效果不好，批评进步学校太不重视理性教育。在罗素看来，学校应该为人类发展提供"一种真正的现代教育"。为此，罗素与夫人朵兰创建了一所新型学校——比肯山学校，他自任校长并开始在学校中实践自己的教育思想。

二、罗素儿童观的阐释

（一）每个儿童都获得最优机会的制度

罗素非常重视教育民主。在罗素看来，"我们所应追求的未来的教育制度乃是一种能使每个儿童都获得最优机会的制度,理想的教育制度必定是民主的"①。他强调:明确民主与教育的关系是非常重要的。教育民主不能被看成是教育绝对平均主义,死板划一的平均主义主张必将造成教育的大灾难,教育平均主义思想严重违背了教育客观规律,是制约教育健康发展的桎梏。

拓展阅读

论当代教育平均主义思想及其危害②(节选)

1. 教育平均主义是机械的、形而上学的公平

对于教育领域内"公平"的理解应遵循辩证发展的观点。我们所认识的教育公平应是发展的公平、相对性的公平。也就是说,不同的社会历史条件可能赋予教育公平不同的理想追求,在某一特定的社会历史环境中,教育公平是一个反映主体间相对性的范畴,不是反映绝对性的范畴,是反映事物发展"质"的范畴而不是反映"量"的范畴。教育公平以教育制度为基准,规定着社会群体、社会成员具体的基本责任和义务,规定着教育资源及利益在社会群体之间、在社会成员之间适当安排和合理分配。这种公平观念是建立在权利和机会平等基础上的参与竞争的公平,它承认群体与群体之间,人与人差异性的存在,也容忍竞争结果的不一致。然而教育平均主义对公平的理解存在非理性的价值取向,其表现为追求高度公正、高度统一而走向极端化。它要求教育组织、个人享有同样的教育资源,作同样的投入,又能获取同样的利益和结果,既无视不同教育组织在性质、运行方式、内外环境等方面的差异,也完全忽略了不同个体在先天素质、个性特点、生活环境等方面的区别。这种将实现公平的各种主客观条件弃之不顾的所谓"公平"只能是一种机械的、形而上学的公平。

---

① [英]罗素.罗素论教育[M].杨汉麟,译.北京:人民教育出版社,2009:8.
② 曹如军.论当代教育平均主义思想及其危害[J].教学与管理,2005(10):3.

2. 教育平均主义是低水平的公平

出于对教育起点、过程和结果高度统一的追求，在实践中，教育平均主义往往采用"一刀切""一拉平"的工作方式，其结果是以教育教学工作的低效率为代价的。对于教育组织来说，教育平均主义的做法导致了教育机构臃肿，人员繁杂，衙门习气深重，教条主义作风盛行，从而使组织丧失了生机与活力。对于个体来说，教育平均主义的做法则难以在不同能力、素质的人和其发展的可能性之间找到一种对任何人都是适切性的教育，其结果是窒息了个人的发展潜力，使大多数人不能实现完全、充分、自由的发展。发展水平才是社会公平的主要因素，在教育事业的发展进程中，教育平均主义以降低教育教学工作效率为代价盲目追求绝对平均，只会造成更大的不公平。

（二）培养具有理想品格的人

罗素批判了以国家、教会、校长、父母利益本位的教育目的，提出教育的目的在于引导和改造人的本性，培养理想的人及其理想的品格，以达到改造社会、创立理想社会和美好生活的目标。他从理想的社会与理想的人两个方面论述了教育目的。在教育与人的发展的内部关系方面，罗素强调："作为一个普通的规律，一个由本性优秀的男女所组成的社会，将会比一个由无知和心怀恶意的人所组成的社会产生更好的结果。"[1]在罗素看来，从人性发展的理想与品格发展的规律看，只有顺应自然法则，使儿童的本能或冲动得到良好的引导和积极、充分的发展，才可以培养出完美的或理想的人来。

理想的人是具备了理想品格的人。在罗素看来，以下四种特征的结合便可作为理想品性的根据：活力、勇气、敏感和智慧。

"活力"是正常的健康人具有的精力，它是形成理想品性的基础。罗素更多地把活力看作生理上的特征，表现为幼儿有充沛的精力和健康的体

---

[1] 单中惠.西方教育思想史[M].太原：山西人民出版社，2000：46.

魄。他认为：生理健康带来的活力有利于幼儿保持情绪健康,增加快乐,减少痛苦；活力有助于幼儿的求知探索活动,因为活力易使幼儿对周边所发生的一切产生兴趣；活力还能增强幼儿对外部世界的兴趣,此外还能赋予幼儿从事艰巨工作的力量。幼儿最具活力,充满元气,其活力在学龄前迅速达到顶点,因此教育者应当充分重视幼儿的身体健康,塑造幼儿健康的体魄,以此为他们未来的求知活动打下扎实的基础。

"勇气"是理想品格中的第二种品质。在罗素看来,勇气是幼儿在内心深处彻底消除恐惧心理,而不是表面上的勇敢。压抑是传统地克服恐惧的做法,它从表面上消除恐惧,实际上把幼儿的恐惧驱赶到潜意识领域中。真正的教育要使幼儿获得非抑制性的勇气,这样才能开拓、发展幼儿的本能和愿望,达到获得美好生活的目标。教育要使幼儿在具备健康和活力的基础上,教导幼儿不畏恐惧、不患得失、不惧生死。一个人只有在具备了健康和活力的基础上,兼备自尊心与非个人的人生观,才能具有"真正的勇气",真正做到不畏恐惧、不虑褒贬、不计得失与不惧生死。具备了真正勇气的幼儿将来才能不惧艰难、开拓创新。

"敏感"也是理想品性的一个必备要素。如果一个人勇气可嘉却对危险的存在非常不敏感,那么,这种勇气就是鲁莽的,不值得提倡的。从情感方面的意义来说,敏感是能及时地感受到他人的情感需求,能兼顾他人的感受,能够同情他人。荣誉感和同情心是敏感发展的两个阶段。荣誉感使幼儿博得他人的好感,引起愉悦并防止幼儿以自我为中心、自私自利。同情心是幼儿发展到能站在他人的角度来对待苦难,对身陷困苦的亲人或他人充满仁慈之心。可以说,罗素在此把敏感升华为了博爱之德。

"智慧"包括实际的知识和接受知识的能力两个方面。在他看来,要培养和发展智慧,必须保护幼儿的好奇心。幼儿机敏的好奇心不是源自窥探他人生活的龌龊念头,而是由真正的求知欲所激起的。但幼儿仅有好奇心是不够的,好奇心必须与求知的方法完美结合才能富有成效。在这里,求知的方法包括幼儿所养成的"观察的习惯、相信知识的可能性、耐心、勤勉"等品质。

理想品性的本质内涵实际上可归结到爱与知识的结合。在罗素看来，理想的人具备活力、勇气、敏感和智慧这些理想品性，由这些人组成的理想社会将会是一个全新的社会。所以他深信：教育是打开新世界的钥匙。

（三）如何培养幼儿的良好品德

在罗素看来，幼儿教育可分为两个阶段：一是品性教育阶段（1～5岁），二是智力教育阶段（6～7岁）。也就是说，5岁及以下的儿童应以品性教育为主，6岁以后的儿童应以智力教育为主。在他看来，品性教育是智力教育的基础，只有在幼儿身体健康和获得良好习惯的基础上才能进行智力教育。

罗素认为，人生初期养成的习惯非常重要。幼儿期养成的恶习会成为良好习惯形成的障碍。如果幼儿最初养成的习惯是好的，就可以免去日后的许多麻烦。因此，教育者应当重视培养幼儿最初的习惯。罗素认为，幼儿期是品德教育的关键期，人的道德教育会在幼年期基本完成，幼儿品德教育应偏重于情感体验和行为习惯的培养。在他看来，幼儿品德教育的主要任务是启发孩子对周边事物的兴趣，使之具备宽广的视野；发展孩子的建设本能，通过多种途径引导孩子掌握建设的技能；培养孩子诚实、勇敢、友爱、公平、不怕困难、博爱等良好的品德和行为习惯。

1. 培养儿童勇敢的品性

罗素把"勇敢"分成"肉体上的勇敢"和"并非纯属肉体上的勇敢"两种。他建议，肉体上的勇敢培养应当"尽可能借助于传授操作和控制物质的技能，即教幼儿学会一些实际活动的技能和处理危险情形的技巧促使他们在活动中得到锻炼"[1]。在实施这一方法征服目标时，罗素指出，要以自然界为敌，而不应该以人类为敌；同时，教育者对孩子的一点皮肉之伤不要表现出过分同情，而应鼓励他们学会忍受痛苦。对妨碍培养幼儿"肉体上的勇敢"的恐惧，如对黑暗、新奇事物的恐惧，罗素建议采用渐进式

---

[1] ［英］罗素. 罗素论教育［M］. 杨汉麟, 译. 北京：人民教育出版社，2009：76.

消除的办法帮助幼儿克服恐惧。所谓"并非纯属肉体上的勇敢",指的是教导孩子克服对神秘物的恐惧,如由日食、月食、地震等自然现象引起的恐慌。在罗素看来,孩子对这些神秘物的恐惧是出于本能,父母应该在孩子很小的时候就向他解释这些自然现象,消除这些事物的神秘感,激发他们研究自然的兴趣。此外,罗素希望幼儿克服害羞心理,勇敢与人交往。他指出,同生人接触太少的幼儿容易形成内向、胆小的性格,缺乏与人交往的勇气。罗素的建议是:孩子1岁以后应当常见生人,并被生人抚摸,借此学习基本的社交礼节。

2. 培养儿童的想象力

在罗素看来,儿童时期的本能冲动是控制权力。控制权力是儿童游戏的最主要源泉,在游戏中,它表现为学习做事和想象。因此,必须重视儿童想象力的培养。罗素指出,扼杀儿童的幻想就是使他们成为现状的奴隶,成为拴在地上的动物,以致不能创造天堂。

3. 发展儿童的建设本能

罗素从人性的结构出发,认为建设本能更能满足幼儿的权力欲望。他说:"**本能的原材料在道德上是中性的,并能根据环境的影响或为善,亦可为恶。**"① 这种本能由建设和破坏两部分构成,均与权力欲望密切相关。建设是创造性的活动,破坏是毁灭性的活动,但建设比破坏更具挑战性,因而更能满足幼儿的成就感与权力感。因此,教育应当训练和教化幼儿的本能往建设性的轨道上运行。

罗素指出,技能作为幼儿建设世界的本领,它在道德教育上占据重要地位。若令某人获得正当的技能,此人自将成为有美德者;若令某人获得错误的技能,或未曾获得任何技能,此人则将成为恶人。这正说明了技能对儿童现在及将来的深刻影响。儿童通过亲身体验,一方面能学会建设性的技能。另一方面能学会珍惜劳动果实,不会随意破坏他人的成果。那如何才能培养儿童的建设性技能呢?在罗素看来,进行丰富的活动是培养幼

---

① [英]罗素. 罗素论教育[M]. 杨汉麟,译. 北京:人民教育出版社,2009:90.

儿建设性技能的最好方法。

建设性技能包括物质的建设、精神的建设和社会的建设。从幼儿的成长阶段来看，建设行为并不是一开始就表现出来的。"因为破坏比较容易，因此，孩子的游戏通常由破坏开始，以后才逐渐转入建设。"① 最初的建设是物质的建设，如幼儿用砖块建造城堡或在花园中播种花草；其次是非物质性建设，如演戏和合唱之类的合作活动；最后是社会的建设，即在智力教育阶段鼓励幼儿用更具有建设性的方式来改变社会。

4. 让儿童树立公平的观念

在罗素看来，私心与恐惧都属于本能的冲动。私心若无外界的约束，就会像充气的气球一样不断地膨胀，比如托儿所的一些年长儿童夺走年幼儿童的玩具，全然不顾年幼儿童的失望，一味满足自己的欲望。因此，必须对孩子的私心进行适当的教育，这种教育要通过习惯的养成、观念的改变和同情心的培养等形式进行，而不能虐待、殴打及惩罚幼儿。教育者给幼儿灌输的观念也不是自我牺牲，而是让幼儿树立"公平"的观念，即每个人在世界上都拥有一定的权利，应该维护自己应得的利益，但不应侵占他人的权利和财产。

罗素指出，公平教育需要借助群体的力量，在群体中开展。他正确地意识到，向单个儿童传授公平观念是相当困难的一件事，因为只有在年龄相近的孩子中才存在利益相似的冲突，才有实施公平教育的真实情境，所以任何一个孩子都不应该长期独居，而应多与同伴一起学习和生活。罗素还特别强调儿童不是通过痛苦的经历，而是通过幸福和健康的体验去掌握美德的。

5. 让儿童养成诚实的习惯

罗素指出："培养诚实的习惯应成为道德教育的主要目的之一。"② 他指的诚实，不仅是语言上的，也是思想上的。罗素认为不诚实几乎都是恐惧

---

① [英]罗素. 罗素论教育[M]. 杨汉麟, 译. 北京: 人民教育出版社, 2009: 91.
② 同上: 105.

或模仿成人说谎的结果。罗素指出了培养儿童诚实品性的方法。一是成人要以谨慎的态度判断孩子是否在说谎。幼儿在下列情况中所说的话不是谎言：当幼儿的记忆不准确时，如 4 岁以下的幼儿时间概念模糊，常分不清昨天与一星期前；当幼儿把假想当成了真事，或以某种假想的戏剧人物的身份说话。"由于上述原因，一个幼儿的陈述在客观上常常有误，但他丝毫没有欺骗的用意。"[①] 这些情况下的"谎言"不必追究。二是成人要以身作则，树立诚实榜样。父母是孩子的第一任老师，他们应当言行一致，为孩子树立道德榜样。但是，有些教训孩子"撒谎有罪"的父母自己却说谎，并被子女察觉，这无疑会使父母在道德上的威信丧失殆尽。有些父母信口开河，向孩子承诺却总不兑现，结果失去孩子的信任，也为孩子树立了不诚实的"榜样"。三是当幼儿说谎时，成人不要急于责罚，而要说明说谎的坏处，让幼儿逐渐认识诚实的合理性和必要性。

6. 奖罚分明，慎用惩罚

罗素指出，奖励和惩罚是幼儿品德教育非常重要的原则。他说："如果缺少奖励和责备，我不相信指导教育竟是可能的，但在这两方面都需要一定程度的谨慎。"[②] 对于奖励，一定要适度，要根据幼儿的良好表现给予恰如其分的嘉奖，不能毫无原则地过度表扬。对于惩罚，在罗素看来，它在教育中只应占有极小的比例。罗素按严厉程度把惩罚分为口头责备、驱逐、体罚三个水平。

口头责备是用尖酸刻薄或呵斥的言词惩罚幼儿的轻微过失。驱逐，又称隔离，是罗素效仿蒙台梭利惩罚屡次犯错的孩子的方法，具体做法是：在教室的一角摆上一张小桌，让屡次犯错的儿童坐在小椅子上看正在学习的伙伴，直到他认识到自己的错误为止。

罗素认为，当一个孩子坚持干扰其他儿童或破坏他们的娱乐时，最有成效的惩罚就是"驱逐"。在这种情况下，仅让那个捣乱的孩子感到有错

---

① ［英］罗素.罗素论教育[M].杨汉麟，译.北京：人民教育出版社，2009：106.
② 同上：117.

是不够的，还要让他体会到他失去的是其他孩子所正在享受的乐趣，这样才能达到使之弃恶从善的目的。

体罚是最严厉的惩罚方式。罗素坚决反对体罚，因为体罚的后果会造成儿童残忍和暴虐的心理和行为。当他将来具有一定话语权时，他会复制这种霸权式的对话方式。此外，过多的体罚还会破坏亲子之间及师生之间的亲密、信任关系，使人类维系僵硬、严肃及冷酷的关系。

对于教育者如何运用奖罚，罗素给出了三个需要注意的方面：一是避免将两个儿童的优缺点作对比；二是责备应少于嘉奖；最后，对于理所当然应该做的事，不应嘉奖。

时事链接

幼儿园虐童案

最近，一件件虐童事件不断触动着家长们的心。西安4岁男童被幼师用利器刮伤多处；长沙一男童午睡不听话被保育员扎出14个针眼；浙江温岭虐童幼师多次将学生倒插垃圾桶虐待；双鸭山金宝贝幼儿园暴力虐童，老师一脚踢飞男孩的视频在网上流传，震惊与愤怒，成了公众的一致表情。当父母把孩子当成宝贝一样护着、爱着的时候，是否想过孩子离开父母，在幼儿园里可能承受着这样的折磨？

虐童，不但使师生之间的亲密信任关系荡然无存，而且在儿童幼小的心灵上留下阴影，影响其今后的正常的身心发展。

7. 重视伙伴关系

按照罗素的观点，在培养儿童良好品德的方面，父母与教师固然重要，但也经常需要同伴的帮助和影响，并且随着年龄的增长，受同伴的影响会越来越大。尤其是现在许多家庭因孩子是独生子女而无法提供这种同伴的影响，送孩子进幼儿园或育儿学校就显得十分必要。

8. 爱心与同情心的引导

罗素指出，爱乃是良好品性的精髓。按他的理解，爱与同情不能创造，只能被解放和唤醒，教育所能做的是恰当地引导这些与生俱来的本能。教育者不应该将爱心当作一种义务去要求儿童，因为爱本质上是一种天生的本能。父母只有无条件地让孩子感受到爱、感知爱的行为，才能唤醒孩子爱的本能，激发孩子爱的情感与行为。如果父母用说教或强制的办法要求孩子有爱心，只会让孩子染上伪善与欺骗的恶习。因此，父母要在日常生活中以身作则，唤醒孩子爱的本能，引发孩子爱的行为。

同情心是扩大的爱，主要通过智育来培养。罗素强调，使幼儿富有同情心主要是历史教学和地理教学的任务，老师在讲历史知识时要强调战争所造成的创伤及苦难，让幼儿明白战争是愚蠢的，党派之间的残杀毫无可取之处；在讲地理知识时应让幼儿体验世界的多样性和辽阔性，让幼儿理解远方国度人们的生活与疾苦。

9. 像对待其他知识一样对待性知识

罗素主张破除对性的迷信和禁忌，在性教育中遵守两条原则：第一，要永远真实地回答问题；第二，要像对待其他知识一样对待性知识。在这里，罗素主要讨论了儿童青春期以前的性教育问题。按照罗素的观点，弗洛伊德的精神分析学说有错误，但他同意弗洛伊德的一个观点，即在性问题上处理不当可能会造成幼儿以后生活中的精神变态。他相信，性的本能是"完全自然的现象"。因此，在教育中要排除性方面的任何禁忌，以科学的态度对待有关性的问题，并尽可能向儿童讲清科学道理。这样，不仅可以防止儿童日后精神上出现问题，也有助于培养儿童的科学精神。他认为："依赖无知的道德是无价值的，女孩子和男孩子一样拥有求知的权利。"[①] 罗素关于性教育的"自由"原则，以及在性教育问题上所持有反传统、开放的见解和态度，虽然在当时受到人们的非议，但罗素夫妇所创办的比肯山学校却因此而出了名，慕名前往的参观者络绎不绝。

---

① [英] 罗素. 罗素论教育 [M]. 杨汉麟, 译. 北京：人民教育出版社，2009：145.

（四）调动学生的学习动机，激发学生的求知欲

罗素主张对 6 岁以后的儿童应该以智力教育为主，但他也指出，作为品德教育和智力教育的年龄界线，6 岁不是绝对的时间点。在智力教育阶段，教育者应使学生认识到知识与现实的关系。罗素强调说："新知识是进步的主要原因，没有它，则世界就成为停滞不进的状态。"[①]罗素还指出，在理想的人的理想品性中，有两个要素是互相联系、缺一不可的，那就是爱心和科学。

那如何进行智力教育呢？在罗素看来，进行智力教育时，教师不应考虑道德方面的问题。他认为：让教学受道德方面的影响，对儿童智力的发展是不利的，最终对儿童品格的发展也是不利的。人们不应认为有些知识是有害的，有些知识是有益的，因为传授知识的目的是发展理智，而不是为了证明某种道德的或政治的观点，否则，将不利于培养学生的科学态度与宽容精神。他也强调了在教学过程中让学生主动学习的重要性，要避免使学生产生"厌学"情绪，要注意调动学生的学习动机，激发学生的求知欲。

智力教育教什么？在罗素看来，儿童在 14 岁之前，即小学和初中学习阶段，学生所学的内容是基础知识和基础学科，包括文学、外语、数学和科学。而教学的顺序依据学科的难易程度排列。学校所教的内容应该是那些每个人必须知道的知识，除了特殊的例外，专门化的知识应该等到以后再教。当然，在这段时间，教师要注意发现学生的特殊才能或倾向，这也是智力教育的目的之一，但外语的学习必须从幼年开始，否则会错过最佳期。在理智教育中，罗素特别强调科学精神、开明和宽容态度的培养。

三、罗素儿童观的教育启示

近年来，整个社会呈现出采用一种温暖的方式教养孩子，使其愿意合作的趋势。然而，古老的控制观念并未转变，"诱使合作"这一新兴的名

[①] 单中惠. 西方教育思想史[M]. 太原：山西人民出版社，2000：563.

词遮蔽了我们的视线，使我们看不到隐藏在下面的控制本质。在这点上，罗素的部分教育思想能给予我们一些启发。

（一）尊重和热爱儿童，强调儿童个性的自由发展

自由教育思想主要提倡尊重和热爱儿童，强调儿童个性的自由发展。罗素在《自由之路》一书中写道："只有当一个人感到每个学生都是一个独立个体，都有自己的权利和个性，而不仅仅是拼板玩具的零件，或团队中的士兵，或一个国家的公民时，他才有教育别人的资格。"[①] 罗素认为，要尽可能减少教育上的权威，给予儿童更多的自由：更好地发展个人的自由，既包括见解的自由，也包括行动的自由，如言论自由使儿童坦诚、不压抑，愿意表达自己的真实想法；管理的自由，放手让儿童学习自治，让较大的孩子自己组织召开会议，商讨处理班级大小事务的方案，决定如何行动；上课自由，自由能消除儿童与教师之间的摩擦，使儿童更乐于接受教师传授的知识。他指出，给儿童尽可能多的自由，但必要的、合理的纪律和约束也同样重要。自由与纪律并不矛盾，关键在于寻求自由与纪律之间的一种巧妙的结合。自由不等于放任，最大限度的自由也需要必要的管理，儿童一些习惯、品德的形成需要强制。

（二）既要保持儿童的身体健康，又要保持其心灵健康

在罗素看来，健全的儿童不仅要保持身体健康，而且要保持心灵健康。尤其是在如今孩子们普遍喜欢在家里看电视、玩电脑或者玩手机的情况下，学校和家庭都应定期对孩子进行健康检查，要注重通过各种活动锻炼幼儿的身体，鼓励幼儿参加户外锻炼，如散步、做操等。在幼儿心理方面，要注意在日常生活中观察幼儿的行为，实施幼儿情绪和行为健康方面的教育。

---

① [英]罗素.自由之路[M].陶伟，译.北京：文化艺术出版社，2005：182.

附录：罗素教育语录选摘

1. 性格教育应该从孩子一出生就开始。

2. 教育应当培育追求真理的希望，而不应当认定某些特殊的信条就是真理。

3. 未来的理想的教育系统应能够给每一个孩子充分发展自己的机会。

4. 我们所应追求的未来的教育制度乃是一种能使每个儿童都获得最优机会的制度，理想的教育制度必定是民主的。

5. 培养诚实的习惯应成为道德教育的主要目的之一。

6. 没有想象力，"进步"只能是机械的和微不足道的。

7. 人的性格很大程度上由早期教育而不是由热心的学校教育家所决定。

8. 如果缺少奖励和责备，我不相信指导教育竟是可能的，但在这两方面都需要一定程度的谨慎。

9. 新知识是进步的主要原因，没有它，则世界就成为停滞不进的状态。

10. 好的纪律不是有外在压力，而是能使人养成一种心理习惯，这种习惯又可以产生人们愿意而非不愿意的行为。

6 洛克：儿童的心灵犹如白板

艾巧珍

一、洛克其人

约翰·洛克（1632—1704），17世纪英国著名的唯物主义教育家、政治思想家、著名的实科教育和绅士教育的倡导者。洛克从小受到严格的教育。1646年，洛克在威斯敏斯特学校接受了传统的古典文学基础教育；1652年，到牛津大学学习，获得学士学位和硕士学位。随后他担任过牛津大学的希腊语和哲学老师等。洛克终身未娶，于1704年逝世。

洛克为后世留下了许多宝贵的精神财富，影响最大的是他在教育方面的见解和主张。其教育思想主要集中在《教育漫话》一书中。这也是几个世纪以来英国最重要的一本教育哲学著作。18世纪，这本书几乎被翻译成所有重要的欧洲语言，而洛克以后的几乎每一位欧洲教育家都承认这本书的价值和影响。

二、洛克儿童观的阐释

（一）儿童的心灵犹如白板

洛克的教育思想建立在他的哲学观点基础之上。在他看来，观念和原则同艺术和科学一样，不是天生的，人出生时心如同白纸，没有一切标记，没有一切观念，就像一块蜡，可以任人模铸，人的全部知识和观念都来自"经验"。这就是著名的"白板说"。洛克反对天赋观,他认为对绝大多数儿童来说,后天的教育起决定性的作用。他充分认识到教育在人的发展中的作用,并对教育的力量怀有极大的信心:"我敢说我们日常所见的人中,他们之所以或好或坏,或有用或无用,十分之九都是由于教育之故。"①

洛克还非常重视幼儿时期教育的影响。他指出,儿童幼小时所得的印象,哪怕极微小,小到几乎觉察不出,都有极重大、极长久的影响,如同江河的源泉一样,水性很柔,一点点人力便可以把它导入他途,使河流的方向发生根本改变;从根源上这么引导一下,河流就有不同的趋向,最后就流到十分遥远的地方去了。

(二)儿童教育的内容

在洛克看来,教育的内容主要包括三个方面:体育教育、道德教育和学问教育。

1. 体育教育

洛克可以说是西方教育史上第一个提出并制订了健康教育计划的教育家,他把体育放在第一位,提出教育的主要任务是培养健康的人。洛克关于儿童健康教育的理论,在当时是系统的、崭新的理论,对近代西方体育理论的形成与发展有着重大的意义。他在《教育漫话》中一开始就谈到体育的重要性:健康之精神寓于健康之身体,这是对于人世幸福的一种简短而充分的描绘。他批评对儿童娇生惯养的做法,认为"大多数儿童的身体都因娇生惯养之故弄坏了,至少也受了损害",并提出了自己的观点:"我们要能工作,要有幸福,必须先有健康。"他所说的健康,不仅仅指身体,而且包括心理,"健康之精神寓于健康之身体","凡是身体精神都健康的人就不必再有什么别的奢望了;身体精神有一方面不健康的人,即使得到了别的种种,也是徒然"。②

---

① 程雅慧.从《教育漫话》看洛克[J].黑龙江史志,2010(23):213—214.
② [英]洛克.教育漫话[M].徐大建,译.上海:上海人民出版社,2005:1.

2. 道德教育

道德教育在洛克的教育体系中居于核心地位。在洛克看来，人的品性之中德行是第一位的，没有德行就得不到幸福。德行愈高的人，取得成就也愈容易。他认为，只有把孩子的幸福奠定在德行和良好的教养上面，那才是唯一可靠和保险的方法。

洛克所谈的道德教育主要指"如何使得精神保持正常，使他的一切举止措施，都合乎一个理性动物的高贵美善的身份"[①]。道德教育的主要内容包括善于克制自己的欲望、养成好的习惯、具有良好的礼仪、了解世故人情、懂得仁爱、具有好奇心和智慧等诸多方面。这些方面综合起来，就是他所说的"德行"。

洛克指出，一切德行和价值的重要原则及基础在于：一个人能克制自己的欲望，也能不顾自己的倾向而纯粹顺从理性所认为最好的指导，虽则欲望是在指向另外一个方向。为了实现使欲望服从理智的教育理想，就必须在儿童身上培养那些不把不属于自己的东西据为己有，不违反公道，乐于赠与别人，不曲解事实，以及说话绝对要真实等美德。培养出来的绅士要仪表堂堂、文质彬彬、见人脱帽退步致敬，言谈举止都要优雅有礼，要按照各人的地位与身份保持敬重与距离，举止更有男子气概，谈吐更能镇定自如。

为了培养良好的德行，洛克提出了以下主张：

（1）注重早期教育，反对溺爱

一般人教养子女都会犯一个重大错误，即儿童的早期教养未得到及时而充分的注意，恰恰在儿童的精神最柔软、最易于支配的时候没有使他们遵守约束，服从理智。父母爱护子女本是一种天性和义务，但如果失去了理性就很容易变成溺爱，等于是在"污染源泉"，在儿童身上播下邪恶的种子，使之离开德行的大道。

（2）慎用体罚、训斥

---

① ［英］洛克.教育漫话［M］.傅任敢，译.北京：教育科学出版社，1999：19.

体罚只能使儿童遭受皮肉之苦，并不能消除他们不正确的思想，在教鞭不到之处，他们会愈加放任猖狂。责骂也要慎重，方式不当还可能会降低父母的威信。

（3）正确运用奖励

奖励和惩罚对于儿童的心理是最有力的一种刺激，如运用得当，会有很大的教育作用。但物质引诱不可取。

（4）通过实践养成习惯

在教师的监视下，教儿童反复练习某项行为，以期养成习惯。这是一种益处颇多、值得倡导的做法。

（5）榜样教育

在各种教育儿童的方法中，最简明、最容易而又最有效的办法是把儿童应该做或应该避免的事情的榜样放在他们面前，没有任何事情能够像榜样那样温和而又深刻地进入儿童的心里。

3. 学问教育

洛克把学问教育放到了最后，"读书、写字和学问，我也认为是必需的，不过不是主要的工作而已"[①]。在洛克看来，德行、智慧比学问重要，学问应该居于次位，辅助更重要的品质之用。洛克主张不要把世上可以知道的东西全都直接教给学生，更重要的是要使学生热爱知识、尊重知识，并教会他们采用正当的方法去求知和进步。因此智育的目的不仅仅在于传授知识，更重要的是借以发展儿童各方面的能力。对此，洛克提出了一个内容广泛的课程体系。他主张书本知识包括阅读、写字、作文、修辞、图画、速记、法语、拉丁语、地理、算术、天文、几何、历史法律和自然哲学等；而技艺技能则包括：跳舞、音乐、击剑、图画、园艺、木工、油饰、薰香、雕刻、铁工、铜工、银工、商业算学、旅行等。

---

① ［英］洛克.教育漫话［M］.傅任敢，译.北京：人民教育出版社，1957：133.

（三）儿童教育方法

1. 体育教育的方法

对于体育，洛克提出了很多详细的措施。他认为，无论春夏秋冬，儿童的衣着都不可过暖，每天应用冷水给孩子洗脚，鞋子应该做得薄一些。他还认为冷水浴对于身体虚弱的人恢复健康是很灵验的。同时他强调游泳的好处，认为当孩子到了能够学习游泳的年龄，就应该让他学习游泳。他还主张让儿童多露天生活，即使在冬天，也应尽量少烤火，这样，他就既能忍受冷，也能忍受热，既能忍受晴，也能忍受雨了。对于女孩子的户外运动，洛克指出，女孩子对于容貌固然应该多注意一点，但是户外运动对于她们的面容并没有损害，她们愈是多在户外生活，便愈强壮健康；她们愈是像她们的兄弟们一样在教育上得到更多的锻炼，她们日后所得到的幸福便愈多。

2. 道德教育的方法

（1）及早管教

洛克指出，一切德行与美善的原则都在于克制欲望的能力。这种能力的获得要借助习惯，而要使这种能力熟练地发挥出来则要靠及早实践。应该利用一切机会，甚至创造一切可能，使孩子进行练习，使规则等在他们身上固定下来。这种习惯一旦养成之后，便用不着借助记忆便能自然发挥作用了。洛克不赞成对儿童的溺爱，强调儿童应该及早管教，这不仅有其可能性，而且有其必要性。儿童的自我约束能力差，缺乏判断是非的能力，但是有极大的可塑性。洛克认为，决不能因为儿童的哭闹就满足其不合理的要求，应该让儿童从小养成服从父母意志的习惯，而且管教要坚持适度的原则，这样才能使其长大成人以后有自制能力。

（2）榜样示范

洛克指出，在教育儿童的方法中，最简明、最容易而又最有效的方法是把儿童应该做或者应该避免的事情的榜样放在他们眼前，没有什么事情能像榜样一样温和而又深刻地进入他们的心里。儿童有极强的模仿能力，因此更需要重视榜样在儿童教育中的作用。作为父母，每日与孩子相处，应该以身作则，给儿童树立良好的榜样；同时还要注意儿童的玩伴，让孩子与优秀的同伴做朋友会使其受到良好的影响。

（3）以理说服

人是理性动物，说理是对待儿童的真正的办法，无论什么应守的德行，应戒的过失，决不能用权力或命令去强制儿童，说理的效果要远比命令好得多。对儿童说理时，应该态度温和，举止镇定，不可气势汹汹地大声呵斥。要考虑儿童的理解能力，用词应该简单易懂，切忌长篇大论的说教和富有哲学意味的辩难。

（4）奖惩得宜

奖励和惩罚最重要的是要掌握好分寸。奖励时，应重视精神而非物质奖励。尊重、称誉、赞扬都是很好的奖励，而对于那些用孩子心爱的东西，比如可口的食物和漂亮的衣服来奖励儿童的方法是不正确的，这只能使儿童养成追求物欲、奢侈、贪婪等品质。惩罚应该尽量少用或不用。因为惩罚会产生很多副作用，会使孩子养成一种奴隶式的性格，不利于他成为聪明善良和光明磊落的人。但对于那些屡教不改的儿童，则必须予以管制，让他知道自己不该犯错。

3. 智育教育的方法

洛克认为，在智育教育中，首先，教师要注意培养儿童的好奇心，对儿童采取鼓励和引导的方法，不应一味指责。其次，应注意培养和保持儿童的注意力，"导师的巨大技巧在于集中学生的注意力，并且保持他的注意力"。因此，洛克主张教师在教学中态度要温和，以故事的形式进行教学，根据不同的学科采取不同的教学方法。再次，各科知识并不全是通过书本教材来学习，而主要是通过各种有关的实践活动获得。如通过地球仪与地图学习地理知识，通过实际计数活动学习算术，通过了解本国历史、古代法律以及当前的国家宪法来学习法律知识，通过阅读和会话来学习语言课程等。洛克主张阅读原著，因为原著是研究一切学问的捷径。第四，让学生把自己已经学过的知识教给别人，是学生巩固知识的一种有效的方法。在洛克看来，一个人如果学会了什么事情，要想使他记住，最好的方法是让他教给别人。最后，洛克提倡学生外出旅行。因为旅行不仅可以获得更多知识、提高运用语言的能力，还可以与各种各样的人交往，这能使学生在智慧和视野上获得长进。同时他对适合出国旅行的时间提出了自己的观点：要么是在孩子年龄较小时，需要导师的照管，也易于管教的时候；要么是在孩子年龄更大一些，无需导师的时候。

三、洛克儿童观的教育启示

古今中外有无数的教育家对儿童教育发表过他们的见解，相关著作也不胜枚举。洛克在《教育漫话》中的很多观点和思想在今天仍具价值。由于所处时代不同，洛克的教育思想虽有一定的局限性，但与我国现行基础教育改革的目标、理念、内容和措施等仍有着许多契合之处，对我国的基础教育改革有一定的借鉴作用。

（一）在体育方面的启示

稍稍回顾一下历史，自古以来，从大唐盛世四海归服的宏大场面，到成吉思汗时期征战无边的辽阔疆土，我们完全可以自豪地说中华民族从不缺乏强悍勇士。可曾几何时，一顶"东亚病夫"的帽子扣到了中国人的头上。而这样的历史似乎并没有远去，今天，"东亚病夫"的帽子又一步一步地向中国的儿童靠近。日本儿童和中国儿童一同进行友好夏令营的案例，大家也许都还记得，但是对于中国人口素质特别是儿童身体素质普遍不理想，又有多少可行的措施，光靠几个领导讲几句话是无济于事的。中国人口素质要提高，必须从人民大众的思想意识上着手。

洛克在这方面的论述有很好的借鉴和启发价值。如前所述，洛克非常重视健康教育，提出健康的精神寓于健康的身体；我们要工作，要有幸福，必须先有健康，要把孩子培养成强壮、勇敢又坚定的人。他还指出，身体强壮的标准是能吃苦耐劳，他主张在儿童极小的时候就应进行体育锻炼，等到儿童发育完全才进行锻炼为时已晚。因此，那些还怀抱着他们的宝贝，生怕被风吹、日晒、雨淋的家长们，那些因儿童还尚小就放弃了对他们进行教育训练的家长、老师们，请你们放手，让孩子们在自由的阳光雨露下茁壮成长。

时事链接

幼儿发育"秩序"不能打乱[①]（节选）

体育游戏最能调动幼儿的天性，体育游戏能使幼儿身体的各种器官得到活动，使幼儿直接接触玩具和各种自然材料，并在具体活动中促进幼儿身体器官发育。

"活动与锻炼能促使幼儿身体和心理过程得到全面发展，与睡眠、营养一样对于幼儿成长必不可少。"北京体育大学运动人体科学学院教授、博士生导师罗冬梅表示，好动、好奇是幼儿的天性，游戏性又是幼儿教育活动的主要特征，体育活动正好满足幼儿的这种爱好和身心需要。罗冬梅最看重孩子成长中的身高和体重等方面，认为这些是幼儿健康与否的重要标志。医学专家的调查和研究显示，经常参加体育锻炼的儿童比不参加锻炼的同龄儿童平均高4~8厘米。

首都体育学院教授李鸿江认为，运动对脑神经具有至关重要的作用，他指出，人的智力发展是建立在大脑这一物质基础之上的，而大脑的发育是与人体的发育相关联的。人出生后，大脑的发育非常快，4岁孩子的大脑相当于成年人的80%，6岁至7岁孩子的大脑相当于成年人的90%。大脑中的140亿个脑细胞，通常也称之为脑神经细胞，大脑活动就是由于脑神经细胞的作用而引起的，另外还有约400亿个神经胶质细胞专门供给脑神经营养和脑受伤时发挥治疗作用，这些维持大脑活动的神经细胞在人出生之后，数目就已经确定，不会再增加。

---

① 李小伟.幼儿发育"秩序"不能打乱[N].中国教育报，2013-09-29.

上海体育教师吴纪安有"中国游戏大王"之美称,他认为体育游戏最符合幼儿的年龄特征,最能调动幼儿的天性,也最为孩子喜爱。实践中,吴老师发现,体育游戏能使幼儿身体的各种器官得到活动。"体育游戏使幼儿直接接触玩具和各种自然材料,通过具体活动培养幼儿的观察力,使其认识各种物体的特性和用途,体会物体之间的空间关系,事物之间的互相作用和因果关系,获得最初步的自然知识和科学技术常识。"

吴纪安指出:"游戏给予幼儿快乐的同时,还为其提供了创造、发明、学习世界的机会。体育活动在培养幼儿发展自我的同时,也发展了幼儿与他人、社会的关系,使幼儿由个体的人成长为社会的人。"

健康之精神寓于健康之体魄,儿童的身体正处于成长和发育的重要阶段,游戏和运动是儿童教育的必要形式,在这个时候给他们打下一个良好的基础,对于儿童将来的身心发展和健康成长有着深远影响。

(二)在德育方面的启示

以德树人,德育为先。从中国的封建教育思想开始,德育便在教育目的中占据首要位置。在五千年文化底蕴的熏陶下,德育为首的教育观念已在每个中国人的头脑里根深蒂固。而纵观我国德育的历史,却有多少不是和专制、惩罚联系在一起的?从封建社会的"三纲五常"到现在的道德禁令与家长、教师专制,青少年的道德缺失、家庭关系冷漠、青少年犯罪的低龄化、高智能化、团伙化等一系列社会问题,无一不昭示着中国教育在德育方面的缺失和失败。洛克在《教育漫话》中提到,一个绅士必须具备理智、礼仪、智慧和勇敢这四方面的道德品质。理智的培养,就是能够运用理智去驾驭和支配自己,克制自己的欲望,顺从理性的指导;礼仪的培养指的是要让儿童学习礼貌、礼仪和风度,懂得人情世故,会接人待物,要文质彬彬,高雅友善;智慧的培养指的是一种本领的培养,它使人能干而有远见,善于处理具体问题,是要把孩子培养成坦诚、公正和智慧的人;勇敢的培养,洛克认为勇敢和坚韧是绅士必备的美德，是一个真正有价值的人的品格，这就需要从小锻炼孩子的胆量，使之能忍受痛苦，克服怯懦、脆弱的本性，能够做到刚毅、果断和勇敢。

所有这一切都是我们需要和希望得到的，而单靠我们现在使用的说教、惩罚、道德禁令无济于事。从洛克的教育观念中，教师和家长不论是在德育观念还是在德育方法上都可以吸收和学习到很多有益的经验。在现实中，我们不难发现现在的家长把自己的孩子当作"皇帝""公主"，百般溺爱和娇宠，而个别教师对儿童大声呵斥甚至体罚……这无疑是在将我们的儿童身心健康成长毁于他们最应该得到生长的时候，既不利于儿童的成长，也不利于社会的发展。

（三）在智育方面的启示

作为四大文明古国之一，五千年的悠久文化历史和传统是中华民族的宝贵财富。早在几千年前我们的祖先便认识到了知识的重要性，知识分子在中国人的心目中一直占据着崇高的地位，重学习、重知识的传统一直沿袭至今。而随着人类社会的进一步发展，国际间的竞争愈发激烈，具有高知识水平的人才在国际竞争中的作用越来越重要。但是，当西方国家的教育迅猛发展的时候，我国的教育却陷入了应试教育的泥潭，学生只看重分数和学习成绩，缺少对他人和社会的关心，缺乏良好的道德观念和道德修养，甚至身心得不到健康发展；过强的共性制约，使他们缺乏自己的个性，缺少创造性思维和独立思考的能力，学生的学术视野不宽，学术基础不牢；过于注重自我和追求功利主义，全面素质培养与基础训练不够。

针对上述情况，中国果断实施了素质教育，但什么是素质教育、素质教育应从何处着手、怎样培养学生的素质、培养学生的什么素质，在社会当中仍争论不休，也许我们可以从洛克的思想中得到一些启发。

在智育方面，洛克强调培养有学问的人。他要求绅士一方面通过多方面的学习研究获得知识、增长学问、发展智力；另一方面，还要通过各种技能技巧的课业去获得技能技巧。在具体的方法上，洛克认为关键是要让孩子真正地爱好知识，尊重知识，学会采用正当的方法求知，以不断提高自己。要对儿童多加鼓励，无论他们问什么问题都不应该制止、羞辱、讥笑。同时采用称誉的方法，让儿童感到自己受到尊重。洛克反复地强调智育的目的不是传授知识，而是培养学生的学习态度和学习能力，要根据儿童的不同特点来进行教育。

因此，对于那些还简单重复地把相同的知识用不同的方法传授给不同的儿童的教育者们，机械地用统一的标准来压制儿童的天性而忽视儿童的个性发展，简单地用学业成绩衡量学生好坏而实施课堂专制的老师们，是应该好好反思一下了。

附录：洛克教育语录选摘

1. 读书、写字和学问，我也认为是必需的，不过不是主要的工作而已。

2. 我敢说我们日常所见的人中，他们之所以或好或坏，或有用或无用，十分之九都是由于教育之故。

3. 健康之精神寓于健康之身体，这是对于人世幸福的一种简短而充分的描述。凡是身体精神都健康的人就不必再有什么别的奢望了；身体精神有一方面不健康的人，即使得到了别的种种，也是徒然。

4. 我们要能工作，要有幸福，必须先有健康。

5. 我觉得一切德行和美善的原则当然在于克制力之所不容许的欲望的能力。

6. 普遍对于儿童有一种贪便取巧的惩罚方法，就是鞭笞儿童，这是一般教师所知道的或想到的管理儿童的唯一工具，是教育上最不适用的一种办法。

7. 儿童的好奇心，只是一种追求知识的欲望，所以应该加以鼓励，不独因为它是一种好现象，而且因为这是自然给他们预备的一个好工具，给他们除去生来的无知。

8. 要忍耐劳苦，不要娇生惯养。

9. 最重要的是不在多记，而在多做。要不断地反复地练习，使遵循道德的教诫变成习惯。习惯得与呼吸空气一样自然。

10. 说理是对待儿童的真正办法。

7
蒙台梭利：不教的教育

徐庆萍

一、蒙台梭利其人

玛丽亚·蒙台梭利（1870—1952），杰出的幼儿教育思想家和改革家，意大利历史上第一位学医的女性和第一位女医学博士，被誉为世界幼儿教育史上自福禄培尔以来影响最大的人物之一，《西方教育史》称她是20世纪最伟大的科学与进步的教育家。

1896年，蒙台梭利获得医学博士学位，被派往罗马大学附属的精神病诊所担任助理医师，正是这份工作使她有机会观察有心智缺陷的儿童的学习和发展。蒙台梭利还曾在小学中研究"正常儿童的教育组织方式"。

1907年，蒙台梭利在罗马贫民区建立"儿童之家"，她运用独创的方法进行教学，并取得了惊人的效果：那些"普通的、贫寒的"儿童几年后心智有了巨大发展，成了一个个聪明自信、有教养、生机勃勃的少年英才。

蒙台梭利的幼儿教育理论及著作享誉全球。《蒙台梭利教学法》被译成20多种语言在世界各地流传，《高级蒙台梭利教学法》《童年的秘密》《有吸收力的心灵》《发现孩子》《教育人类学》等教育经典作品，受到全世界的广泛关注。

二、蒙台梭利儿童观的阐释

（一）早教初体验

"我们的教育方法最成功之处是：给孩子们带来自觉的进步。"①

蒙台梭利十分关注智障儿童的学习和发展。1898 年，意大利政府委任蒙台梭利在罗马建立了一所国立特殊儿童学校，收容精神病院的白痴儿童和公立小学的弱智儿童。她设立了专门的教育方案对这些儿童进行教育。两年后，这些儿童不仅学会了关于日常生活的一些基本技能，而且他们动作协调，语言发展正常，学会了读、写、算的基本知识和技能，并通过了与公立学校同龄儿童同等水平的考试。此后，她进一步完善该教育方案并运用于正常儿童，倡导"教育不是为上学作准备，而是为未来生活作准备"的教育理念，确立以帮助儿童的生命自然地成长与完善为核心的教育目的，逐渐形成了一套比较完整的教育理念和幼儿教育方法，即让儿童获得身体、意志、思想的独立，达到人格、心理、智力和精神的完善。自此，蒙台梭利教育法成为国际上著名的早期教育模式之一。

（二）吸收的心智需要自由的成长空间

"儿童拥有一颗能够吸收知识的心灵，他有独自学习的能力。"②

在蒙台梭利看来，儿童具有"吸收的心智"，也就是说，儿童创造了自己的"心理肌肉"，用于认识周围的事物。成人是通过运用心理来获得知识的，儿童却是让知识直接进入心理的，他们的耳朵和眼睛就像录音机和摄像机，你无法想象他们吸收得有多快，你也无法理解他们是在何时何地完成的吸收，他们就像一块海绵，时时处处汲取着养料。儿童对周遭的人和事物充满了惊叹、好奇、欣赏和喜爱，他们可以毫不费力地从周围的

---

① ［意］玛利亚·蒙台梭利. 蒙台梭利早期教育法［M］. 祝东平，译. 北京：中国发展出版社，2006：158.
② ［意］玛利亚·蒙台梭利. 有吸收力的心灵［M］. 高潮，薛杰，译. 北京：中国发展出版社，2006：4.

环境中获得大量的信息。他们如饥似渴地观察周围的环境,自发地探求周围的事物,一张废纸、一块石头、一片树叶、一朵花,甚至一只会爬的小蚂蚁都会让他们兴奋不已。手所能触摸到的东西,他们都尝试用心智去理解。然而,成人却经常忽视这一现实——儿童拥有一种精神生命,这种生命的微妙表现尚未引起注意,它的活动方式会被成人无意识地破坏掉。①比如孩子兴奋地拾起一片树叶,妈妈马上跑过来让孩子丢掉,原因是妈妈觉得树叶太脏;下雨天孩子兴奋地出去玩,大人却把孩子叫回去,因为怕孩子生病;家长带孩子去公园玩,不是把孩子束缚在推车里,就是抱在怀中,总觉得这样最安全;孩子不小心把颜料弄到衣服上或是昂贵的家具上,父母更是火冒三丈……老师和家长们是否想过,你们多少次对孩子说不,多少次扼杀了孩子的好奇心,也许你们觉得自己是在保护孩子,而结果恰恰是害了孩子。因为这样往往阻碍了孩子心智的发展,限制了他的求知欲。成人给儿童最好的帮助莫过于为儿童的生长提供必要的条件,为他们创设自由、轻松、安全的环境,让他们尽情地探索。

(三) 不教的教育

"我并不曾发明一种教育的方法,我只是给了某些小孩子一个展示其生命的机会。"②

1. 以儿童为主,激发其内在生命力

"激发生命,让生命自由发展,这是教育者的首要任务。"③

正如蒙台梭利所说:"如果儿童是一粒种子,那么自由宽松的环境就是合适的气候和肥沃的土壤。"④ 因此,她认为关注儿童本身比关注教育方式更重要。教育虽无固法,但是教育可以采用一种尊重儿童天性的方式去保

---

① [意] 玛丽亚·蒙台梭利.童年的秘密[M].马荣根,译.北京:人民教育出版社,2004:115.
② 摘自1914年1月31日《宾格汉普顿共和党先驱报》(Binghampton Republican Herald)。
③ [意] 玛利亚·蒙台梭利.蒙台梭利早期教育法[M].祝东平,译.北京:中国发展出版社,2006:78.
④ [意] 玛丽亚·蒙台梭利.玛丽亚·蒙台梭利幼儿教育方法[M].蒙利格,译.北京:地震出版社,2004:156.

护和培育他们。教育者的首要任务是激发儿童的生命力,让它自由发展。当教师以这种方式与学生心心相印时,就像一个看不见的守护者一样唤醒并激发孩子们的生命,使每个学生亲切地感觉到他,承认他并倾听他。教师们有一天将会惊奇地发现,所有的儿童都会亲切而友好地服从他,只要看到一个手势,他们就会心甘情愿而满怀热心地去做。

拓展阅读

蒙氏幼儿园教师教学行为研究[①](节选)

8:50,姗姗选了擦桌子"工作"。她用湿海绵从左到右,由上到下很有耐心地将桌子擦一遍,又用沾有肥皂的刷子在桌子上以打圈的方式擦拭,接着用湿海绵将桌上的肥皂沫擦掉,然后洗掉海绵上的肥皂沫,继续用湿海绵认真地擦拭起桌子,再一次将海绵上的肥皂沫洗掉,再一次擦拭桌子,这一动作重复了4次,直到将桌子上的肥皂沫擦拭干净,接着用毛巾擦掉桌子上的水。这时的时间是9:52。

姗姗用了1个多小时做日常生活区的擦桌子"工作",她的教师没有因为她用的时间长而催促她、干预她,而是尊重她的选择,让她自由地发展。这体现了以儿童为主的理念。

2. 自由即纪律——把自由还给儿童

"我不认为,一个人只有当他像哑巴一样默不出声和像瘫痪病人一样不动弹才是守纪律。此时,他只是一个失去自我的人,而不是一个守纪律的人。"[②]

在蒙台梭利看来,儿童必须能够经历一种重要的自由体验,它是一种完美的自由,而不是放任自流。在蒙氏活动中,儿童可以在任何时候去摆

---

① 付娜.蒙氏幼儿园教师教学行为研究[D].浙江师范大学,2010:34.
② [意]玛利亚·蒙台梭利.蒙台梭利早期教育法[M].祝东平,译.北京:中国发展出版社,2006:59.

弄任何他想要了解的东西，可以自由地在房间中活动，而不是静坐在课桌前面。一位去蒙台梭利学校参观的人对学校儿童的纪律性印象深刻。学校中有40个3～7岁的孩子，每个孩子都全神贯注地沉浸在自己选择的学习活动中。

拓展阅读

《最伟大的教育家：从苏格拉底到杜威》[①]（节选）

一个在做感觉练习，一个在摆弄字母，一个在绘画，一个在绷有布料的小木框上练习系纽扣和解纽扣，一个在打扫灰尘。他们有的坐在桌子旁边，有的则坐在地毯上。

教师尤其要谨慎对待儿童的自由的权利，不能违背了自由的原则。然而有些老师和家长经常盯着儿童用"坐好不许动，不许玩"等语言纪律约束儿童的行为，他们忘记了实施纪律是为了调动儿童的主动性，为了儿童良好的发展，而不是为了让儿童坐着不动。儿童是通过自由来获得纪律的，而不是因纪律束缚了儿童的自由。我们需要做的是把自由还给儿童，做一名观察者，观察儿童对某一事物是否感兴趣、如何对它感兴趣以及这一兴趣能持续多长时间等，甚至观察他脸上的表情，通过观察来更好地引导儿童的发展。

3. 不知疲倦的工作者——"人是通过工作构造自己的"[②]

在蒙台梭利看来，儿童的发展不是通过教师的教学取得的，而是在"工作"中实现的。蒙台梭利把上课定义为"工作"——儿童的工作。她设计了很多称之为"工作"的教具，它们设计独特、严谨，具有自我纠错功能，儿童可以选取自己感兴趣的材料，并动手操作，在"工作"中自我探索、自

[①] [英] 弗兰克·M·弗兰纳根.最伟大的教育家：从苏格拉底到杜威[M].卢立涛，安传达，译.上海：华东师范大学出版社，2009：147.

[②] [意] 玛利亚·蒙台梭利.童年的秘密[M].马荣根，译.北京：人民教育出版社，2004：183.

我学习、自我发现、自我构建、自我发展、自主进步。蒙台梭利把这些"工作"运用于日常生活练习、感觉教育、数学教育、语言教育和文化教育五大领域之中,其中日常生活练习和感觉教育是儿童最频繁的两项"工作"。

对于教育者来说,了解儿童"工作"的性质十分重要。儿童并不是为了获得某种目的才"工作",他们"工作"的目的就是"工作"本身。当他们重复一项练习,试图达到一个目的时,这个目的是不受外界因素支配的。不仅如此,儿童并不遵循效益规律,而且正好相反。他们没有明确的目标,却把大量的精力消耗在"工作"中,为了完善每个细节,他们发挥了所有的潜能。儿童对劳动从不厌倦,从不要求减小劳动量,正是劳动使他们成长,让他们更有活力。就儿童的反应而言,他们停止"工作"跟劳累无任何关系,只不过是为了更新"工作",重蓄精力罢了。

拓展阅读

可音可精彩分享:浅谈蒙台梭利教学中培养幼儿专注力[①](节选)

小班幼儿小歌,选择了"有柄插座圆柱体"的工作后,不停地把圆柱体取出来、放进去,然后又把它们取出来……这些圆柱体大小不同,正好可以放进那些容器相应的孔里,就像木塞盖住瓶子一样。一切过程看上去缓慢而有节奏。出于好奇,一直在教室一角观察她的老师便数了数她这种重复的动作,结果是23遍。而其他孩子们都在认真地工作,没有人去打扰她,她每完成一个动作的时候,脸上总是不自觉地微笑。到最后她好像累了,环顾了四周后感觉像刚从梦中醒来似的。

这个女孩如此专注地反复做一件事,以至于感觉不到有人在一边进行工作,更感觉不到有人在一边看着她。这就是儿童工作的魅力所在,他们不断地"重复练习",每次完成那种体验之后,他们就像完成某种重

---

① 可音可精彩分享:浅谈蒙台梭利教学中培养幼儿专注力[EB/OL].http://www.sogou.com/sohu?guery = 01040100.

大的任务一样，脸上充满了喜悦和快乐的表情。儿童一旦碰到吸引他们的事物，就会忘我地投身其中，并一再地重复训练，注意力的集中程度十分惊人。

4.弃奖惩——"培养儿童自我'纠错'的能力比奖惩重要得多"①

在教育中，蒙台梭利不提倡通过奖惩或纠错的方式来干涉儿童。在她看来，"教育者的个人艺术是存在于干预时机和方式之中的"②，奖励和惩罚是两股缰绳，会束缚儿童的发展，纠正儿童犯错误的唯一方法就是提高儿童的熟练程度。教师对错误也要友好，把错误当作生活中不可缺少的伙伴。因为很多错误，随着时间的推移会自然而然地得到纠正。然而，有些教师却将惩罚当成家常便饭。

时事链接

太原5岁女童因不会算术题　十分钟被扇几十耳光③（节选）

太原市蓝天蒙台梭利幼儿园的一位老师……因为孩子的一点点小小的错误就对孩子加以施暴，扇耳光、揪脸。监控录像也记录下了这一个个令人触目惊心的过程，家长含泪数了一下，就在10月15日的下午四点左右，短短10分钟的时间里这位老师就在一个女童的脸上狂扇了几十个耳光。

蒙氏教育是摈弃奖惩的，这位蒙氏幼儿园的教师却胡乱惩罚儿童，甚至上升到虐童的程度，这是对蒙氏教育理念的玷污，是以牺牲儿童为代价造成的教育的悲哀！

---

① ［意］玛丽亚·蒙台梭利.玛丽亚·蒙台梭利幼儿教育方法［M］.蒙利格，译.北京：地震出版社，2004：276.
② ［意］玛丽亚·蒙台梭利.蒙台梭利早期教育法［M］.祝东平，译.北京：中国发展出版社，2006：122.
③ 太原5岁女童因不会算术题　十分钟被扇几十耳光［EB/OL］. http://edu.qq.com/a/20121023/000025htm，2013-12-24.

（四）有趣的敏感期——儿童的"固执与自私"

"儿童是在他的敏感期里学会自我调节和掌握某些东西的，这就像从内部射出来的一束光，或者就像电池一样提供能量。"①

在蒙台梭利看来，敏感期是自然赋予幼儿的生命助力，是心灵的火焰。儿童的敏感期就像从内部射出来的一束光，内含生机勃勃的动力，让他们以一种惊人的方式接触外部世界，若不按其敏感期的指令行事，他们的一种自然成长的机会就会永久的丧失。敏感期不仅是儿童学习的关键期，也是其心灵、人格发展的关键时期。

1. "固执的"儿童——秩序敏感期

如 1~4 岁处于秩序敏感期的儿童，他们需要一个有秩序的环境来帮助他们认识事物、熟悉环境，一旦他们所熟悉的环境消失，就会令他们无所适从，他们会害怕、哭泣，甚至大发脾气。在成人看来，儿童的一些过分要求是"任性""固执"和"胡闹"，例如全家人一起看光碟时，儿童要求所有人不能做任何事情，不能走动、不能上卫生间、不能喝水、不能接听电话等，否则就得重新放光碟；儿童要求成人不能将衣服搭在臂上，一定要将衣服穿在身上；上楼梯时成人不能比他先上，否则必须退回来重新上；有客人来访，听到门铃声必须是他来开门，如果成人开了，他会哭着要求客人出去，重新再开一次；剥糖时要自己剥，如果成人把糖纸撕开，他会愤怒地扔掉它，要求重来一颗；喝牛奶必须有固定的程序，如上床、脱衣服、坐进被子里、拿过瓶装牛奶、撕去外包装、用瓶盖扎一个小眼、用手把小眼抠成小洞、插入吸管、开始喝，每个步骤都不能变、不能漏，否则他不仅仅是哭喊，还要重新拿一瓶奶……这些常常被老师、家长视为无理取闹的行为，恰恰是儿童秩序敏感期的表现，在儿童的认知世界里，每件事情的先后顺序不能乱，每件物品的位置不能乱，每种行为都有固定的程序。我们可以做的就是尊重自然赋予儿童的敏感期，尊重和理解他们

---

① ［意］玛丽亚·蒙台梭利.童年的秘密［M］.马荣根，译.北京：人民教育出版社，2004：52.

的行为，为他们提供必要的帮助，避免错失一生仅有一次的特别生命力。

拓展阅读

《童年的秘密》[①]（节选）

  这个故事的主人公1岁半不到，他和他的父母已经完成了一次漫长的旅游，根据他们的观点，这个孩子只是太年幼了，以致不能忍受这种疲劳。然而，他们特别提到旅途中并没有发生特别的事情。每个晚上他们睡在一流的旅馆里，那里有栏杆的儿童小床是现成的，还为小孩准备了特殊的食物。而现在他们住在一个宽敞的有家具的公寓房间里，由于没有有栏杆的儿童小床，这个小孩子跟他母亲睡在一张大床上。他的疾病的最初的症状是失眠和反胃，一到晚上必须把这个小孩抱在怀里。他的哭声是由于胃痛的缘故，请来儿科医生检查这个小孩，给这小孩提供了特殊的饮食、日光浴，散步以及进行了其他的医治，但是这些措施毫无成效，夜晚成了全家的痛苦。这个小孩最后惊厥起来，可怜的他抽搐着在床上打滚，这种情况一天要发生两三次。于是，他父母预约了一位著名的儿童精神病专家，蒙台梭利也参与了。这个小孩看上去挺好，据他父母讲，在很长的旅途中他一直很健康，很可能他的失调有着某种精神的因素。

  当蒙台梭利看到这个小孩躺在床上忍受着病痛发作的样子时，她得到了一种启发。她拿了两只小枕头，把它们平行铺开，看起来就像是一个有着栏杆的小床一样。然后，蒙台梭利再把床单和毯子覆盖上去，没有说一句话，把这张临时凑成的儿童床紧靠在小孩所睡的床边。这小家伙看着它，停止了哭叫，滚着滚着，滚到这张床的边沿，然后睡在里面，并说：卡玛，卡玛，卡玛！他用这个词来表示摇篮，并立即睡着了。他的病再也没有发作过。

[①] [意]玛丽亚·蒙台梭利.童年的秘密[M].马荣根，译.北京：人民教育出版社，2004：68—69.

很明显，这个孩子有些病态的失调与痛苦的内在冲突，根源在于他对床的秩序感的建构的冲突。他的反应正好验证了秩序敏感期的力量：一旦成人破坏了儿童建构的秩序感，儿童即以其力量——哭闹或惊悸等形式进行抗争，但是往往教师和家长都把孩子的这种哭闹误看作任性固执的行为，而忽视了儿童的秩序敏感期。

2. "自私的"儿童——占有敏感期

儿童的敏感不仅仅表现在对规则的执着上，有时候还会表现出"自私"。有研究者曾描述这样的情景：几年前看一家电视台播放的少儿节目。屏幕上，一群三四岁的孩子围坐在主持人周围，主持人问孩子们："你可以把你的衣服给贫困山区的孩子吗？"连续问了几个孩子，无一人愿意，最后一个孩子双手抱紧自己身上的衣服哭着说："我不给，这是我妈妈给我买的。"这一哭，所有的孩子都哭了起来，采访无法继续下去，镜头一转，主持人总结说："看我们的独生子女，多么自私。"[①]

这些儿童正处于"我的"占有敏感期，如果强制这个时期的儿童分享他的东西，会给他造成巨大的恐惧感和危机感。主持人认为这些儿童自私的说法其实是对儿童的误解，他们只是认为这是他们的东西，与自私无关。

（五）发现儿童的秘密

蒙台梭利观察并发现了儿童的一些秘密，在司空见惯的日常生活中，教师和家长们是否注意到这些有趣的儿童的秘密了呢？

1. 重复练习

我们常常发现儿童对同一个故事不厌其烦地听了一遍又一遍，一套积木玩了一遍又一遍，或者一部动画片即使都能背出来了还津津有味地观看等现象，这正是儿童的秘密之一：重复练习。重复练习对儿童来说是极有帮助的，他们能发现自己的潜力，并在生命力不断展现的神秘世界中自我

---

① 孙瑞雪. 捕捉儿童的敏感期 [M]. 天津：新蕾出版社，2004：67.

练习，进一步完善自己。

2. 自由选择

当让儿童自由选择活动时，他们兴奋地自己选择活动，或者一个人沉浸在自己构建的世界中，安静而聚精会神地活动着，或者三五人一起商量着需要分工合作的活动等，这也是儿童的秘密之一：自由选择。儿童自己所作的选择，使我们看到他们的心理需要和倾向，同时他们也因自由而欢呼雀跃，满足于自己的选择。

3. 书写与阅读

许多儿童拿着一本书，即使书本拿倒了、拿反了，即使不认识文字，他们也会津津有味地"阅读"。或者，即使他们还不会正确握笔，即使还画不直一条线，当他们拿到笔的时候也会认认真真地"书写"，这也是儿童的秘密之一：书写与阅读。书写和阅读对儿童具有强烈的吸引力，他们不厌其烦地看一本又一本书，写一遍又一遍的字（虽然充其量只是涂鸦），他们是用想象力来阅读和书写，用心灵来阅读和书写的。

4. 肃静练习

很多儿童对"三个木头人"的游戏情有独钟，喜欢最后"不许动"定格的那一瞬间，那一瞬间安静得甚是和谐宁静，他们可以聆听周围嘈杂社会中大自然的声音，聆听自己的心声，平复自己躁动的心，这亦是儿童的秘密之一：肃静练习。肃静练习有助于建立良好的纪律，重复这种练习能使儿童表现出完美的行为，这不是仅仅通过教育就能获得的。

除了以上这些秘密，还有其他秘密，比如：儿童有尊严感，儿童对奖惩无动于衷，儿童需要秩序和纪律，儿童拥有自由就是拥有健康，等等。

不论是教师还是家长，观察并发现儿童的秘密尤为重要，它可以作为我们教育的导航，引领我们认识儿童的世界。教育者要注意观察儿童的这些秘密，不能让这些有趣的儿童的秘密变成教师和家长们认为的贪玩标签。教育者需要做的仅仅是帮助儿童自己行动、自己决定和自己思考，引导儿童为心灵服务。

（六）大自然般的教师

"我们的教育目的就是要帮助那些小孩子去自觉的发展心灵、精神和身体的个性，而不是要使他们成为普遍接受的文化中的个体。"[①]

在蒙台梭利看来，教师主要是为儿童提供"有准备的环境"，保证把环境布置得美观、有序，为儿童营造包含自由、作业和秩序三个要素的环境。教师是环境的提供者、示范者、观察者、支持者和资源提供者，而不是指挥者。他们需要了解和克服自身的缺陷，去除他们最基本的缺陷——内心的傲慢和怒火，以空气一样的沉静和阳光一样的温暖去爱他们的孩子们，理解和尊重孩子们。

教学活动的基本指导方法是观察法，教师在一个时间里只教一个孩子，并观察30个或更多的正在工作的孩子。教师既不需要为儿童设定必选的活动项目，也不需要集中对孩子们训话，更不需要给予儿童任何形式的公开或暗示性的奖励和惩罚。

拓展阅读

蒙氏幼儿园教师教学行为研究[②]（节选）

H教师坐在门旁的椅子上，腿上放着一本厚厚的记录簿，她时而抬头看看工作室内的儿童，时而低头快速地记录着。这时，H教师将目光锁定一处，看了约一分钟，然后走过去，收掉了一些数字卡片。

H教师对全班儿童进行观察记录，她在等待中给儿童足够的时间，让儿童通过自己的努力获得成功并分享其成功的喜悦，并对某些行为进行适当的干预。H教师的耐心等待是对儿童的一种信任，是对儿童心灵的一种呵护。

---

① [意]玛利亚·蒙台梭利.蒙台梭利早期教育法[M].祝东平，译.北京：中国发展出版社，2006：160.
② 付娜.蒙氏幼儿园教师教学行为研究[D].浙江师范大学，2010：31.

三、蒙台梭利儿童观的教育启示

蒙台梭利的儿童教学方法经过长期的研究与实践,已经在世界教育现实的基础上形成了一套较完整的系统。她的教学思想中提到的儿童的观点仍不过时,对当今教师和家长的教育理念和行为仍然具有指导意义。教师在落实蒙台梭利儿童观时需要把握住以下三个关键点。

(一)儿童的"内在生命力"——关注教学形式

儿童具有内在的生命力,他们的心理发展存在着阶段性的特点。由此,我们就不难理解为什么在教育实践中,我们应该把儿童视为有别于成人的独立个体,遵循其心理发展规律施予不同的教育形式,反对以成人为本位的教学观点和行为了。

(二)儿童"吸收的心智"——关注自我教育

儿童具有的"吸收的心智",即能以惊人的方式从环境中吸收印象,汲取知识。儿童进行自发的活动时,正是培养他们进行自我教育的好时机。教师凭借良好的学习环境与具有纠错功能的教具,让儿童依循内在的"吸收的心智",自发地去接触、研究周围的环境,在探索中对自己的行为进行自我调整、自我教育。

(三)儿童的敏感期——关注教育内容

敏感期不仅是儿童学习的关键期,也是其心灵、人格发展的关键时期。不同时期的儿童展现了不同的敏感期,在每一个敏感期到来之时,正是教育者进行相关内容教育的好时机。在儿童敏感期时,儿童对敏感期的内容非常感兴趣,只要教育者向着敏感期的方向稍加引导,不仅能让他们轻松地获得相关的知识,还有利于他们的心灵和人格的发展。

此外,在教学实践中应用蒙台梭利的儿童观,要做到:第一,将不教的教学方法结合学科特点及儿童发展特点,尊重儿童个体差异,灵活综合各种方法运用于课堂教学实践中；第二，要注重教育与时代发展的结合，尤其要借助多媒体技术来增加活动的趣味性和生动性，根据儿童发展特点激发其学习兴趣；第三，充分考虑移植蒙台梭利教育法的文化差异。

附录：蒙台梭利教育语录选摘

1. 进行创造的人应该是孩子，不是大人。然而这不是一件容易让人清楚了解的事，一般人的想法还是认定大人才是创造者。

2. 大人们通常限制孩子的活动，一成不变地重复着那句不起任何作用的话——"老实呆会儿"。

3. 儿童具有的工作本能是自然界馈赠的一件礼物，这使他在适应环境的同时在环境中找到适合自己的生活方式。

4. 在培养儿童想象力的时候，决不能阻止他们自发的活动，即使这类活动像涓涓细流一样渺小。

5. 孩子们在用眼睛读、用手写、用耳朵听教师讲课时，就如同忍受苦役一般。他们坐在那儿不能动，但他们的脑子却没有专心思考。

6. 孩子在工作时越专心就越是安静，也越能心甘情愿地遵守纪律。

7. 教师的工作是一门艺术，为人类心灵服务的艺术，只有在为儿童服务的过程中才能得到完善。

8. 3岁的孩子能连续玩耍很长时间，如果双手在不停地忙碌的话，他反倒有如鱼得水般的快乐。

9. 成人给儿童不需要的帮助，是儿童将受到的所有制约中的第一种制约，谁会想到这种压制将对儿童以后的生活产生最严重的后果呢？

10. 他们（孩子们）不逃避做任何努力，相反是努力探索并满怀喜悦地靠自己的能力克服困难。

8 裴斯泰洛齐：爱与自然的交响曲

欧恬

一、裴斯泰洛齐其人

约翰·亨利赫·裴斯泰洛齐（1746—1827）是瑞士著名的民主主义教育理论家和教育实践家。1746年，裴斯泰洛齐出生于苏黎世的一位外科医生家，父亲在他5岁时便去世了，勤奋工作的母亲与勤劳能干的女仆撑起了清贫的五口之家。受母亲勤劳节俭的品质和女仆无私奉献的精神的熏陶，裴斯泰洛齐养成了慈爱、信任、克己、无私等良好的品格。裴斯泰洛齐的祖父是农村牧师，童年时他常到祖父家玩，亲眼看到穷人在恶劣生存环境下挣扎的苦难，以及在贫穷的生活现状下人的尊严被践踏、人逐步走向堕落的场景，这激起了他深切的同情，使他决心为解除劳动人民的痛苦而贡献自己的一切力量。

早年的生活经历使裴斯泰洛齐热爱人民和儿童，希望通过"教育"这一途径来改变他们的悲惨境遇。裴斯泰洛齐结合教育实践，先后在新庄、斯坦兹、布格多夫、伊佛东等地进行了教育实验，在自然教育思想、教育心理学化、爱的教育、和谐发展教育思想和要素教育理论等方面都取得了很高成就，为近代教育理论的发展作出了重要贡献。他的教育思想影响了许多著名的教育家，诸如赫尔巴特、福禄培尔等。裴斯泰洛齐的主要著作有《隐士的黄昏》《林哈德与葛笃德》《天鹅之歌》等。[①]

[①] 吴值敬. 裴斯泰洛齐教育思想述评[D]. 扬州大学，2009: 6.

二、裴斯泰洛齐儿童观的阐释

(一) 家庭,儿童成长的第一个"雕塑家"

在裴斯泰洛齐看来,家庭教育是教育的第一阶段,是学校教育的基础。好的家庭教育是孩子的成长成才的基础,因为家庭不仅能使孩子自幼养成好的习惯,也能使学校教育的效果得到延续。

1. 生活教育

裴斯泰洛齐认为"家庭生活是真正的教育中心"[①],要塑造良好的家庭生活环境,以影响儿童、感染儿童。家庭生活环境分为物质性环境和社会性环境。物质性环境包括房子的空间、位置、卫生、安全整洁等情况,社会环境包括家庭成员的言谈举止、为人处世、生活习性等情况。

在生活中,我们往往会注意到,当家里卫生乱糟糟时,孩子们会心安理得地将玩具、衣物随意堆放,垃圾桶满了也不管、地板脏了也不擦、桌子乱了也不整理。但是当家里被布置得干净整洁时,再调皮的孩子也会收回部分"破坏力",对保持这个干净的环境承担一定的责任,而且随着孩子渐渐长大,他们会逐渐"习惯"这种干净的环境,变成干净环境的真正维护者。

相信很多老师遇到过这样的"问题孩子",他们在学校不服从老师的管理,即使家长被请到学校,面对家长的责骂他们也丝毫不以为然,甚至顶撞得头头是道。为什么会出现这样的状况呢?其实根源始于家庭教育。在家中,家长"望子成龙,望女成凤"的心理使他们树立起了把孩子培养成一个"尽善尽美的人"的目标,对孩子提出了很多高要求。但遗憾的是,面对这些要求,孩子却不知道如何去实现,也不能从父母身上寻觅到些许踪迹,看到的反而是父母不具备这些"尽善尽美"的品质却仍生活得有滋有味,所以孩子对父母的这些要求产生了质疑,便逐渐不去理会父母的期望。

家庭生活对孩子的成长有很重要的作用。家长如果希望孩子养成良好

---

① 汪雪光. 裴斯泰洛齐家庭教育思想研究[D]. 南京师范大学,2011: 29.

的习惯,并成为一个优秀的人,就要身体力行,不但需要把家里收拾得干净整洁,更需要注意自己的言行,以起到榜样作用。

2. 爱的教育

家庭教育的重要内容之一就是让孩子养成良好的道德品质以及用爱和鼓励的方式使孩子成长。

在传统的中国文化中,家长们信奉的是"棍棒底下出好汉""玉不琢,不成器"的观念,认为对孩子的惩罚是孩子成长路上的必经挫折。与中国传统的"棍棒教育"不同,裴斯泰洛齐提倡以感恩、孝悌为中心,以同情和帮助他人为中心,以社会规范为中心这三类道德教育的培养,这种培养需要大人采用爱的教育方式,用宽容、鼓励、耐心、细致的亲子之爱来原谅孩子的不足,并给予孩子充分的信心,相信每个孩子有独特的优点,这样才能激发孩子的内在动机,促进孩子自信健康地发展。因此,鼓励与宽容应成为家庭教育的主旋律。

除此以外,裴斯泰洛齐认为,父母不应吝啬和孩子在一起的时间,不能因为工作忙就将抚养孩子的任务全权交给爷爷奶奶、保姆或老师。在孩子心目中,任何人都不能取代父母。父母之爱的缺失会给孩子的身心发展带来一系列问题,比如由于不会照顾自己引起营养不良,由于缺少父母的支持与鼓励造成性格孤僻内向,由于缺少父母的管教造成自我放纵,等等。

时事链接

"孤独等爱"——11岁孩子为见爸爸自演"绑架"案

2013年10月28日,11岁的衡阳小女孩小诗(化名)自导自演了一场"绑架案",目的仅仅是为了见到常年在外打工的爸爸。早上7点40分,因为被妈妈怀疑没写作业打了两耳光,小诗背着书包冲出家门。这次,她没去学校,而是选择往楼上走。坐在六楼楼梯口,小诗越想越委屈。第一次被妈妈打耳光,她突然想见远在北京务工的爸爸。想起平时看过的侦探小说,小诗决定制造一场"绑架案"。她从书包里拿出便条本,在上面写下:"准备一百万,救你女儿,不准报警。"为避免被拆穿,小诗还刻意字迹潦草。等到9点妈妈出门后,小诗下楼,将书包扔在家门口地上,并把写好的纸条贴在门上。之后,重回六楼。小诗"被绑架"的消息,在接下来的4个小时内迅速扩散。妈妈发动朋友在家附近寻找,爸爸立刻买机票往家赶,老师们相互打听孩子的去向,辖区民警上门调查。因为一直没接到勒索电话,家里也无翻动痕迹。在排除了经济纠纷等熟人作案的可能性后,警察将目光聚焦到孩子恶作剧上。他们以家为圆点,地毯式搜索。很快,在楼上找到了小诗。

事情发生后,小诗不得不面对大人的指责,甚至被叫到了校长办公室接受校长的批评,但是面对众人的责备,小诗的反应是"我的目的达到了""我错了,但我不明白错在哪里""那又怎样?""想见爸爸"。①

闹剧消歇,孤独蚀骨。这背后反映的正是孩子对父母爱的渴求。望各位父母不要在孩子的成长中缺位,对孩子的身心健康负责,以爱滋养孩子的心田。

3. 适度的"母爱"

家庭中,母亲是和孩子接触时间最长,给孩子爱和关怀最多的人。她与孩子血肉相连的情感使她在家庭教育中的地位举足轻重。裴斯泰洛齐说:"母亲并非一定得具有非凡的知识和受过较高的教育,我对母亲的唯一要求是希望她能理智地去爱。我恳请孩子的母亲所要做到的一切就是尽可能强烈地去实现她的爱,这种爱应当是适度而又有理智的。"②

在《林哈德与葛笃德》中,裴斯泰洛齐描写的葛笃德便是这样一个母亲形象:她善良勤快,总是把家里收拾得整整齐齐,为孩子穿上干净的衣服,让孩子生活在舒适的环境中,给孩子提供了良好的物质环境。并且她用自己的善良和智慧打动丈夫林哈德,使他戒掉酗酒的恶习,让他参与到

---

① 雷昕. 爸爸你去哪了,我的世界等你关注[N]. 三湘都市报, 2013-11-08.
② [瑞]阿·布律迈尔. 裴斯泰洛齐选集(第二卷)[M]. 尹德新, 组译. 北京: 教育科学出版社, 1996: 231.

对孩子的教育中去。葛笃德的这些表现,实际上是一种社会环境下的言传身教,展现了对孩子理性的爱,为孩子树立了学习的榜样。所以,好的家庭教育,母亲很重要,怎样适度地把握自己对孩子爱的程度与方式,是作为母亲应该认真思考的问题。

拓展阅读

《林哈德和葛笃德》①(节选)

她已经养成习惯,每逢周六总要利用晚祷的时间,专心地把她认为这个星期里的最重要和最有启发性的事情,铭刻在儿女们的心上。

今天对她来说,又是这个星期的一个可以特别感念神的机会。她要尽可能地在孩子们心中留下一个深刻的印象,使他们一辈子都不忘记这一天。

孩子们都安安静静地坐在她的周围,合着一双手等着做祷告,妈妈就对他们说:"孩子们!今天我要告诉你们一件好事。亲爱的爸爸在这个星期里得到了一件很好的工作,他在这件工作上所得的钱比过去做什么事情得到的要多得多。孩子们,我们往后可以指望不再像以前那样担心每天的面包了。"

"孩子们,要感谢上帝,这是上帝给了我们好处;要时常想想过去的日子,那时候我分给你们的每一口面包都是用担忧和恐惧换来的。我给你们的,常常既不多又不够,有时真使我痛心到了极点;可是天上的慈悲的上帝已经知道了,上帝要帮助人,就不会有问题;亲爱的,与其让你们绰绰有余,养成娇气,倒不如叫你们吃些苦,受些艰难,或可以锻炼成器。因为人要是有了他想要的一切,思想就容易流向轻薄,就容易忘怀上帝,不肯自发地去做那些对自己最好最有益的事情了。孩子们,记住吧,一辈子

---

① [瑞] 裴斯泰洛齐. 林哈德和葛笃德 [M]. 北京编译社, 译. 北京: 人民教育出版社, 2005: 102—103.

都不要忘记我们经受过的那些贫苦忧伤和艰难的日子。要是现在我们的境况好了一点,孩子们,那就别忘记那许多像我们过去一样正在受苦的人。永远不要忘记饥寒交迫的痛苦,对于穷人,要是自己有一口余粮,就应该乐意送给他,孩子们,你们都愿意这样做,是不是?"

"是的,妈妈,我们愿意!"孩子们都这样说。

妈妈:"尼可拉,你知道有谁是常常挨饿的吗?"

尼可拉:"妈妈,有小鲁迪。我今天上他爸爸那儿去过,他简直饿得要死啦;他甚至从地上拔草放在嘴里嚼哩。"

妈妈:"你愿意有时候把你的晚饭让给他吃吗?"

尼可拉:"愿意,妈妈,明天就让给他,可以吗?"

妈妈:"对,可以。"

尼可拉:"我真开心极啦!"

……

(二)让儿童做"自然"的小天使

裴斯泰洛齐说:"自然的力量虽然无法抵抗,但是在指导的过程中,却毫无勉强的地方,正如夜莺在黑夜中的一鸣,丝毫没有强迫的阴影存在。"[1] 在他看来,"孩子们的能力和经验都是很了不起的;但我们那些有悖于心理学的学校从本质上说是违反自然的、使人窒息的机器,旨在摧毁自然赋予其活力的能力和经验所产生的全部结果"[2]。机械的灌输方法是不科学的,只有使教学过程与儿童心理的自然发展相一致,遵循儿童心理发展的规律,才能使儿童的天性和能力得到和谐的发展。裴斯泰洛齐认为:

1. 教育应顺应自然,尊重个性发展

在裴斯泰洛齐看来,教育应顺从儿童心理发展的自然状态开展,要意识到儿童心理的发展是一个连续不断的过程,要时刻关注儿童的心理成长

---

[1] 张焕庭.西方资产阶级教育论著选[M].北京:人民教育出版社,1979:522.
[2] [瑞]裴斯泰洛齐.裴斯泰洛齐教育论著选[M].夏之莲,译.北京:人民教育出版社,20014:13.

的变化。在儿童心理发展的本源方面，他认为儿童的心理能力是先天固有的，主要由身体、智力和精神三部分组成，教育应保证它们和谐一致地在儿童身上得到发展；在儿童心理发展的顺序上，裴斯泰洛齐认为儿童的心理能力具有主动发展的特征，儿童的各种能力会随着儿童的成长按一定顺序发展，并展现出来。一般而言，先是身体外部感官的发展，然后由感官接受的刺激形成经验，促进儿童智力的发展。最后，儿童与他人之间产生社会性的情感道德，又促进个体精神发展。在儿童心理发展的差异性上，裴斯泰洛齐认为，每个儿童心理发展的状态都是不同的，有的偏重智力，有的偏重情感；有的成熟程度较高，有的则较低。因而他要求教育者应像孩子的父母一样，照顾个别差异，时刻了解儿童心理、行动上最微小的变化，注意孩子们之间发展的不平衡，要使儿童各方面的能力都得到均衡的发展。

从裴斯泰洛齐的儿童观可以看出，儿童有自身的发展动力，这些动力按照一定的顺序发展，同时也存在发展的个别差异。这就给老师、家长培育孩子带来了一定的挑战，我们既要尊重孩子，总体上了解孩子们的心理成熟特点，按照特点教学；又需要因材施教，对不同的孩子提出不同的发展要求，施以不同的教学方法和心理辅导。

同时对于孩子成长过程中的一些特殊的现象，也需要老师和家长注意。比如，新浪网上曾报道说，12岁的女孩为吸引男生注意，偷偷使用妈妈的化妆品。一般情况下，该女孩的行为在老师和家长的眼中会被看成是不符合学生身份的不恰当的行为，应该受到指责或惩罚。但实际上，女孩的行为也正是出于她自然发展的一个特殊阶段——青春期。处于青春期的孩子渴望自己被别人关注，希望成为众人瞩目的焦点，为了达到这个目的，就采取了偷偷使用妈妈化妆品来提升自己"魅力"的方式。所以当看到一个孩子做出貌似不符合学生身份的事情时，必须好好分析事情发生的内在原因。面对这种情况，不能只是一味用责罚来促使孩子改进，而要尊重孩子自身的发展规律，多用鼓励与赞美帮助孩子认识自己。

2.教育应循序渐进,遵循认识规律

裴斯泰洛齐提倡教学艺术必须从"感觉印象"出发,从简单的事物出发,然后逐渐复杂化,把新知识内化到个体原有的知识结构之上,这符合人的心理发展的特点。

教育工作者应根据人的心理能力的发展特性,从感觉出发,提高发展人的各种能力的方法。这在学前教育的数学教学中表现特别明显,面对小班、中班的孩子,老师多以具体的实物,如木棒、苹果等,来具体演示数的概念和数的换算,让孩子凭借具体实物先对数字进行初步了解,然后随着孩子年龄的增长,再逐步转向对抽象的数字的认识。这种通过"感觉印象"的教学同样也可以运用到各个年级的教学中去,如通过投影仪的图片、视频、音乐呈现以帮助学生了解一些具体的概念。

时事链接

幼儿园"小学化"——揠苗能助长?[①](节选)

近几天,怀化市民粟女士5岁的儿子闷闷不乐。"一个星期没去上学了,怎么劝都不愿意去。"粟女士告诉记者,自从儿子上幼儿园大班后,每天都要做作业。现在儿子能认50多个汉字,学会了一些加减法。记者调查发现,怀化城区多家幼儿园开设了识字、英语、算术等课,如果家长有要求,还可以单独进行音乐、舞蹈等方面培训。在一家幼儿园,工作人员告诉记者,该园幼儿从小班就开始认字了。而中班按照课程设置,一学期要把书本上的字都认完,大概50个左右,加上要学唱一些儿歌,因此认的字更多。……

记者前不久到一个诊所看病,就看见一个3岁小孩,在妈妈逼迫下做家庭作业。小孩极不情愿,眼泪都快掉下来了。记者劝说,小孩正是好玩的年龄,别让她学那么多。对方回答,不学不行啊,其他孩子都学,我们

---

① 幼儿园"小学化"——揠苗能助长?[EB/OL]. http://www.voc.com.cn/Topic/youer/, 2013-11-10.

也不能落后，不能让孩子输在起跑线上。

……

"实际上幼儿园也有苦衷，开设多门课程主要是为了吸引更多的生源。"曾在一家民办幼儿园当过幼师的钟女士告诉记者，不少家长希望自家的孩子学得更多，你的课程开少了，家长会觉得交那么多学费不划算。

家长、幼儿园、评价机制等多方面的因素，共同促成了幼儿园的"小学化"进程，但是这样做的结果真的朝大家所期望的方向发展了吗？其实大多数情况下，这常常演变成了孩子的厌学、家长腰包变瘪、教学效果达不到预期等结果。裴斯泰洛齐启示我们，揠苗助长是不对的，教育必须要尊重孩子身心发展的自然规律，循序渐进。

（三）简单"要素"筑高台

裴斯泰洛齐说："初等教育从它的本质讲，要求简化它的方法，这种简化，是我一生所有工作的出发点。"① 他认为，在一切知识中都存在着一些最简单的"要素"，它们是儿童自然能力最原始的萌芽。教育过程应该从这些最简单的、能为儿童所理解和接受的要素开始，逐步过渡到较为复杂的要素，以促进儿童各种潜能的和谐发展。

裴斯泰洛齐主要为我们探讨了三个方面的要素。

1. 体育

体育的目的在于通过对孩子身体的操练，发展和增进儿童的一切身体能力。发展体育，不仅能满足孩子天生依靠活动来认识外在和事物本能的需要，同时也是能力、道德和人格发展的基础。

体育的最基本的要素是关节活动。他认为体育应从简单的关节活动练习开始，逐步发展到全身性的复杂活动，使身体得到健康的发展。由简单到复杂、由易到难、由轻到重、由少到多，这是体育要素教育应遵循的原

---

① 张焕庭.西方资产阶级教育论著选［M］.北京：人民教育出版社，1979：206.

则。所以在儿童教学中，老师们应多使用游戏，因为游戏不仅是学生对知识的直接体会，也能适当地活动筋骨，促进孩子体能的发展。

时事链接

室内体育课，桌椅成器材[①]

连续的雾霾天气，迫使学校把体育课搬到了室内。

今天上午，汇文一小二年级4班的孩子们在学校器材室上体育课。"仰卧起坐、俯卧撑、立卧撑这些运动需要的空间不大，也能锻炼孩子们的局部肌肉。这样的雾霾天只能退而求其次，在室内进行小强度运动。"汇文一小体育教研组长唐卫华介绍，平常老师们会给学生留体育家庭作业，正好利用室内体育课进行测查。"我在家里是在床上做仰卧起坐，比在学校的垫子上做容易，床是软的，一弹就起来了。"长了一头小卷发的涂妍依一口气做了23个，她说还没达到最高纪录。

汇文一小的课表上，学生每天都有一节体育课，连续几天的雾霾，不能再到室外上课，老师们就想方设法为孩子们创设锻炼条件。一年级学生体育课变成了"闯关游戏"，完成老师要求的孩子，能得到小贴画奖励。针对室内空间小的特点，体育组的老师还自编了室内锻炼操。

同样编了室内操的还有育才学校。坐在座位上进行上肢伸展运动，锻炼颈椎；将椅子变成训练器材，锻炼腹背肌肉，老师们想出了不少办法。

2. 德育

在裴斯泰洛齐看来，德育要素教育的目的在于发展儿童对人的爱，培养自制的能力，并形成正确的道德观念。

德育的基本要素是亲子间的爱，由对母亲的爱逐渐扩大到爱家庭里的其他成员，然后发展到爱其他的人。所以进一步说，家庭是道德教育的起

[①] 李莉.室内体育课，桌椅成器材[N].北京晚报，2014-02-25.

点，而学校则是道德教育的进一步发展和完善。德育的教育方法不同于学科知识的教授，它反对说教，重在示范和练习道德行为，发挥以身作则与榜样的作用，引起孩子的道德认同。

这不由得让我们反思中国课堂的思想品德教育问题，中国的思想品德教育是以一种利用书本向孩子讲解道德要义的方式向孩子教授道德的，但这种方式往往索然无味，没有具体的形象与示例，也没有贴近生活的道德价值判断，所以有时会引起孩子的反感。这不由得让我们思考：思想品德课程是要单独被列出作为一门独立的课程，还是融合在其他科目的具体教学中呢？

对于此，北京师范大学教育学部部长石中英认为，当下中国教育在传承传统道德、提高孩子人文素养方面做得还不够，在实际操作中对道德教育的评价过多过细，甚至量化到一些细节，这肯定会走向反面。石中英说："关于社会责任感的培养在当下教育中显得非常重要。越来越多的教育者感觉到现在的孩子不是缺乏自我责任感，而是缺乏社会责任感。而同情心的泯灭是导致社会责任感匮乏和社会关系冷漠的根源，所以要从加强孩子的同情心教育入手。"[1]

德育教育是个世界性难题，在价值观多元化的今日中国，如何进行德育教育，进行哪些德育教育，由谁来开展德育教育，如何提高德育教育的针对性和实效性等，还需要在实践中继续探索。

3. 智育

裴斯泰洛齐对智育要素的理论研究最详细。他认为智育的任务是通过感性去获得一定的知识，并发展儿童的智力。

裴斯泰洛齐说："任何物体的外部特性的总和包含着它的外形和数量，这是通过语言而达到自己的意识的。"[2] 因此，在他看来，智育的要素就是数目、形状和语言，它分别对应儿童的三种能力，即：具有按照外形来认

---

[1] 专家：德育教育最大问题是认知和行为脱节 [EB/OL].http://www.chinanews.com/edu/2012/07-01/3999220.shtml, 2012-07-01.

[2] 张焕庭. 西方资产阶级教育论著选 [M]. 北京：人民教育出版社，1979: 177.

识不同的物体,并认清它们内涵的能力;说出这些事物的数目,指出它们是一种还是多种的能力;用语言表达物体,表达它们的数目和形状,并在记忆里保持它们的能力。智育就是借助于这三种能力的学习而实现的,这大大改变和补充了初等学校的教学科目和教学内容。

裴斯泰洛齐的要素教育思想,是他在长期的教育实践中不断探索研究的结果。他在此基础上创立了初等教育的各科教学法,为初等教育的发展与普及作出了很大贡献。

三、裴斯泰洛齐儿童观的教育启示

裴斯泰洛齐的教育思想在教育发展史上具有重要的意义,直到现在依然在儿童教育实践中被运用。作为教育史上的里程碑,裴斯泰洛齐的思想给了我们很多启示。

(一)关于直观性教学原则

直观性教学原则可在各个科目中运用,如在数学教学中,帮助孩子们认识数的抽象概念、认识图形之间的关系;在语文教学中,让孩子多观察汉字的造型,从形象中体会汉字的具体含义,或者多启发孩子观察身边的细节之处,把直观感受到的美丽事物用优美的语言表达出来;在地理教学中,多提供具体的地形模型或者用图形演示的手段来帮助孩子了解地形的具体形态以及形成原因等。

(二)关于循序渐进原则

循序渐进原则启示我们教学必须依照严格的顺序进行,要从最简单的要求开始,然后逐渐扩大加深,要建立在原有知识经验的基础上一步一步来,不应当使儿童脱离他们已经充分学会的东西,但是也不能强加给他们所不能理解的任务。当前的"幼儿园小学化"是十分不可取的,孩子还没有达到接受小学较难知识水平的能力,就不应该超越他的发展阶段进行教学，而是尊重他本身的发展顺序与成熟速度。

（三）关于生活教育原则

一方面，裴斯泰洛齐认为教育应以生活的方式展开，通过生活环境的影响和熏陶以及言传身教的榜样模式，以达到使孩子用替代性学习的方式收获经验的目的；另一方面，学习内容要基于生活，与儿童生活实际经验相符，所学知识能有利于儿童今后的生活状态的提高。在生活中，孩子遇到了自己感兴趣的东西，家长或者老师就可以借助这件事物来阐明一个道理、说明一些问题。另外，现在新闻报道中提到的各种社会与教育问题，也是非常不错的教育素材，如果能在这些素材的基础上对孩子展开教育，孩子将在收获知识的同时获得解决实际问题的能力，意义重大。

（四）关于简易性原则

简易性原则即教育应当遵循从简到繁、从易到难、从少到多、从小到大、从直观到抽象的儿童认识规律，简化教学方式和教学内容，让孩子易于吸收理解，使教育工作者易于授教。

（五）关于自发性和自我能动性原则

裴斯泰洛齐认为教育应调动学生的内在动机，发挥学生的自发性和自我能动性，采用实践的教学方法，而非旧的灌输式的教学模式，鼓励孩子在自主的感知和抽象中获得知识的提升。兴趣是最好的教师，教师需要采用一些新颖的方式帮助孩子培养对知识学习的兴趣，或者利用孩子在某方面的兴趣对孩子进行教育，这都是激发学生主观能动性的一些可取之处。

裴斯泰洛齐的思想经过岁月的洗礼，在当下这个快节奏、快发展、快飞跃的时代历久弥新，显现出了耀眼的光彩和力量。他的"自然""爱""和谐"的思想，让我们将目光转向儿童，去发掘孩子的本真与无暇，能帮助我们回归质朴和纯真，鼓励我们去寻觅教育的净土与真谛，让我们在教育的康庄大道上收获一路阳光。

附录：裴斯泰洛齐教育语录选摘

1. 为人在世，可贵者在于发展，在于发展个人天赋的内在力量，使其经过锻炼，使人能尽其才，能在社会上达到他应有的地位。这就是教育的最终目的。

2. 我的初等教育思想，在于按照自然法则，发展儿童的道德、智慧和身体各方面的能力，而这些能力的发展，又必须达到它们的完全平衡。

3. 我们必须牢记，一个学生不论他属于哪个社会阶级，不论他打算从事哪种职业，人类天性中具有的某些才能，对所有的人来说都是一样的，这些才能构成了一个人基本能力的主干。我们没有权利限制任何人发展他的全部才能的机会。

4. 家庭应当成为任何自然教育方案的基础，它是培养人品和公民品德的大学校。

5. 最复杂的感觉印象是建立在简单要素的基础上的。你对简单的要素完全弄清楚了，那么，最复杂的感觉印象也就变得简单了。

6. 人的全部教育就是促进自然天性遵循它固有的方式发展的艺术。

7. 如果要使情感与理想保持和谐，爱是所有的其他感情均应从属的核心力量。

8. 孤立地只考虑发展任何一种才能（头脑或心灵或手）都将损害和毁坏人的天性的均衡。

9. 教师至少必须是个心胸开阔、性情开朗、感情真挚、和蔼可亲的人，他应该像孩子们的父亲那样对待孩子们。

10. 初步的道德教育，作为一个整体来说，包含着三个显著的部分：儿童的道德感必须首先从他们富有生气的和纯洁的情感所引起；然后他们必须练习自我控制，并教导他们关心一切公正的和善良的东西；最后，他们必须通过思考和比较，自己形成关于他们的地位和环境所应有的道德权利和义务的正确观念。

9
皮亚杰：见证儿童非凡的成长

李廷洲

一、皮亚杰其人

让·皮亚杰（1896—1980）是瑞士著名的心理学家、发生认识论的创始人。他于1955年在日内瓦创建了"国际发生认识论中心"，集合各国著名哲学家、心理学家、教育学家、逻辑学家、数学家、语言学家和控制论学者研究发生认识论，对儿童各类概念的形成过程，以及思维方式的发展进行了深入研究，对儿童的心理发展研究作出了独树一帜的贡献。[①]

自1936年起，皮亚杰一共荣获了全球各地的30多个大学及学术团体所颁发的荣誉博士学位，主持多项重要国际联合的会议、组织与团体。他一生中所得到的大大小小的奖项不计其数，更于1969年获得美国心理学会的杰出科学贡献奖，1977年获得了心理学界的殊荣——爱德华·李·桑代克奖。

皮亚杰一生的贡献并不止于心理学，他的理论对于后世的哲学、教育学、人工智能的发展都产生了难以估量的深远影响。

皮亚杰，这位20世纪的伟人，于1980年9月16日在日内瓦与世长辞，享年84岁。

---

① 周觅.皮亚杰与维果茨基儿童观比较研究［J］.教学与管理，2012（9）：158—160.

二、皮亚杰儿童观的阐释

(一) 儿童智力发展的奇妙过程

皮亚杰在观察和实验的基础上用实践的智慧展示了一个独特的儿童的智力世界。

1. 智力源于动作

皮亚杰在多本著作中都谈到动作是智力的来源。皮亚杰所说的动作包括两种含义：一种是指对某个物体或对象的具体动作，如掷、推、触、摸；另一种是指头脑的思维、想象过程，例如运算、写作。

皮亚杰认为儿童智力发展的第一个阶段是感知运动阶段。0至2岁的婴儿一般处于这一阶段，对于婴儿来说，虽然还没有自我意识，但婴儿有特殊的智力方式。婴儿通过吮吸、抓握这些动作来感知世界。刚开始，婴儿的一切动作都以自己的身体为中心。他会把自己身体的一部分当作外界的玩具来玩，比如我们经常可以看到婴儿会抱起自己的脚吮吸。随着年龄的增长，儿童的智力表现形式也越来越不限于自己的动作，他们开始思考外界的物体、空间位置、时间、因果关系等。

智力起源于动作，但并不是说有了动作就有了智力。动作转化为智力需要一定的时间，因为用智力去思考一种动作并想象动作的结果，要比实际做这个动作困难得多。例如，单独在思想里旋转一个正方形，每转90°就在心里想象颜色不同的各个边的位置，是一件很困难的事情，而实际旋转这个具体的正方形并观察其结果，却很简单。①

在皮亚杰看来，智力发展的第二个阶段是前运算阶段，2到7岁的儿童一般处于这个阶段。这一阶段儿童的显著特点是语言得到了飞速发展。他们开始学习并逐渐熟练地运用符号表征事物，用符号从事简单的思考活动。皮亚杰把这种通过符号进行学习的能力称为符号功能。

在这一阶段，儿童思维发展的两个典型的局限性特点是思维的片面性

---

① 国晓华. 皮亚杰的儿童智力观及其对课堂教学的启示 [J]. 新西部，2009 (8)：196—197.

和以自我为中心。思维的片面性是指儿童的思维有集中于事物的某一方面而忽视其他方面的倾向。以自我为中心是指儿童认为别人的思考和行为方式应与自己的完全一致。

智力发展的第三个阶段是具体运算阶段，儿童大约在 5 到 7 岁开始进入具体运算阶段，这一阶段最典型的标志就是儿童能够运用符号进行有逻辑的思考活动。

智力发展的第四个阶段是形式运算阶段，儿童一般在 11 岁左右进入形式运算阶段。这一阶段儿童思维的典型特征是抽象思维的发展和完善。这时儿童不再将思维局限于具体的事物上，他们开始运用抽象的概念，能提出合理可行的假设并进行验证，知道事物的发生有多种可能性，从而使他们的思维具有更大的弹性和复杂性。

2. 智力的本质是适应

皮亚杰是生物学出身，他的很多思想都是从其深厚的生物学功底得到启示的。如他从软体动物的研究中发现：在平静的水里，蜗牛的外壳比较柔软，也拉长了；当他把同一蜗牛放在波浪不断冲击的岸边，过不了多久蜗牛的壳就会变硬，形状也会改变。也就是说，生物体和环境不断相互作用，生物体在环境改变下会作出适应性的改变。智力的发展也是同样的道理。皮亚杰说，智力是一种"最高形式"的适应，是儿童在头脑中不断同化外界已知事物，并调整自身认知图式以便顺应外界的过程。① 这里对几个相关的重要概念作一下解释。

图式指动作的结构和组织。在生理水平上，图式的绝大部分是遗传的，像婴儿吮吸手指、抓握玩具等反射活动就是一种遗传图式。在认识水平上，图式可以代表一个分类系统，这一系统使主体能够对客体信息进行整理、归类、创造和改造。

同化指主体将客体纳入主体已有的图式中，引起图式的量变。当主体的图式不能同化客体时就会调节原有的图式，就会创立新的图式，以适应

---

① 国晓华. 皮亚杰的儿童智力观及其对课堂教学的启示［J］. 新西部，2009（8）：196—197.

客体的变化，这叫顺应。①

3. 智力是脱离以自我为中心的过程

儿童的自我中心状态是指儿童把注意力集中在自己的动作和观点上的现象。处于感知运动阶段的儿童还不能将自己和外界分开，他感知到的世界是一个混沌的世界。在动作协调的基础上，大约两周岁的儿童逐渐学会区分外界物体，逐渐意识到自我，脱离了自我中心状态。皮亚杰认为"儿童摆脱自我中心状态意味着他已能不再以自我为中心，能够区分自我和外界物体，开始意识到自己内心的主观的东西，并能在一切可能的条件下找到自己真正的位置。因而在人、物和他自己之间建立了一个共同和相互的关系体系"。

儿童智力的自我中心状态的产生和脱离并不是只发生在感知运动阶段，而是在具体运算甚至形式运算阶段中都有不同水平上的自我中心状态。以儿童时期的智力发展为例，儿童时期的智力发展的以自我为中心表现在语言和思维上。儿童这时已经出现了语言符号功能，他不再像婴儿那样仅仅倾向于身体上的满足，而是积极地为自己开辟一片新的天地，他已经开始学会用语言表达自己的想法。但这时儿童的言语中有大量的自我中心的语言。儿童在彼此交谈时，却不一定互相理解，儿童是对自己讲话，并不要求别人理解，听话的儿童也不是按照字面的意思来理解别人说的话，而是按照自己的兴趣去选择。

皮亚杰认为这一时期儿童的自我中心状态主要表现为思维缺乏可逆性，在这个水平上不可能做任何的守恒测验。如果在一行 10 个红色小圆片的对面排列着 10 个蓝色的小圆片，如果将其中的一行展开或推拢，儿童就会认为数目或数量发生了变化。如果给孩子两个一样的橡皮泥球，然后将其中的一个弄成香肠或薄煎饼的样子，他也会认为数量发生了变化。当儿童逐渐建立起因果、位移等逻辑关系时，他们才会逐渐摆脱智力上的自我中心状态。②

---

① 国晓华.皮亚杰的儿童智力观及其对课堂教学的启示［J］.新西部，2009（8）：196—197.
② 同上.

拓展阅读

皮亚杰和他的孩子

皮亚杰是瑞士著名的儿童心理学家,观察自己的孩子是他获取灵感和理论依据的重要方式。从儿子劳伦特出生起,他一直观察、记录着儿子的成长过程。

5个月:看不见就是消失了

劳伦特5个月了,手脚的动作与视线之间变得更协调了。皮亚杰拿着玩具去逗引儿子,劳伦特会朝着玩具伸出小手,做出抓取的动作,并伴有急切的"嗯呀"声。但是当玩具移出他的视野之外,他也就甘心罢手了,不再去搜寻,视线重新回到了父亲的脸上。是不是劳伦特认为不在自己视野中的玩具就是消失了,不存在了?

在以后的两个月中,皮亚杰依然没有发现劳伦特会寻找视野之外的玩具。皮亚杰在观察记录中写道:"在给劳伦特喂奶时,我给他奶瓶,他伸手去拿。但就在这时候,我把奶瓶藏在手臂后面。如果他看到奶瓶的一头露在外面,他就会蹬脚叫喊,做出种种模样,想要得到奶瓶。然而,如果我把奶瓶完全藏起来,什么也看不见,他就停止哭叫,似乎奶瓶已不再存在,已融化在我的手臂里。"

7个月:眼不见,心还在想

劳伦特7个月零13天的那个下午,对于皮亚杰来说有着非凡的意义,因为劳伦特的反应明显与以前不一样了。他看到了父亲手中的玩具熊,依然兴奋地想伸出手去抓,父亲用手挡住了孩子的视线,玩具熊消失在劳伦特的视野中。这次,他突然试着拍打父亲的手,用力要挪开它或压低它,努力想拿到这个看不见的小熊。皮亚杰从孩子的这个动作意识到孩子已经"眼不见,心却在想"。从那一天开始,劳伦特经常表现出想去寻找见到过又被隐藏起来的物体,他意识到"看不见的东西"依然存在。

10个月：小皮球怎么不见了？！

10个月的劳伦特已经学会了爬，他活动的空间更大了，经常会爬到地毯的另一边去寻找妈妈刚才藏在地毯下的玩具。一天，皮亚杰给他买来一只小皮球，劳伦特十分喜欢，整日捧着它，看着它滚来滚去。小皮球滚到父亲的脚边，皮亚杰弯下腰去用手盖住了球，并悄悄拿走了球。劳伦特迅速爬到父亲身边，用力挪开父亲盖住皮球的手，发现皮球不见了，他紧皱着眉头露出十分惊奇的表情。因为他是那么地坚信皮球是在父亲的手下。皮亚杰分析婴儿这时的思维特征，认为他们已经开始具有了"客体永存性"的概念。

皮亚杰在对他的三个孩子进行观察时，发现他们都是在快满周岁的时候，才会寻找被藏起来的东西。他们懂得不在眼前的物体依然存在，正是这种认识使婴儿的智慧有了一个新的进展，但同时也增加了婴儿的痛苦，他们认为母亲一定在某个地方，但却不和他在一起，这使得婴儿的情感发展更为丰富。

11个月：半客体永存性

在此之后的几天，皮亚杰又与儿子劳伦特进行了一场游戏。劳伦特11个月的一天，皮亚杰拿走了劳伦特抱着的玩具熊，把他放在红色的枕头下，劳伦特爬到枕头边，迅速地把小熊找了出来。然后，皮亚杰又一次拿走了小熊，在劳伦特的注视下，把小熊放在红枕头下，再取出来，在劳伦特的面前晃了一下以后又放到蓝色的枕头下。皮亚杰想知道，劳伦特将会在什么地方去找回小熊。结果劳伦特还是爬到红色的枕头下去寻找，当然是一无所获。[1]

（二）儿童的道德发展

皮亚杰对儿童的道德发展规律作出了重要贡献。他的早期著作《儿童

---

[1] 0～1岁宝宝认识物体转换的成长过程［EB/OL］.http://new.060s.com/article/2011/04/06/430767.htm，2013-12-23.

的道德判断》一书,集中反映了他对儿童的道德观念的发生、发展过程的研究成果,对儿童道德发展研究产生了深远的影响。①

1. 儿童对规则的态度

皮亚杰认为,儿童道德的实质就是尊重准则。因此,他就从儿童对游戏规则的态度中去揭示儿童道德发展的开端和规律。他和他的合作者分别同大约20名4岁到13岁的儿童一起玩游戏,或观察两个儿童游戏,在游戏过程中和游戏后围绕下列两个问题同儿童们交谈,以分析他们对游戏规则的态度:

第一,儿童是怎样正确地应用规则的?(这就是皮亚杰所说的规则的执行问题)

第二,儿童是怎样理解这些规则的?(这就是皮亚杰所说的规则的意识问题)

皮亚杰在分析研究中发现,儿童对规则的意识是随年龄的增长而发展变化的。早期儿童虽然已能意识到游戏规则的存在,但他们只是把这些游戏规则看作外在的、不可违反的东西,而并没有意识到这些游戏规则是他在游戏活动中应该遵循的行动准则。

在皮亚杰看来,只有当儿童意识到有一种义务去遵守这些规则时,它们对儿童来说才能成为他的行动准则,否则只是一种单纯的规则而已。皮亚杰说:"要区别真正意义的准则和单纯的规则,在我们看来……就是这个义务的意识。"皮亚杰明确地指出,我们在分析儿童的行为时,必须善于把只是以规则为满足的行为和包含有义务意识的行为区分开来。因此,义务的意识是皮亚杰用来标志儿童道德发展水平的一个重要因素。

皮亚杰发现,不同年龄的儿童对规则的执行也有不同的特点。年幼儿童在一起玩弹子游戏时,他们虽然都在仿照着游戏规则进行比赛,但却各自按照自己的想象去执行规则。他们各自玩着"自己的"游戏,一点也不理会对方。他们会各自不顾规则的规定,突然说自己赢了。皮亚杰认为,

---

① 岑国桢.皮亚杰对儿童道德发展研究的贡献[J].山西教育科研通讯,1984(5):29—32.

这是由于这一时期的儿童还没有产生真正的社会交往和社会合作关系，他们还不能把自己的事和别人的事真正区别开来。儿童把自我与外界混为一谈，把外界的事物看作他们自身的延伸，他们是按照自己的所想去理解外界事物的。这一阶段的儿童虽然已能接受游戏规则，但对他们来说，规则还不具有约束性，他们还不是把它当作一种有义务去遵守的实在物。稍后，由于产生了真正的社会交往和社会合作，年长儿童就不再把游戏规则看作外在的法则，而把它看作大家同意应该共同遵守的行动准则，因而在游戏中就共同执行了。①

2. 儿童对行为责任的道德判断

在儿童道德发展研究中，皮亚杰把他的主要力量放在儿童道德判断的性质研究上。在这方面，他首先研究儿童对行为的责任的判断问题。皮亚杰主要是从儿童对过失行为和说谎行为的故事情境的判断中去研究这类问题的。

皮亚杰认为，要研究儿童的道德判断，研究他们从成人那里接受的道德标准，采用直接询问法是不可靠的，把儿童放在实验室里去剖析更是不可能的，只能从儿童对特定行为的评价中去分析他们的道德观念。因此，皮亚杰和他的合作者就采用间接故事法。

他们设计了许多包含道德价值内容的对偶故事。在对过失行为作出判断的对偶故事中，一个故事中的主人公完全是无意中甚至是好意做了一件事，但却造成了较大的财物损坏；另一个故事中的主人公是有意的，但只造成了很小的财物损坏。在对说谎行为作出判断的对偶故事中，一个故事中的主人公有意欺骗，但却没有造成不良后果；另一个故事中的主人公是无意中说的，但却产生了不良后果。

皮亚杰和他的合作者把这些对偶故事讲给儿童听，要他们比较故事中两个主人公的行为，作出"好"或"坏"的判断。结果发现，不论儿童在

---

① 黄佳芬，李伯黍.皮亚杰儿童道德发展理论评述[J].上海师范大学学报（哲学社会科学版），1982（4）：120—125.

对过失行为，还是在对说谎行为的道德判断中，都存在着两种明显的判断倾向：年幼儿童往往根据主人公的行为在客观上造成的后果，即行为的客观责任，作出判断；年长儿童则往往根据主人公行为的主观动机，即行为的主观责任，作出判断。皮亚杰还发现，客观责任和主观责任这两种判断形式在儿童的道德判断中，并不是同时出现，也不是同步发展的。一般的趋势是：客观责任在年幼儿童身上首先出现，并且随年龄的增长而减少；主观责任则出现稍迟，并且随年龄的增长而增加。因此，这两种道德判断过程是部分重叠的，但主观责任逐步取代客观责任而处于支配的地位。皮亚杰把这两种判断过程部分重叠的时期称之为道德法则的内化阶段。①

3. 儿童的公正观念

儿童的公正观念是皮亚杰儿童道德发展研究中的一项主要课题。皮亚杰从教师和家长偏爱顺从他们的学生或孩子的日常事例中设计了许多故事，并讲给儿童们听，或根据这些事例同儿童们交谈，要他们对"偏爱行为好的孩子是否公平"这个问题作出判断。

皮亚杰和他的合作者在对这一课题进行了大量的研究后指出："7岁、10岁和13岁是儿童公正观念发展的三个主要时期。"这三个年龄阶段的儿童的公正判断分别以服从、平等和公道为特征。

年幼儿童对公正概念尚不理解，他们以成人的是非为是非，他们的标准取决于服从不服从，分辨不出服从和公正、不服从和不公正之间的区别。对他们来说，公正还没有从服从中分化出来，因此可以说年幼儿童的公正判断是以服从为特征的。

随着儿童的社会交往和社会合作的日益增多，10岁左右儿童的道德判断的内在基础发生了质的变化，这一时期儿童的公正判断不再以服从不服从为标准，他们已能以公正、不公正或平等、不平等作为是非的标准了。因而这一时期儿童的公正原则就是平等。

---

① 黄佳芬，李伯黍.皮亚杰儿童道德发展理论评述[J].上海师范大学学报（哲学社会科学版），1982（4）：120—125.

随着社会交往的继续发展，13岁左右的少年儿童已能根据自己观念上的价值标准对道德问题作出判断。他们已能用公道不公道这一新的道德标准去判断是非，不再刻板地按固定的准则去判断，而是已认识到在依据准则去判断时，应先考虑同伴的一些具体情况，从关心和同情出发去作出他们的道德判断了。在皮亚杰看来，公道感不是一种判断是或非的单纯的准则关系，而是一种出于关心或同情人的真正的道德关系。因此，皮亚杰认为，公道感是公正观念的一种高级形式，它实质上是"一种高级的平等"。

从皮亚杰的研究结果看，绝大多数思维发展到形式运算阶段的少年儿童都能在他们的公正判断中持公道的态度。①

4. 儿童心目中的惩罚

皮亚杰的这项研究是围绕着两个问题进行的：首先，在儿童的心目中什么样的惩罚最公正？其次，在儿童看来什么样的惩罚最有效？

为了探明第一个问题，皮亚杰设计了一些关于惩罚的故事，每个故事的内容都是儿童在家庭或学校里常犯的一种过错行为。每个故事后面提出三种惩罚办法，要他们对三种惩罚中哪一种惩罚最公正作出判断。

皮亚杰把儿童所作出的判断加以概括归类，发现年幼儿童往往认为应该用强制手段使犯过者遵从成人的命令或规定。他们认为犯过者违反了准则，因而遭受成人的惩罚是理所当然的。在他们看来，谁犯错，谁就该接受惩罚以抵罪。并且，惩罚要严厉，最严厉的惩罚也是最公正的。至于犯错的内容和惩罚的性质之间有没有必然的关系，如儿童不听话就不许他看电视，说谎就不给他看小人书等，他们是根本不予考虑的。皮亚杰把年幼儿童的这种惩罚观称之为抵罪性惩罚。

在皮亚杰看来，由于社会交往和社会合作的增多，年长儿童已经认识到行为准则与同伴行为之间的关系，犯错的人所犯的过错是有损于别人的行为。谁犯错，无需从外部给犯过者施加强制性的惩罚，他的过错行为

---

① 黄佳芬，李伯黍. 皮亚杰儿童道德发展理论评述［J］. 上海师范大学学报（哲学社会科学版），1982（4）：120—125.

会为正常的社会关系所不容，会被同伴嫌弃。而且，犯错的内容和性质都是与惩罚有密切联系的，比如说谎会失去别人对他的信任，破坏了集体利益和荣誉会被集体的其他成员孤立等。因此，在年长儿童的心目中，谁犯错，谁就会遭到同辈集体的回报。皮亚杰把年长儿童的这种惩罚观称之为回报性惩罚。

为了查明第二个问题，皮亚杰设计了两组故事，每组都包含两个故事，内容都是叙述一件儿童的过错行为。其中一个故事后面指出成人给犯过者以严厉的抵罪性惩罚；另一个后面只说明犯过者所犯的过错是损害别人的行为，并不给予任何惩罚。在儿童理解故事内容后，要他们给出建议，应该采取何种惩罚最为有效。所得结果与儿童对第一个问题的回答的趋势一样，年幼儿童几乎全部选择第一种惩罚办法，即应该给犯过者以严厉的抵罪性惩罚；半数以上的年长儿童则与之相反，选择第二种惩罚办法，即给犯过者以轻微的使其能够改过的回报性惩罚。①

三、皮亚杰儿童观的教育启示

（一）适时教育

在婴幼儿的智力培养中，应特别强调适时教育的原则。

在感觉运动阶段，是儿童形成物体永久性概念的时期，因此，在婴幼儿教养问题上，父母亲就应充分利用和创造各种机会帮助婴幼儿形成物体永久性概念。通常在婴幼儿的物体永久性的形成中，母亲永久性（或是最亲近的人）的形成较早，因而，母亲要注意在这段时期，需较多地与婴儿在一起，母亲在育儿过程中与婴儿短暂分离后又出现，就能使婴儿逐渐相信，母亲这个形象是永久的。

与此有关的是育儿专家常常告诫父母，在此阶段，不宜频繁地更换保

---

① 黄佳芬，李伯黍.皮亚杰儿童道德发展理论评述[J].上海师范大学学报（哲学社会科学版），1982（4）：120—125.

姆。另外父母亲经常和婴儿进行比如远近摇摆拨浪鼓、"躲猫猫"及找物体的游戏，亦是非常有益的。事实上这一阶段的婴儿对于这一类东西失而复现的游戏表现出极大的兴趣。例如，9个月的婴儿总是喜欢抓起东西又扔掉，父母拾起后，婴儿又重复这个动作，父母已经烦躁，但婴儿却可能在咯咯大笑。

（二）儿童成长的关键期和可塑性

近年来，对儿童成长过程中的关键期的研究对于开展适时教育是很有启发的。目前儿童多种能力的关键期已被发现。一般认为，儿童某种能力的成熟早期是该能力的关键期，对孩子的早期教育应从关键期开始。

下面列举儿童各种能力形成的关键期：

6个月是婴儿学习咀嚼和消化固态食物的关键期；

9个月～1岁是分辨大小、多少的开始；

2～3岁是计数发展的关键年龄，也是学习口头言语的第一个关键时期；

2岁半～3岁是教孩子学会讲规矩的关键时期；

3～5岁是发展音乐才能的关键期；

5岁前后是学习口头言语的第二个关键期；

4～5岁是学习书面语的关键年龄；

4岁以后是形象礼仪发展的关键期；

5～6岁是掌握汉语词汇能力的关键年龄；

5岁左右是掌握数字概念的关键年龄。

错过关键年龄，许多能力的补偿形成会变得异常困难。

拓展阅读

关键期的重要性

在医学史上，曾经报道过这样一个病人：一个6岁的意大利男孩，一眼失明，人们对其失明的原因迷惑不解，因为眼科检查表明其眼睛是完全正常的。随后的研究才真相大白：在他还是婴儿时，在视觉发育的关键期内，为了治疗轻微的感染，他的眼睛被绷带缠了两周，这样的治疗对成年人的大脑当然不会有影响，但是对发育中的婴儿的大脑来说，却产生了非常严重的影响。由于缠绷带的那只眼睛暂时不工作了，脑内相应的神经元发生萎缩，从而导致了这一悲剧。在猫或猴子出生后最初的几个月中，通过手术将他们的一只眼睛的眼睑缝合起来并维持一段时间，然后打开。视觉被剥夺的这只眼睛在重见光明后，永远不能恢复其应有的视觉能力，导致终生弱视甚至丧失视觉。然而，在成年的猫或猴子的身上，类似的视觉剥夺不会影响被剥夺眼的视觉功能。这说明，在视觉系统的早期发育过程中存在一个关键期。[1]

附录：皮亚杰教育语录选摘

1. 所有智力方面的工作都要依赖于兴趣。
2. 儿童的数概念不是成人能直接教会的。
3. 黑猩猩较一岁大的人类婴儿优越，但它们就停顿在那个水准。
4. 小孩的心智成长有其不可思议的一致性，只是在时间上有提前或延迟的差异。
5. 随着小孩年龄的增长，周围的环境对小孩的影响越来越重要。
6. 儿童的行为仓库为了适应现实的需要，这些动作图式又进一步得到改变和充实。刺激输入的过滤或改变叫做同化，内部图式的改变，以适应现实，叫做顺应。
7. 智慧（认知）的适应与其他形态的适应一样，是由同化机制以及与之相辅相成的顺应机制间的不断向前推进的平衡。
8. 刺激的输入是通过一个结构的过滤，这个结构是由动作图式（在达到较高水平时，即指思维的运算）所组成。

---

[1] 彭聃龄. 普通心理学（修订版）[M]. 北京：北京师范大学出版社，2004：521.

9. 从自发的运动和反射到习得的习惯，再从习惯到智慧，是一种延绵不断的前进过程。

10. 智慧活动则不然，从动作开始时就确定了目的，并寻求适当方法以达到此目的。这些方法是由儿童已知的图式（或习惯的图式）所提供的，但是这些方法也可用以达到另一个目的，而这个目的却来源于其他不同的图式。

10
苏霍姆林斯基：把整个心灵献给孩子

吕凤楠

一、苏霍姆林斯基其人

苏霍姆林斯基（1918—1970），是苏联杰出的教育家，世界著名的教育学者。他出生于乌克兰烈缅楚克市郊区梅列尼克村的一个农民家庭。中学毕业后，他在家乡附近的一所农村小学任教，后来考进波尔塔瓦师范学院，接受函授教育，学习语文学科。1939年，他获得了中学教员的资格。卫国战争开始后，苏霍姆林斯基加入了苏联红军，奔赴前线作战。他曾参加过斯摩林斯克和莫斯科郊外的战斗。1942年，在一次战斗中，他身负重伤，后来作为一名残废军人复员，担任区教育局长。他在帕夫雷什中学任教长达33年，其中任校长26年，直至逝世。

在短暂的53年生命中，苏霍姆林斯基不仅投身于教育实践，而且写下了大量著作，如《给教师的一百条建议》《把整个心灵献给孩子》《帕夫雷什中学》《让少年一代健康成长》《要相信孩子》等。在他逝世以后，后人又根据他的手稿整理出版了《爱情的教育》《怎样培养真正的人》等。

二、苏霍姆林斯基儿童观的阐释

对儿童的爱、尊重和信任始终贯穿于苏霍姆林斯基的一言一行之中。在《把整个心灵献给孩子》一书中，他这样写道："教育，这首先是教师跟孩子精神上的交流。""如果我跟孩子没有共同的兴趣、喜好和追求，那么我通向孩子心灵的通道将会被永远堵死。""对孩子的依恋之情,这是教育修养中起决定性作用的一种品质。"在他看来,儿童的教育和培养是多种教育因素共同作用的结果。

(一)教育如同雕塑

苏霍姆林斯基把开始教育和培养的儿童比作一块大石头,几个雕塑家带着自己的雕刻工具同时来到它旁边,要把它塑造成一座雕像,使它具有灵性,体现出人类的理想。这些雕塑家是谁呢?第一是家庭,家庭中最细致和最有才干的雕塑家是母亲;第二是教师,他有精神财富、智慧、知识、能力、爱好和生活经验,有智力、审美和创造等方面的需要,有自己的兴趣和志向;第三是对每个人产生强大教育影响的集体(儿童集体、少年集体、青年集体);第四是每个受教育者个人(自我教育);第五是受教育者在智力、美感、道德等珍宝的世界中的精神生活——书籍;第六是不期而遇的雕塑家(比如学生在街上结交的少年、来做客一周而使儿童一生都酷爱无线电工程或星球世界幻想的亲属或熟人)。如果这些起教育作用的雕塑家始终像一个组织得很好的交响乐队一样行动,那么,教育的利剑和长矛往往为之交锋和折断的许多问题,就会非常容易地得到解决。

时事链接

留守儿童的困境

随着城镇化进程的加快,我国留守儿童教育问题越来越严重。从对6年来潍坊市区未成年人犯罪涉及311件案件、492名孩子的统计中可以发现:父母常年在外打工,孩子最易犯罪。① 由于得到的亲情、情感和心理关怀较少,留守儿童缺少倾诉和寻求帮助的对象,孤独感、自卑感和心理性格缺陷较为突出。留守儿童父母长期在外打工,很难对留守儿童进行直

---

① 张焜.父母在外打工 孩子最易犯罪[N].齐鲁晚报,2013-05-31.

接教育。祖父母、外祖父母文化水平普遍偏低，并重养轻教，留守儿童学习得不到及时辅导和督促，成绩普遍较差，有的甚至厌学、逃学。在吉林省妇联的调查报告中，有这样一组数据：在被问到"是否感到你的生活快乐"时，仅有36%的留守儿童感到自己生活快乐；81.2%的留守儿童认为理想的生活应该是和父母生活在一起，能经常得到他们的关心照顾；12.4%的留守儿童认为和父母生活在一起，生活困难一点也没有关系。因此，父母教育的缺失，是留守儿童教育的缺憾。①

父母是孩子的第一任老师，父母对孩子教育是第一位的。由于父母不在身边，缺乏亲情关爱和及时有效的教育规范，留守孩子极易产生自卑、孤僻、任性、固执、暴躁等性格缺陷，导致学习成绩不好，厌学、逃学甚至辍学。相关老师反映，农村留守儿童随着年龄的增长，属于青少年成长过程中特有的一些叛逆因素天然存在，如果在父母缺位的情况下，其监护人、学校、社会不能起较好的教育与管理作用，将出现一系列隐忧。

（二）儿童人格的健全

在苏霍姆林斯基开办"快乐学校"的时代，苏联刚刚经历战争的创伤，很多家庭遭遇不幸。在"快乐学校"首批所招的31个学生中，就有11个孩子没有父亲，两个孩子的父母双亡。战争的阴影使得"个别家庭中父母与子女之间、父亲与母亲之间缺乏友爱气氛，缺乏相互间的尊重，而少了这些，孩子们就不可能生活得幸福"②。在这种环境下成长的儿童，培育其健全的人格尤为重要。那么，如何形成健全的人格呢？

1. 父母是孩子最好的老师

曾经有一位父亲向苏霍姆林斯基哭诉，说自己对孩子那么好，可孩子却铁石心肠。苏霍姆林斯了解情况后严厉地批评了这位父亲："让我们以父

---

① 留守儿童成长中的缺憾 父母关爱与教育的缺失[N].吉林日报，2013-06-03.
② [苏]苏霍姆林斯基.苏霍姆林斯基选集（第3卷）[M].北京：教育科学出版社，2001：21.

亲的身份谈一谈,你为什么把你的亲生母亲安顿在一间破烂小阁楼上呢?你为什么不修一修那个破烂的小阁楼?这样做,还指望你的儿子是一个集体主义者吗?还指望你的儿子孝顺你吗?"① 由此可见,只有父母给孩子树立一个好的榜样,孩子才可能形成健全的人格。而要使孩子形成健康的人格,那就必须创造良好的环境,在全社会形成一种积极向上的风气。总之,孩子健全人格的形成,需要各方面的共同努力。

2. 儿童需要信任

在成长道路上,儿童在学校度过的时间是非常漫长的。因此,教师对儿童形成健全的人格至关重要。有些孩子由于某些原因,在上学之前已经形成了一些不好的习惯,但是苏霍姆林斯基认为:"教育他们要抱有这种信念,即相信这是一些本质很好的孩子,只要给以帮助,他们身上好的因素必定占居上风。"②

时事链接

信任孩子,做孩子的知心朋友③(节选)

美国教育专家在家庭调查中发现,子女对父母有特殊的信任,他们往往把父母看成是自己学习上的蒙师,德行上的榜样,生活上的参谋,感情上的挚友。他们也特别希望能得到父母的信任,像朋友一样和父母平等地交流。他们认为,只有父母的信任,才是真实、可靠的。父母的信任意味着压力、重视和鼓励,这是真正触动他们心灵的动力。从教育效果看,信任是一种富有鼓舞作用的教育方式,也是一种有效地改变孩子不听话行为的方法。

---

① 刘守旗,丁勇,俞润生.教育的艺术:苏霍姆林斯基100教育案例评析[M].广州:中山大学出版社,2003:253.
② [苏]苏霍姆林斯基.帕夫雷什中学[M].赵玮,王义高,等译.北京:教育科学出版社,1999:32.
③ 信任孩子,做孩子的知心朋友[EB/OL].http://baby.sina.com.cn/edu/09/2904/0918136504.shtml,2012-12-22.

父母是孩子最信赖的好朋友，同时，父母的信赖也是教导不听话孩子的最佳方式。父母应该注重培养孩子的自信心，引导孩子尊重别人，但不迷信别人，要用科学的态度对待别人的成功与失败。孩子一旦有了自信，他就能客观地看待自身的优缺点，就能够更加有效地控制自己的思想和行为。

（三）好习惯成就好人生

1. 儿童乐于学习

苏霍姆林斯基从儿童的日常生活和学习中入手，对学生进行观察和帮助，看他们的兴趣在哪里，然后对他们采取相应的措施。比如有的孩子对农业方面比较感兴趣，那就在课外活动时，让他在这个方面进行深入研究，在深入研究的过程中，必然会遇到一些学习方面的困难，他自己就会发现学习的重要性，然后对学习产生兴趣，从而好好学习。苏霍姆林斯基告诫老师："请记住：成功的欢乐是一种巨大的情绪力量，它可以促进儿童时时学习的愿望。请你注意无论如何不要使这种内在力量消失。缺少这种力量，教育上的任何巧妙措施都是无济于事的。"[1]

在学习期间，学生的学习成绩对于引导他们学习是一个非常重要的指标，教师在对待学生成绩的问题上，要慎重考虑。"乍看起来，给学生评分是如此简单的事情，然而这却是教师能够正确对待每一个孩子的能力，是保护孩子心灵中渴求知识火花的能力。"[2]

2. 学会学习

苏霍姆林斯基认为："小学最重要的任务，就是授予学生一定范围的巩固的知识和技能。学习的能力包括一系列与掌握知识有关的技能：读、写、观察周围世界的现象、思索和用语言表达自己思想的能力。形象地说，这些能力是工具，没有这些工具，就不可能掌握知识。"[3] 所以，当二年级的学生观察果园树叶变黄和掉落时，便让他们思考、判明树叶变黄与

---

[1] [苏]苏霍姆林斯基.给教师的一百条建议[M].北京：教育科学出版社，1984：40.
[2] [苏]苏霍姆林斯基.苏霍姆林斯基选集（第3卷）[M].北京：教育科学出版社，2001：224.
[3] [苏]苏霍姆林斯基.帕夫雷什中学[M].赵玮，王义高，等译.北京：教育科学出版社，1999：304.

凋落的原因及关系，落叶时间的早晚及落叶时间与春季发芽时间有什么依存关系。他认为思想和具体现象发生关系越频繁，可以理解的现象就越多，观察力的发展也就越深。所以，在我们引导儿童学习的时候，更重要的是教会他们如何学习。

3. 身体是革命的本钱

"健康、健康、还是健康——对健康的关注，这是教育工作者的首要任务。"[①] 英国哲学家培根说过："健康的身体是灵魂的客厅，病弱的身体是灵魂的监狱。"因此，我们要非常关注儿童的健康状况，儿童只有在健康的状态下，才能精力饱满地学习。

时事链接

报告显示中国中小学生每天平均睡眠不足8小时

据《中国少年儿童十年发展状况研究报告（1999—2010）》称，2005年中国的中小学生学习日平均睡眠是8小时59分，到2010年变为7小时37分，减少了1小时22分；2005年中国的中小学生周末平均睡眠是9小时36分，到2010年变为7小时49分，减少了1小时47分。报告还指出，国家规定的最低睡眠时间是9小时，但调查结果是，有近八成的中小学生睡眠不足。"长期睡眠不足，将会造成免疫力低下，影响身心和智力发育，给孩子的未来幸福埋下隐患。"[②]

睡眠不足严重影响了儿童的身心和智力发育，给他们的未来幸福埋下隐患。改变这个现状需要社会各方的共同努力。学校应切实做好学生的减负工作，引导学生积极参加体育锻炼，减轻学生的心理负担，增加学生的睡眠时间。同时，要不断改进课堂教学方法，提高教学质量，合理引导学

---

① [苏]苏霍姆林斯基.苏霍姆林斯基选集（第3卷）[M].北京：教育科学出版社，2001：138.
② 苏婷.中国青少年研究中心发布报告展示 我国中小学生每天平均睡眠不足8小时[N].中国教育报，2011-05-17.

生转变学习方式，变"负担学习"为"轻松学习"。此外，家长们也应引导孩子在学习中有张有弛、劳逸结合，并改变"学习时间越长，学习成绩越好；参加补习班越多，孩子成绩提高就越快"的错误认识。

那么我们怎么保证儿童的健康呢？苏霍姆林斯基建议从以下三个方面出发：

（1）健康的饮食

饮食简单、有节制、不用营养过多的食物，对一个人的健康、自我感觉、劳动以及整个精神生活都会产生极为良好的效果。儿童要吃早饭，否则会缺乏食欲，导致营养不良。为了孩子们的健康，他多次在家长学校给家长讲解食物营养与孩子身体正常发育的重要和直接关系，并建议家长给孩子们多储备一些水果和蜂蜜，这些东西都富含多种维生素。

（2）合理的作息

睡眠是作息制度的核心内容之一。睡眠质量关系到一天的工作、劳动、学习和全部活动的效率。据苏霍姆林斯基观察，午夜（12点）前入睡，恢复精力的作用最好。他提倡早睡早起，早上是精力最好的时候，在这个时间段，工作效率最高，因此要很好地利用早上的时间。

（3）减轻学生的课业负担

在苏霍姆林斯基的学校里，一般下午两三点，就是学生自由安排的时间，学生可以根据自己的业余爱好和兴趣，参加各种活动。他着重强调利用空余时间进行课外活动对身体的发育、对精神力量的发展各方面的重大作用和意义，他把"空余时间"的课外活动看作教育上的"无价之宝"。

（四）儿童的社会性交往

时事链接

孤独的青少年一代：社会性交往严重缺失

中国人口宣教中心主任张汉湘指出，青少年人格健康问题突出表现在两个群体，一是独生子女，一是农村留守儿童以及单亲或离异家庭的孩子。他说："我们在孩子人格教育中过于依赖学校，忽略了家长和社会的作用，更重要的是家长。"这些都造成了青年人的孤独感和人际交往能力问题的显现。①

中国人口宣教中心发布的青少年健康人格工程2010年调研报告显示，我国青少年在人际交往和性健康知识方面问题突出。调查表明，从小学到大学，人际交往能力是影响青少年人格发展的主要因素之一。75%的高中生感觉与父母交流有问题，80%以上的大学生有不同程度的孤独感，人际交往能力差是降低他们自信水平的重要原因。②

良好的人际交往能力是心理健康的一个重要指标，对于儿童来说，人际交往能力的培养需要多方面的支持，要从以下三个方面进行：师生关系、亲子关系和生生关系。

1. 教师是儿童的"知己"

在师生关系方面，苏霍姆林斯基说过："在我的生命中，什么是最重要的，我可以毫不犹豫地说，爱孩子。"苏霍姆林斯基始终让老师们相信："教育——这首先就是人学。不了解孩子，不了解他的智力发展，他的思维、兴趣、爱好、才能、禀赋、倾向，就谈不上教育。"③对每一届新入学的学生，苏霍姆林斯基都让他们提前两个月到校，参加"快乐学校"，在快乐学校里，他们不是拘泥于课堂，而是在乡村的街道上，在农家的田地里，在任何他们想去的地方，苏霍姆林斯基与孩子们一同玩耍，在这个过程中，他可以了解学生，和学生建立亲密无间的关系，学生们也愿意和他进行沟通。

---

① 青少年健康人格工程调研报告出炉［N］. 教育时报，2011-03-15.
② 调查显示75%高中生感觉与父母交流有问题［EB/OL］. http://www.psycofe.com/info/infoDetail_19675.htm, 2013-12-22.
③ ［苏］苏霍姆林斯基. 苏霍姆林斯基选集（第3卷）［M］. 北京：教育科学出版社，2001：13.

2. 儿童要爱母亲

对于亲子关系，苏霍姆林斯基提到最重要的一点——爱母亲。

拓展阅读

妈妈的果园

在苏霍姆林斯基所教的一个班级里，孩子们入学后的第一个秋天，苏霍姆林斯基就让他们种了"献给母亲的果园"，他讲道："这将是给我们的母亲培植的果园。母亲是我们最亲爱、最亲近的人。3年后苹果树和葡萄藤将结出第一批果实，第一个苹果和第一串葡萄是我们献给母亲的礼物。我们将给她们带来快乐。"①

相比空洞的讲解，苏霍姆林斯基更多是从生活中的平常事做起，从实际行动中学会如何爱自己的母亲，爱自己的民族，爱自己的国家。同样，苏霍姆林斯基还开办了家长学校，不定期地为家长们举办一些讲座。他也经常带领学生举办形式多样的活动，以增进他们与父母的关系或者是与一些孤寡老人的感情。比如，学校有花节，在这个节日，学生会采集一些漂亮的花朵，送给他们的父母或者老人们。通过这样的活动，也可以很好地培养他们与人相处的能力。

3. 亲爱的小伙伴们

在学生之间的关系方面，苏霍姆林斯基很重视理解别人，关爱弱者。比如让高年级的学生去帮助低年级的学生，无论是在学习方面，还是在生活方面，通过高年级的学生和低年级学生的互相帮助和学习，他们之间会产生友好的感情。在这个过程中，对高年级的学生而言，不但帮助了别人，而且自己得到了锻炼；对低年级的学生而言，不但得到别人的帮助会心生感激，而且以后在别人碰到困难时，他们也会毫不犹豫地伸出援助之手。

---

① 龚立峰. 苏霍姆林斯基的儿童心理教育思想及其启示[D]. 内蒙古师范大学，2011：14.

（五）高尚的情感

苏霍姆林斯基指出："学校的中心任务之一，就是培养道德的、理性的、审美的高尚情感。所谓的高尚情感，这首先就是爱祖国、爱人民、爱劳动、爱文化、尊重本国每个同胞和世上每个诚实人的人格，对劳动人民的友爱、同志和兄弟情谊，认识和改造世界的快乐，以及对人类创造的文化财富的无私享用。实际上，教育就是从培养真诚的关切之情，即对周围世界所发生的一切都会由衷地做出思想和情感上的反响——开始的、真诚的关切——这是和谐发展的一般基础，在这个基础上的各个品质——智慧、勤勉、天才，都会获得真正意义，得到最光辉的发扬。"[1]

1. 对生命的关怀

在苏霍姆林斯基的"快乐学校"里，他有意识地培养儿童们对一切有生命的事物给予关心和帮助，在儿童生活的早期，他把很多事物都赋予了生命，让儿童在关心这些事物中获得善良的情感。

拓展阅读

苏霍姆林斯基的生命教育

他关心谁把小树苗给踩断了，谁为受伤的小鸟做了手术，为了过冬，谁为树苗穿上了衣服，等等。当儿童进入集体生活中，会自觉转化为对其他儿童的关心和爱护。在村庄里，有一位安德烈老爷爷，他是一位孤寡的老人，苏霍姆林斯基带领孩子们经常去安德烈老爷爷家，帮他干活，无微不至地照顾老爷爷的生活，从而从关心老爷爷的活动中，认识到帮助别人是一件多么快乐的事情。[2]

---

[1] ［苏］苏霍姆林斯基.苏霍姆林斯基选集（第4卷）[M].北京：教育科学出版社，2001：24.
[2] 龚立峰.苏霍姆林斯基的儿童心理教育思想及其启示[D].内蒙古师范大学，2011：16.

2. 教学就是情感

在苏霍姆林斯基看来，教学本身就是情感教育，比如语文教学就要培养儿童对各种情感的理解，数学教学就要设置难题培养学生解决问题的意志、品质等。在苏霍姆林斯基所在的学校，有各种各样的课外活动小组，同学们可以根据自己的兴趣、爱好进行选择，通过这种自主探究，学生可以从中学到更多的知识，可以更多地体会到愉悦感和兴奋感，从而激发他们浓厚的学习兴趣。

苏霍姆林斯基非常重视阅读的力量。他认为，书籍中"包含着一种很有表现力的情感因素：以人渴求知识而受到鼓舞、以创造性的活动为背景来阐明抽象的真理。书籍对少年来说，并不是真理的仓库，而是内心体验的源泉"[①]。

3. 学校向儿童"说话"

苏霍姆林斯基所任教的帕夫雷什中学是一个环境优美的乡村中学，他提出要让学校的每一面墙壁都会说话，让孩子们看到每一幅画或者是听到每一句话，在细细品味与琢磨中，都产生强烈的情感体验。同时他还创造了很多节日，比如"冬节""首捆庄稼节""新粮面包节""花节""鸟节"等。

（六）自我教育

苏霍姆林斯基有一个教育理念是："没有自我教育就没有真正的教育。"他反对灌输，认为在没有自我教育的情况下，学生们学到的只是干巴巴的知识，他们并没有因为所学到的知识而感觉到幸福，也就是没有真正把所学到的知识融入到他们的情感中，精神上没有获得更高的提升。只有当一个学生自己开始留心观察周围的世界，努力认识这个世界时，自己真正主观地认识到观察世界、认识世界的重要性时，才有可能成为精神丰富、生活充实的人。

---

① ［苏］苏霍姆林斯基.苏霍姆林斯基选集（第3卷）[M].北京：教育科学出版社，2001：13.

（七）儿童的全面发展

苏霍姆林斯基的全面发展不仅仅是指他们的各科成绩的平衡一致，还指他们的德育、智育、体育、美育、劳动教育各个方面的全面发展，忽视其中任何一个方面都是不行的。但全面发展和个性发展并不矛盾，全面发展为个性发展做了一个铺垫。每个人的天赋是不同的，所以儿童们今后可以成为数学家、舞蹈家、音乐家等。

三、苏霍姆林斯基儿童观的教育启示

长期以来，苏霍姆林斯基的教育思想在中国得到了广泛的传播，很多学校都受其思想的影响，20世纪90年代以来受苏霍姆林斯基思想影响比较深的国内学校列表如下[①]：

作为一种模式进行实验		作为一种课题在学校研究或实施	
模式名称	学校	学校	研究方向
成功教育模式	上海闸北八中	天津市汉沽港镇小学	劳动教育改革
愉快教育模式	湖北黄冈中学	江阴华士学校	乌克兰苏霍姆林斯基实验学校
	上海市静安区中心小学	张家界高级中学	乌克兰苏霍姆林斯基实验中学
	哈尔滨经纬小学	四川通江市巴中师范附属小学	
	南京市琅琊路小学	上海市理想中学	学生全面和谐发展
	无锡师范附小		

---

① 朱小蔓，张男星．一丛能在异国开花的玫瑰——苏霍姆林斯基教育思想在当代中国的传播与生长[J]．北京大学教育评论，2006（4）：113．

续表

模式名称	作为一种模式进行实验	作为一种课题在学校研究或实施	
	学 校	学 校	研究方向
和谐教育模式	无锡五爱小学	深圳清华实验学校	中学生的情感教育
	青岛65中学	福建上杭县城西小学	自主学习、合作创新
	重庆白沙镇三口中学	厦门路桥实验小学	学校、社会、家庭三结合教育
	重庆三明二中	四川省绵阳中学	文化环境教育系统
	上海市江苏路第五小学	山东省东营胜利油田第四小学	小班化教育
	南京市长江路小学	福建省晋江市第一中学	素质教育
	浙江临海白水洋小学	青岛四十八中	课程改革
	常德市一中	四川省凉山州冕宁二中	薄弱初中后进生的转化
	常州市武进邹区中心小学	太仓市朱棣文小学	小学语文教学中学生创新精神
赏识教育模式	南京婷婷聋童实验学校	镇海区骆驼中心小学	劳动教学与创新能力
	常州市安家中心小学	成都市盐道街小学	家校互动等
	无锡市蠡园中学		
	黄浦区下沙小学		
情境教育模式	南通师范第二附属小学		
	连云港市新海实验中学		

可以看出，苏霍姆林斯基的儿童观在深深地影响着中国基础教育的发展，不仅包括教育理念的更新，还涉及教育模式的变革。

（一）明智的父母之爱

在童年时代，父母对儿童成长的影响至关重要。父母应该具备相应的教育素养，掌握相关的教育知识。在对儿童进行教育时，通过爱去点燃孩子们幼小心灵中的"永不熄灭"的火花,使"父母给予子女的细小的金砂变成造福于人民的黄金富矿"。

苏霍姆林斯基反复强调家长必须有"明智的父母之爱",做到热情关怀和严格要求、爱抚和严厉相谐。他认为没有明智的家庭教育,父母对孩子的爱只能使其畸形发展。这是一种"变态的"父母之爱,其表现形式有三种:首先是"娇宠放纵的爱",即对孩子如偶像似的百般宠爱,这种爱使孩子的心灵受到腐蚀;其次是"独断专横的爱",这是一种缺乏理智的父母之爱,把明智的父母权威变成专断强横的任意胡为,挫伤孩子们要做好孩子的心愿;第三种是"赎买式的爱",父母用保证孩子们的全部物质需求来赎买父母应尽的责任,代替父母的义务,这势必会导致孩子的精神空虚和思想贫乏。

教育思考

"爱"的限度

在中国,不少父母正用"爱"的名义对孩子进行各种伤害。爱孩子是正常的,但是现在的父母恨不得天天把孩子捧在手里,含在嘴里,在不知不觉中,对孩子的爱就变成了畸形的爱。孩子走路摔一跤就心疼得跺脚,磕破点皮儿就难过得流泪。自己的孩子和别的孩子吵架,父母就像母鸡护小鸡一样护着,不让孩子受半点儿委屈。父母从来不让孩子打扫卫生、叠被子、做饭,以至于孩子到了十几岁还分不清什么是糖什么是盐,到了二十几岁还不知道怎么煮面条。父母就这样"爱护"孩子,直到把孩子变成一个除了会读书,什么也不会的"乖"孩子。当然,所谓的乖就是父母和老师说什么就是什么,没有自己的思想和主见,没有独立行为能力。

苏霍姆林斯基认为:"你教育孩子,你也在教育你自己,在检验自己的人格。"对父母来说,要把自己好的品质灌注到孩子身上。苏霍姆林斯基强调,没有父母的榜样,没有父母的相互关心和尊敬中表现出来的光和热,儿童的自我教育是不可想象的。孩子的行为只有通过父母的行为来教育,孩子的情感只能由父母的情感所激起。

(二) 书香校园、快乐校园

著名校长李镇西曾经说:"他(苏霍姆林斯基)对孩子的爱,不是一种教育艺术,更不是一种教育策略或技巧,而是从心底散发出来的人性芬芳。"[1]

苏霍姆林斯基说过,要让学校的每一面墙壁都会说话,儿童们在学校里行走,每时每刻都在接受教育,在美好的校园环境里,儿童们能耳濡目染地学到许多知识,他们的心灵也将得到熏陶。

1. 教师是儿童教育的中流砥柱

苏霍姆林斯基认为,要重视教师的作用。儿童的教育不是个别老师的事情,而是所有老师应该做的一件事情。在这个过程中,班主任起着重要的作用,其他各科教师应该全力配合班主任。对儿童进行心理教育最主要的活动就是教学,每一位老师可以通过他们所教的课程,向儿童们传递一些思想。比如说,在上语文课时,通过对课文内容的讲解,让儿童们领略祖国的大好河山,培养他们热爱祖国、热爱人民的高尚情操。同样,在其他各个科目的教学过程中,也都可以发掘出一些类似的知识点。除了在课堂上,教师(尤其是班主任)在课下也要关注学生们的行为,尤其是对一些性格比较孤僻的儿童,要给予他们更多的关注,和他们多交流,使他们敞开心扉,让他们感受到学校大家庭的温暖,感受到快乐,并且融入到日常的学习和生活中,大家共同成长,共同进步。

2. 课外活动是"无价之宝"

苏霍姆林斯基把"空余时间"的课外活动看作教育上的"无价之宝",他希望让学生们过上富有意义的丰富多彩的精神生活。充分发挥课外活动的作用,让儿童发现自己的学习兴趣,并为之探究和钻研,在这个过程

---

[1] 李镇西. 今天,我们向苏霍姆林斯基学什么 [J]. 比较教育研究,2010(3):21—23.

中，儿童自己解决了遇到的难题，又锻炼了自己的意志品质。

(三) 家校合作

在家校合作方面，苏霍姆林斯基也有自己的见解和实践。他在自己的中学开办了家长学校。因为父母可能由于种种原因，在对儿童们的培养上，有时候会觉得无能为力，面对出现的一些问题，不知如何处理，因此，苏霍姆林斯基提出，学校需要定期请一些在心理健康教育方面有一定专长的教师举办一些讲座，以提高家长的教育水平，家长在学习了一定的知识以后，碰到儿童们在成长过程中的一些问题就可以迎刃而解，并对儿童的成长起到推动作用。

附录：苏霍姆林斯基教育语录选摘

1. 一个好教师意味着什么？首先意味着他热爱孩子。
2. 我生活中什么是最重要的呢？我可以不假思索地回答说：爱孩子。
3. 尽可能深入地了解每个孩子的精神世界，是教师和校长的首条金科玉律。
4. 要像爱护最宝贵的财富一样爱护儿童对你的信任这朵娇嫩的花儿。
5. 我们教育的人，不管他是个多么"没有希望"和"不可救药"的钉子学生，他的心灵里也总有点滴的优点。
6. 考察孩子的内在精神世界，特别是他们的思维，这是教师最重要的任务之一。
7. 关心儿童的健康，是教育者的最重要的工作。
8. 只有能够激发学生去进行自我教育的教育，才是真正的教育。
9. 孩子——这是父母精神生活的一面镜子。
10. 让学生体验到一种自己在亲身参与掌握知识的情感，乃是唤起少年特有的对知识的兴趣的重要条件。

下篇

11
蔡元培：让儿童成为他自己

王莉方

一、蔡元培其人

蔡元培（1868—1940），字鹤卿，号孑民，浙江绍兴山阴县人，出身于世代经商的小康之家。他从小饱读诗书，后曾留学考察日本、法国、德国等国家；担任过绍兴中西学堂监督、中国教育会会长、上海南洋公学特别班教习。辛亥革命后，蔡元培曾被任命为南京临时政府教育总长。

1916年，蔡元培被任命为北京大学校长。五四运动时，他曾和各专门学校校长到警厅，以身家作保，要求释放学生。1927年后，蔡元培历任国民政府国史编纂处处长、大学院院长、中央研究院院长、国民政府委员等数职。日本侵略中国后，蔡元培主张民主抗日。1932年，他与宋庆龄、鲁迅等组织"中国民权保障同盟"，并任副主席。1937年，蔡元培移居香港，但仍忧念国事。1940年3月5日，蔡元培在香港病逝。

蔡元培毕生从事教育事业，是中国近代著名的资产阶级革命家和民主主义教育家。[①] 他对中国人民反帝反封建的革命斗争和科学民主思想启蒙运动，有着不可磨灭的贡献，被毛泽东称为"学界泰斗，人世楷模"。他的"思想自由，兼容并包"的理念对后世中国的教育产生了深远的影响。其教育论著有《蔡元培教育文选》《蔡元培教育论著选》等。

---

① 孙培青.中国教育史（第三版）[M].上海：华东师范大学出版社，2011：365.

二、蔡元培儿童观的阐释

蔡元培儿童教育思想深受德国哲学家康德的影响。康德认为,教育是使人成其为人的活动,教育不可缺之者为理想。在蔡元培看来,有理想是人类与动物的根本区别,培养理想的人格则是教育的根本目的。由此,蔡元培提出了"五育并举"的教育方针,提出了"展个性,尚自然"的教育主张。

(一)培养健全人格,塑造完美品质

1. 培养健全人格

在蔡元培看来,教育要通过培养健全人格,造就新一代国民,实现改造社会的目的。蔡元培说:"学校教育要注重学生健全的人格,故处处要使学生自动。通常学校的教习,每说我要学生圆就圆,要学生方就方,这便大误。"[①] "小学教育者,纯粹之普通教育也……小学教育既可以遵循天性,养成人格为本义,则于身、心两方面,决不可有偏废,而且不可不使为一致之调和。"[②]

蔡元培认为,完全人格是国家兴旺隆盛的根本,如果培养出人格不完全的人,非但国家不隆盛,甚至会有衰亡的担忧;培养出有人格的人就是真正的爱国之举。[③] "从教育着手,去改造社会,改造之点,繁不胜举。但简单说来,可以归到教育调查会定的两句话,'养成健全人格,提倡共和精神'。社会各分子都具有健全人格,此外复有何求?"[④] 因此,蔡元培认为应把儿童教育宗旨定位为:养成健全人格,发展共和精神。

---

① 高平叔. 蔡元培教育论著选[M]. 北京:人民教育出版社,1991:318.
② 蔡元培. 蔡元培全集(第二卷)[M]. 北京:中华书局,1984:412.
③ 康健. 蔡元培关于普通教育的基本观点述评[C]// 纪念《教育史研究》创刊二十周年论文集(2)——中国教育思想史与人物研究,2009:1988—1992.
④ 陈卫东. 教育就是养成健全人格——蔡元培论习惯与人格培养[J]. 少年儿童研究,2003(3):36—37.

2. 塑造完美品质

1912年，蔡元培在《对于教育方针之意见》中提出了军国民教育、实利主义教育、公民道德教育、世界观教育、美育"五育并举"的教育方针。蔡元培形象地把"五育"比作人身，军国民主义是人的筋骨，实利主义是胃肠系统，公民道德是呼吸循环系统，美育是神经系统，世界观是心理作用，此五者不可偏废。他认为这"五育"并举，才可以培养儿童健全的人格。他说："五者，皆今日之教育所不可偏废也。"① 在蔡元培看来，这五育在教育中所占的比例有所不同。其中，军国民主义当占10%，实利主义占40%，德育占20%，美育占25%，而世界观占5%。

（1）体育：强健体魄，坚人心智

蔡元培提倡军国民教育，即体育，主要基于两方面原因：一方面是当时形势需要举国强兵之举，另一方面体育是养成健全人格所必需。他引证西方的说法："健全的精神，必宿在健全的身体。"② 体育的根本在于运动，人的精神与身体的潜能都随运动而发达。蔡元培一贯把大众的体育放在心上。他认为体育是四万万人的事情，不是四万人的事。

时事链接

我国中小学生体质令人担忧

我国中小学生体质连续25年下降③（节选）

"我国青少年体质已连续25年下降。"市人大代表、北京第十二中学校长李有毅等多位代表对当前中小学生的体质状况深感忧虑。

市人大代表、首都体育学院党委书记李鸿江指出，中国青少年体质连续25年下降，其中力量、速度、爆发力、耐力等身体素质全面下滑，

---

① 蔡元培. 蔡元培教育文选[M]. 北京：人民教育出版社，1980：5.
② 高平叔. 蔡元培教育论著选[M]. 北京：人民教育出版社，1991：380.
③ 我国中小学生体质连续25年下降[EB/OL]. http://www.morningpost.com.cn/szb/html/2013-01/27/content_207245.htm，2013-01-27.

肥胖、豆芽菜型孩子和近视孩子的数量急剧增长。以北京为例，去年北京高中生的体检合格率仅为一成。北京一所大学学生军训，3500人的学生规模，累计看病人次达到6000余次，军训前几天不少学生晕倒，军训变成"警"训。

一场开学典礼晕倒十几个学生[1]

最近，学校已经开学，而开学典礼必不可少。在连云港一个学校，短短十几分钟的开学典礼，就有不少人吃不消了。有人头晕，有人无力，甚至有人呕吐。

开学典礼学生频繁晕倒[2]（节选）

近日，山东烟台市区一高中3000余名师生在操场上举行开学典礼。典礼持续了半小时，记者注意到，有七八个学生当场晕倒，还有十多名学生身体发虚、"站不住"，陆续被同学、老师搀扶出队伍。

100多年前，蔡元培就提出了充分重视体育教育思想。100多年后，我们却在分数逻辑和竞争思维的裹挟下，使体育成为"被遗忘的角落"，成为孩子们眼中的"奢侈品"。体育的缺失破坏了学生健全人格的培养。体育教育缺的不是场地，也不是师资，而是缺乏兼顾理想和现实的恰当认知，缺乏对教育真谛的真正领悟。

（2）智育：传授知识，培养兴趣

实利主义教育，即智育。在蔡元培看来，智育不仅要传授知识技能，而且要训练学生思维细密、认真做事的科学态度。但是，智育绝不是简单的注入，注满了就完事。蔡元培认为，教书最重要的是引起学生读书的兴趣，最好使学生去研究，要知道，书本不过是一个例子。

---

[1] 一场开学典礼晕倒十几个学生［EB/OL］.http://www.chinadaily.com.cn/hqgj/jryw/2013-09-03/content_10021915.html，2013-09-03.

[2] 开学典礼学生频繁晕倒［EB/OL］. http://news.xinhuanet.com/edu/2012-09-05/c_123675050.htm，2012-09-03.

时事链接

"填鸭式教育"下的孩子①（节选）

为了让孩子"赢在起跑线上"，家长们很早就开始给自己的孩子灌输知识，幼儿园呈现"小学化"，极大地限制了孩子的想象力和好奇心。从小学到高中，孩子们一直处于高强度学习的状态，整日在题海、考试和补课中连轴转，得不到喘息机会。等终于闯过了高考这座独木桥，到了大学、研究生这一创造力最强的阶段，中国孩子却大多因为精神和精力透支，已经成为"强弩之末"。失去了外界压力的刺激，他们很难再提起学习兴趣。而因为个性和思想束缚久了，虽然大学有了自由学习的氛围，却因思维方式的固化，很难有创新了。

从小给孩子灌输知识的教育方式违背了蔡元培的智育方针，禁锢了孩子们的头脑，使得孩子们总是疲惫不堪，丧失了对知识渴求的兴趣。因此，以这种方式培养的孩子缺乏批判性思维，缺少创造力。

（3）德育：养成品德，学会做人

在蔡元培看来，德育是健全人格的根本，包括自由、平等、博爱等内容。如果只是体魄、智力发达，道德却败坏，那么不但无益，甚至是有害的。

（4）世界观教育：超越现世，敞开心扉

蔡元培认为，世界观教育即"超轶乎政治"的教育，是使人的精神能摆脱现世的政治，进入"实体世界"②，引导人民去追求的教育。在实践中，可以通过美育的方式来进行世界观教育。

---

① "填鸭式教育"下的孩子［EB/OL］. http://www.ci123.com/article.php/60835, 2013-10-29.
② 康德二元论哲学思想认为世界分为现象世界和实体世界，在这种观念的影响下，蔡元培认为教育可以分为两个部分，一部分属于现象世界，另一部分属于实体世界。

拓展阅读

《浮躁时代的新教育之梦》[①]（节选）

这是一个躁动不安的时代。

我们的心已经很难宁静与从容：种一棵树，我们期望它马上和新盖的大楼齐高，开出繁盛的花；做一个课程，我们期望它在几个月时间里让那些被贻误了许多年的孩子突然间变得智慧、高尚、卓越；讨论专业发展，我们竟然期望一个从小没有深度阅读的教师，仅仅听几次讲座，读几本励志的书，上升到一个可以本真地理解知识精粹的人；研究课堂教学，我们竟然想要创造一种简单的模式，可以不依赖于其中人的因素，而让学生获得前所未有的成就——智力上的创造性，或者，期望课既是公开课上完美的，又是分数上领先的，还是形式上简单的，不需要用精神投注、用智慧不断创造的……

为了提早看到花，获得果，我们不惜拔苗助长，我们不惜夸大实验的效度，不惜把注意力放在宣传广告，放在借助名人名师明星以及新闻事件上。

谁能够向这个世界坦呈一个漫长岁月凝聚而成的课程？

谁能够守住一间小小的教室，用无数个日夜来雕刻生命？

谁能够让自己学校的教师们成为本真的研究者、实践者、思考者，几年如一地阅读经典、研讨真理、开发课程、创造他们自己的完美教室？

今天追逐泡沫的，明天将只能用新的泡沫来掩盖今天。

谁能够在今天把昨天坦露，且让世界发现一粒种子成为大树的漫长的岁月？

新教育人，谁能够在这个春天，或下一个春天，坦呈一朵紫花地丁、婆婆纳或车前子的小小奇迹？它们知道，为一朵小小的花，须准备穿越漫长的一年，无尽的寂寞，还有寒冷的季节。

[①] 干国祥.浮躁时代的新教育之梦．[EB/OL]．http: //zyx.eduol.cn/archives/2010/919899.html，2013-12-19．

在工具价值普世之时代，满眼望去，皆是浮躁。人们过于注重功利与物质，缺少精神层面的追求。我们在感叹缺憾的同时，总想在中国文化的长廊中找寻些有价值的思想。蔡元培的世界观教育，在看重现象世界的同时更加关注实体世界给我们的诸多启示。我们的心灵需要沉静下来，沉淀思想、沉淀传统，勇敢地摒弃浮躁，吸取本真的精华，让人生物质富有、精神富有，让人类社会充满人性。

（5）美育：诗情画意，陶冶人生

美育，是蔡元培特别提倡的。在他看来，美育是介于现象世界和实体世界的桥梁。美育可以"陶养吾人之感情，使有高尚纯洁之习惯，而使人我之见、利己损人之思念，以渐消沮者也"[①]。1917年，蔡元培提出了"以美育代宗教说"。他从历史出发，旁征博引解读宗教的本质，透彻分析了知识、意志、情感与宗教的关系。他认为美育不但不以宗教的信条为转移，也不以个人道德观点为转移，美育中含有美丽和尊严的双重价值。在蔡元培看来，"提出美育，因为美感是普遍性，可以破人我彼此的偏见，美感是超越性，可以破生死利益的顾忌，在教育上应特别注重"[②]。

教育探索

十一月的新课程[③]

新课程并没有太多的参考资料，只能依靠每月我对教师们的指导以及每周同年龄班的横向讨论。十一月，我们确定的主题是：艺术与儿童的生活。之后，我们商议了三个年龄阶段儿童学习的内容。小班的主题是：美好而平凡的生活。我们希望，孩子们从日常生活中学会感受美、欣赏美、享受美与创造美，并最终了解，生活中的美好无处不在，关键是要用自

---

① 高平叔.蔡元培教育文选[M].北京：人民教育出版社，1980：30.
② 康健.蔡元培关于普通教育的基本观点述评[C]//纪念《教育史研究》创刊二十周年论文集（2）——中国教育思想史与人物研究，2009：1988—1992.
③ 胡华.十一月的新课程[EB/OL].http://blog.china.com.cn/blog-1236158-331035.html，2013-10-30.

己的眼睛去发现与感受；中班的主题是：艺术——再现的美好生活。孩子们要体会、学习艺术对我们生活的影响，我们将通过音乐、美术、文学作品、电影等不同艺术形式让幼儿徜徉与流连在人类艺术的长河中，获得丰沛的滋养；大班的主题是：我的祖国。孩子们要通过对中华民族在地理、历史、音乐、绘画、服饰、建筑等方面展示出的特色，体会与理解文化与美的关系，同时将民族自豪感植根于内心，建立起更宽阔、开放的胸怀与视野。

（二）尚自然，展个性

蔡元培反对封建主义教育对学生个性的束缚，提倡让学生个性得到自由发展。他认为，教育应该懂得儿童身心发展规律，并用适当的方法教育之，教育者不要用固定方法约束受教育者。蔡元培说："教育者，与其守成法，毋宁尚自然；与其求划一，毋宁展个性。"①

蔡元培反对注入式教学，提倡发挥儿童个性，要学生自动、自学、自助。教师的责任只是在学生感到困难时，去帮助学生。他指出："昔之教育，使儿童受教于成人；今之教育，乃使成人受教于儿童。"他解释道："何谓成人受教于儿童？谓成人不敢自存己见，立于儿童地位而体验之，以定教育之方法。"②

蔡元培提倡启发式教学。在他看来，"尚自然，展个性"须打破教育中的划一模式，要求注意学生的不同特点，因材施教。在蔡元培看来，人的个性心理素质有差异，气质、性格、能力、兴趣各不相同，这就要求教学要因人而异，因材施教。在教育实践中，首先必须确立儿童在教育活动中的主体地位。按照"尚自然，展个性"的要求，他特别提倡要研究儿童心理学、教育心理学和教材教法等，并倡导学习托尔斯泰的自由学校，蒙台梭利的儿童室等。

---

① 高平叔.蔡元培教育文选[M].北京：人民教育出版社，1980：19.
② 全国临时教育会议开会词(1912年7月10日)[M]//中国蔡元培研究会编.蔡元培全集(第2卷).杭州：浙江教育出版社，1997：177.

教育探索

大班科学活动案例《多变的镜子》[①]（节选）

教师应引导幼儿对身边常见事物的现象特点、变化规律产生兴趣和探究的欲望。因此，我设计了大班科学活动《多变的镜子》，整个活动的设计以游戏贯穿始终。首先让幼儿照镜子来吸引幼儿，然后让幼儿照两面准备好的小镜子，最后让幼儿自制万花筒。在活动设计的过程中，我尊重幼儿感兴趣的东西，努力让整个活动体现新的教育观、儿童观。

……在这个（活动）过程中，我蹲下来，用心感知孩子们的发现。我把我的脸和他们贴在一起，和他们一起观察、讨论，给他们适当的鼓励和引导，正在他们高兴的时候，我故作神秘地说："为什么镜子一样多，可照出来不一样呢？"孩子们被我这么一问，马上把注意力放在我这一问题上，很自然地就过渡到我下一个环节。我巧妙地引导，这一环节我觉得十分得心应手，这一次，我是孩子的合作者和引导者，而不是一个发号施令的领导者。

……一线的教师在活动的设计和组织中更应该摆脱自己主观的考虑，摆脱教材、计划的束缚，让活动设计和活动组织都真正体现以孩子为主，尊重孩子的兴趣和行为。牢记"以幼儿为主体"，让孩子在自由探索中发挥自己的才能。

三、蔡元培儿童观的教育启示

蔡元培的儿童教育思想蕴含着中西文化教育融合的精髓，是超越国界、超越现实的，是自由和独立的。他的"养成健全人格，塑造完美品质""尚自然，展个性"的教育思想具有超越时代的指导意义，对当今的

[①] 大班科学活动案例《多变的镜子》[EB/OL].http://www.jxteacher.com/baby/column27805/a3b9543f-e1c3-44ac-b5c5-1ba83429795e.html, 2013-10-30.

儿童教育实践具有重要启示。

（一）儿童教育要深入儿童的本真世界

儿童教育一定要以儿童为主体，遵循儿童的天性，以养成健全的人格为本义，促进其身心发展。儿童的学习通常带有直觉性、体验性。教育者需注意回归与还原儿童本真的生活，充分意识到儿童丰富饱满的精神世界，倾听每个儿童的想法，接纳他们独特的思考方式，让每个儿童的生命力都得以充分抒发，真正呈现生命的美好与价值。

（二）儿童教育要尊重儿童的个性差异

教育者要深知儿童的发展程度和各自的特点。对不同发展时期的儿童，采用适当的方法，提供适合儿童的、让儿童感到温暖的课程。教师要根据儿童的资质、禀赋、性格，采用适合儿童自身的教育方法和培养路线，充分发掘每个孩子的潜质和天分，把他们各自培养成才，引导他们找到自我。

（三）重视美育在儿童发展中的作用

教育者要让儿童走近自然，聆听花开花落的声音；走近艺术感受其独特的魅力。儿童在美的熏陶中，更易打开心灵，感受世界的美好，促进心灵成长，培养正确的人生观、世界观。

总之，蔡元培所提出的"培养健全人格，塑造完美品质""尚自然，展个性"的儿童教育主张，有助于纠正我们的教育理念，让我们真正做到"相信儿童、解放儿童、发展儿童"，最终让儿童成为他自己。

附录：蔡元培教育语录选摘

1. 因而知教育者，与其守成法，毋宁尚自然；与其求划一，毋宁展个性。

2.教育是帮助被教育的人,给他们能发展自己的能力,完成他的人格,于人类文化上能尽一分子责任;不是把被教育的人,造成一种特别器具,给抱有他种目的的人去应用。

3.我们教书,并不是像注水入瓶一样,注满了就算完事。最要紧的是引起学生读书的兴味,做教员的,不可一句一句,或一字一字的,都讲给学生听。最好使学生自己去研究,教员竟不讲也可以,等到学生实在不能用自己的力量了解功课时,才去帮助他。

4.教育者,养成人格之事业也。使仅仅为灌注知识,练习技能之作用,而不惯之以理想,则是机械之教育,非所以施以人类也。

5.爱真爱美的性质,是人人都有的。

6.小学教育既以遵循天性,养成人格为本义,则于身心两方面决不可偏废,而且不可不使为一致调和。

7.未有学焉而不能知,习焉而不能熟者。其能否成立,视体魄如何耳。

8.教育者,非为已往,非为现在,而为将来。

9.注重道德教育,以实利教育、军国民教育辅之,更以美感教育完成其道德。

10.深知儿童身心发达之程序,而择种种适当之方法以助之。

12
陈鹤琴：活教育的践行者

麻嘉玲

一、陈鹤琴其人

陈鹤琴（1892—1982），浙江上虞百官镇人，我国现代著名教育家、儿童心理学家和儿童教育专家。陈鹤琴毕业于清华学堂，后留学美国五年，先后获得约翰·霍普金斯大学学士学位和哥伦比亚大学师范学院硕士学位。他曾任南京高等师范学校教授，国立东南大学（后更名国立中央大学、南京大学）教授兼教务主任。

陈鹤琴为中国幼儿教育事业作出了卓越贡献。他创立了中国化的幼儿教育体系，从托儿所、婴儿院到幼儿园和小学；创立了中国化幼儿师范教育体系，中等幼师和高等幼师专校；创办了儿童玩具、教具厂，专门制作儿童玩具与教具；创办了中国幼稚教育社、中华儿童教育社，通过学术团体的活动，对幼儿园教师、小学教师和教育研究者进行了辅导。

陈鹤琴编辑出版了多部儿童课外读物，如《中国历史故事丛书》《小学自然故事丛书》等。他编辑的儿童读物特别注重儿童的心理特点，语言活泼，图文并茂。他还为幼教、小教界主编了多种辅导性刊物，如：《幼稚教育》《小学教师》《活教育》等。

陈鹤琴是一位爱国民主主义者。面对旧中国教育因袭旧法、脱离生活、死读书本的现状，他立志改革旧教育、创造新教育。陈鹤琴提出"活教育"的口号，试图用"活教育"来改革中国的旧教育。

陈鹤琴的教育思想犹如一座宝库，有开发不完的矿藏，内涵极其深厚和丰富，在这座思想宝库中其主体思想是"活教育"的思想。[①]

二、陈鹤琴儿童观的阐释

在陈鹤琴看来，儿童观的内核即"以儿童为中心"。他主张深入到儿童世界之中，通过认真观察研究，充分了解儿童身心发展的特点。1940年，陈鹤琴在江西办幼师时首次提出"活教育"。在经过几年的教育实践后，陈鹤琴提出了"活教育"的思想体系，包括目的论、课程论、方法论三大纲领。

（一）活教育的目的就是"做人，做中国人，做现代中国人"

陈鹤琴说，活教育的目的就是"做人，做中国人，做现代中国人"。他认为做一个人、做一个中国人、做一个现代中国人需要具备以下五个条件。

1. 要有健康的身体

一个人身体的好坏，对于他的道德、学问及从事的事业有很大影响。俗话说，身体是革命的本钱。没有好的身体，再有理想和抱负，也只能是心有余而力不足。儿童是未来国家的主人，他们将投身建设祖国的艰巨事业，任重而道远，只有加强锻炼以保持健康的体魄，才能担负起历史赋予的重任。

2. 要有创新的精神

中国人有很强的创造能力，中国古代就有四大发明。儿童本来就有很强的创造能力，儿童生来就喜欢创新也能够创新。教育者必须十分珍视儿童创新意识的萌芽。因为新的东西总是独特的、与众不同的，它会遭到传统观念的激烈反抗。教育者要善于启发诱导、教育和训练，引导儿童在做中学，努力保护他们的创新积极性，逐步培养他们的创新精神和创造能力。

---

① 成尚荣."活教育"的核心理念及现代意义[J].江苏教育研究，2007（8）：4—7.

3. 要有服务的意识

人不应该只为了自己活着,而应该知道帮助别人,知道为大众服务,具备服务精神,这是人生的价值所在。如果我们的教育只让儿童掌握知识和技能,而不知用所学本领为他人服务,为国家作贡献,那么这种教育是毫无意义的。教育者要引导儿童确立为大众服务的意识,指导他们切实地去帮助别人,去报效国家。

4. 要有合作的态度

在当今这个竞争激烈的社会,团队合作显得尤其重要。俗话说:"一个和尚挑水喝,两个和尚抬水喝,三个和尚没水喝。"这说明中国人在互相协商、团结合作方面存在较为严重的缺陷。中国人个性强,往往各自为政,有时会变成一盘散沙,在团体活动中常缺乏合作的态度。所以从幼儿期就要开始培养孩子互相尊重、互谅互让、团结协作的精神,使其成为新中国的主人翁。

5. 要有世界的眼光

中国是世界的一部分,不能脱离整个世界而孤立存在。过去因为闭关锁国,国人无法学习外国先进的科学技术,致使我国的科技发展水平与发达国家的差距日渐拉大,以致我们落后挨打。现代社会的发展,使国与国之间的交往日益频繁,任何一个国家只有在与其他国家的协调与合作中才能获得发展。儿童不仅要了解中国社会发展的特质,还要了解世界的潮流。因为他不仅要为中国的民主独立而奋斗,还要为世界和平而奋斗。所以活教育要求儿童进一步做世界人,做现代世界人。

(二)活教育的课程论——大自然、大社会都是活教材

关于活教育的课程论,陈鹤琴对书本主义的传统教育持批判态度。他说,书本上能吸收的知识是死的,是间接的;而从大自然与大社会获得的知识是活的和直接的。所以,活教育课程论最概括的表述是"大自然、大社会都是活教材"。

陈鹤琴指出,儿童教育应当"把大自然、大社会做出发点,让学生直

接向大自然、大社会去学习"①。儿童是最喜欢野外生活的，他们一旦走进自然与社会的大课堂，便完全恢复了自己的天性——强烈的好奇心和求知欲，活泼愉快，充满生气。在这广阔的课堂里，有着内容极其丰富的、生动形象的、富有生命力的活教材。这对儿童认识自然、了解社会具有无法替代的重要作用。千奇百怪的大自然是儿童的知识宝库，变化多端的社会现象是儿童的生活宝库。作为儿童的导师应将儿童领入这一充满生机的课堂，学习那些在教室里和书本中学不到的知识和本领，而这些活的知识和本领，才正是人生所必需的。

拓展阅读

自然是本教科书，让你的孩子回归自然②

大自然是本活教材，可是随着科学的发展，时代的进步，越来越多孩子的户外运动被电视、电脑和游戏取代了，孩子们对于大自然的词汇和想象是那么缺乏和单一。父母给孩子报各种补习班、兴趣班，望子成龙，可是他们却忽略了大自然这本天然教科书。

陪你的孩子一起走进大自然，不仅丰富孩子的知识和生活经验，同时让孩子不再是温室里的花朵，他们学会独立思考，学会发现各种生命，学会想象和提问，思路也会逐渐开阔。

父母可以引导孩子观察山水虫鱼，让他们用肌肤去接触溪水和别的物种，用鼻子去闻闻花香和青草的味道。关掉家里的电器，出去捉昆虫、翻跟头、推铁环、丢手绢、捉迷藏，这种无拘无束的自由体验，不仅让孩子身心放松，同时作为父母的你们，也可以从喧嚣的城市中逃离出来，培养亲情，享受乐趣。

一个长期跟自然接触的孩子会有博爱之心，会热爱生命，会被身边细

---

① 吕静，周谷平.陈鹤琴教育论著选［M］.北京：人民教育出版社，1994：347.
② 自然是本教科书，让你的孩子回归自然［EB/OL］.http://www.ci123.com/article.php/51188，2014-02-27.

小的事情感动，会感受到雨蛙在稻田里跳动时惊起的水花，会感受到种子冲破泥土的坚韧，会感受到滴水穿石的永恒毅力。我相信，一个热爱自然的孩子，必定拥有更广阔的心胸和更坚定的意志，他们会勇敢而微笑地面对生活。

陈鹤琴还创造了"五指活动"的课程结构。课程结构设置为"五指"，是因为这活动象征一只手的五根指头，各个指头相互连接构成一个整体。五指活动的课程内容包括五个方面，分别是健康活动、社会活动、科学活动、艺术活动和语文活动。"活教育"课程论是要把学校教育的环境安排得更像生活的环境。

当年，陈鹤琴正是通过"单元教学"的课程形式实现他的"整个教学法"思想的。而今天的幼儿园课程的综合化已远远超过陈老的"整个教学法"思想，当今的幼儿园课程的综合化，不仅是组织形式上的综合，更是一种实质的综合，是一种从观念到目标，从目标到内容，以至资源、手段、形式的全方位综合。

（三）活教育的方法——做中教，做中学，做中求进步

陈鹤琴提出了"做中教，做中学，做中求进步"的口号。[1] 他结合了杜威和陶行知的方法论。杜威的"做中学"要求把课程和教材建立在儿童的生活经验的基础上，以儿童的直接经验为课程的中心。陶行知提倡"教学做合一"，他说到教的法子根据学的法子，学的法子根据做的法子，事怎么做，就怎么学，就怎么教。陈鹤琴提出"活教育"的方法论是对"教学合一"和"做中学"的深化和提高。[2]

"活教育"突出了以儿童为学习主体的思想及一个"活"字。一个"做"字使儿童处于主动学习的地位。"做"是实践出真知，是知行的统一。唯有

---

[1] 王伦信.陈鹤琴教育思想研究［M］.沈阳：辽宁教育出版社，1995：241.
[2] 吉兆麟.陈鹤琴"活教育"的思想理念及其现实意义［J］.南通师范学院学报（哲学社会科学版），2000（2）：110—112.

做才能有经验,理论与实践才得以结合,知识与技能才得以联结。"做中教"才能真正落到实处。而"做中学"能够给人以直观经验,学习主体兴趣浓厚,教与学才有生动、真切的默契,教学才能获得实际的成效。"教"是引导、示范和"解惑","学"是积累知识、启动思维并将知识作用于生活实际的过程,两者由"做"连接之后,教的进步才能顺利转变为学的进步,学的进步也才能推进教的进步。古语所说的"教学相长"也是"做中求进步"的道理。

为了通俗说明教育的教学特点,陈鹤琴本着"心理学具体化、教学法大众化"的宗旨,根据他个人的教学经验,总结出"活教育"的教学原则:凡儿童自己能够做的,应当让他自己做;凡儿童自己能够想的,应当让他自己想;你要儿童怎样做,应当教儿童怎样;鼓励儿童去发现他自己的世界;积极鼓励胜于消极制裁;大自然、大社会是我们的活教材;比较教学法;用比赛的方法来增进学习的效率;积极的暗示胜于消极的命令;替代教学法;注意环境,利用环境;分组学习,共同研究;教学游戏化;教学故事化;教师教教师;儿童教儿童;精密观察。① 这十七条教学原则使儿童处于主动学习的地位,体现了陈鹤琴的儿童教育观。

三、陈鹤琴儿童观的教育启示

陈鹤琴"活教育"的教学原则每一条都值得我们好好研究学习,在这里只举其中几个例子。

(一)儿童自己能够做的让他自己做

陈鹤琴认为应该让孩子自己想办法来解决问题,以培养其能力。1941年的一天,陈鹤琴与教育部江西国教实验区研究员李寄僧聊天时,忽然天上下起大雨,倾泻的山水很快在路面上形成了一条宽沟。此时,幼儿园的

---

① 北京市教科所.陈鹤琴全集(第5卷)[M].南京:江苏教育出版社,1992:72.

两个小朋友正路过此地,看到挡路的宽沟,便先后哭了起来。这两个小朋友正是李寄僧的孩子。目睹此景,李寄僧正欲出去相助,却被陈鹤琴拉住,并示意其躲在树后观察。孩子们哭了一会儿,发觉没人来帮忙,只能自己想办法解决。他们擦干眼泪,将两个书包集中在一起,藏到路边的树洞里,然后脱下鞋子,挽起裤脚,正欲涉趟过沟,陈鹤琴这才让李寄僧过去相助。陈鹤琴认为:孩子遭遇困难时不宜立即帮他,要逼他自己想办法,因为人的才能是从磨难中练出来的。

(二)儿童自己能够想的让他自己想

陈鹤琴反对谢绝小孩问难,也不鼓励有问必答。他提倡利用儿童的好奇心,引导其探索究竟的教育方法。陈鹤琴举例说:有一天,一个 5 岁的儿童同他父亲到郊外散步。他远远地看见一个小孩在那里放风筝,就问他父亲:"那个小孩在那边做什么?"他父亲回答:"你要去看看吗?"说着就与他一同前往。到了,父亲对他说:"啊!那个在空中的东西多好看。你看那个小孩手里捻着什么东西,要走近去看一看吗?"他好奇地去了,回来对父亲说:"是线。"父亲领他到街上去买了纸、竹等材料,回家做了一个风筝给他。第二天,父亲还陪他到郊外放了风筝。陈鹤琴说,这种利用问难加以引导的方法,比"有问必答"养成儿童的依赖性来得好,它能使儿童得到许多快乐和许多有用的经验。我们应当利用儿童的问难来施行我们的理想教育。

(三)你要儿童怎样做就应当教儿童怎样

俗话说,耳濡目染,言传身教。老师必须给学生树立一个榜样。陈鹤琴也多次告诫家长:"做父母的教养子女第一条原则,就是要尊重'以身作则'这条原则。"

陈鹤琴的儿子一鸣两岁半时,有一阵子很热衷于吹洋号。一天清晨,他衣服还没有穿好,就抓起洋号"嘀嘀嗒嗒"吹了起来。陈鹤琴听见了赶紧走到他跟前,向他摆摆手,然后压低声音对他说:"不要吹,妈妈、妹妹还睡着呢!"一鸣听到爸爸低声说的这句话,也就收起洋号,不再吹了。又有一天,吃完午饭后,陈鹤琴在客厅里打盹,一鸣从屋外跑进来同妈妈说话,当他发现爸爸正在睡觉时,马上低着声音对妈妈说:"爸爸睡了。"然后就不做声了。①

陈鹤琴说,一鸣之所以能够这样,是因为父母平时常常告诉他考虑别人安宁的道理,并且做给他看的缘故。比如他妹妹在房间里睡熟的时候,父母进屋去总是踮着脚轻轻走路,说话也是低声说的。因此,不管是老师还是父母都要以身作则才会起到良好的教育效果。

(四)积极的鼓励胜于消极的命令

无论什么人,受激励而改过很容易,受责骂而改过却比较难。而小孩子尤其喜欢听好话,听鼓励的话,而不愿意听恶言。有一天,陈鹤琴看见一鸣拿了一块破烂的棉絮裹着身体玩。他想:我是立刻把他的破棉絮夺去呢,还是用别的东西去替代?他仔细一想,还是用积极的鼓励去指导为好。于是他就对一鸣说:"这是很脏的东西,我想你一定不会喜欢的,你是要一块干净的,对吧?你应当跑到房里去向妈妈要一块干净的,好吗?"一鸣听见爸爸鼓励他,就很高兴地跑到房里换了一块清洁的毯子。

陈鹤琴认为,儿童的训育不仅是知识问题,而且是行为问题。在学校训育(即德育)上,陈鹤琴提出:"不应当用消极的方法来取缔学生的行动,应当用积极的方法去鼓励他们、教导他们。"他说欧美学校先生教学生,很少用"不要"或"不许",而以"做"来代替。在他看来,不应用消极或取缔的办法对待学生的过失,"应当用积极的办法去鼓励他们、教导他们"。几十年后,许多教育界人士仍持这样的观点。在陈鹤琴看来,惩罚学生必须有一定的限度,一方面要正面教育,包括"教儿童明了规则的意义""使儿童了解规则是公共应守的纪律";另一方面不能对儿童的身体、人格、学习、名誉造成伤害或妨碍。

---

① 陈鹤琴.家庭教育:怎样教小孩[M].北京:教育科学出版社,1981:156.

(五) 积极的暗示胜于消极的命令

陈鹤琴从自己的观察结果与国外学者的研究和实践中得出结论：儿童是易受暗示的。暗示功能有正负之分，具有双重性，既可以用来培养儿童的良好行为习惯（正向功能），也可以增加儿童的痛苦、导致儿童产生不良行为（负向功能）。他把积极暗示作为普通教导法的第一条原则："对于教育小孩子，做父母的最好用积极的暗示，不要有消极的命令。"[①] 当别人做好的事情或坏的事情时，做父母的应当以辞色来表示赞许或不赞许的意思给小孩子听，给小孩子看。这包含了运用暗示原理来培养儿童正确生活态度的内容。由此可见，暗示的合理运用，一方面可以尊重儿童，保护儿童的自尊心，使儿童在愉快的情境中接受教育；另一方面可以激发儿童的主动性，使之积极地改正缺点，形成良好的行为习惯。老师在教学过程中也可以树立积极向上的同辈榜样。

(六) 利用环境教育学生

陈鹤琴谈教养一鸣时说，一鸣很小的时候，只要一听说到外面去，马上就高兴得笑逐颜开、手舞足蹈。他喜欢到野外去，喜欢看路上的行人和动物。陈鹤琴同家人每天总忘不了抱他出去看看。到了一鸣年龄稍大一点、略能了解人事的时候，陈鹤琴常常牵着一鸣的手到街上去散步。凡是一鸣喜欢看的东西，陈鹤琴就停下脚步陪他看看，比如驴子磨豆、机匠织布、衣庄里卖衣、市场里卖菜、煎油条做烧饼、耍拳头变把戏等。看的时候，一鸣有不懂的地方，陈鹤琴就告诉他。

(七) 劝诱比严罚好

陈鹤琴的《家庭教育》一书中有个这样的例子：有一个孩子在学堂里，听到他先生说人的脚骨折断可以再接的话，心里很奇怪，一回家，就把一只鸡的脚骨折断了。这便是"孩子式"的缺点和错误，我们似乎可以

---

① 陈鹤琴. 家庭教育：怎样教小孩 [M]. 北京：教育科学出版社，1981：41.

得出这样一个结论：儿童应该犯错误，不犯错的儿童是长不大的。但是儿童犯错后，适当的惩罚也是必要的，父母待小孩不要姑息也不要严厉。他认为，我们教育小孩子前，要心平气和地考察他有无过失，倘若他真有过错，惩罚也当注意措施："早晚别打孩子，别在众人面前打骂他，不要痛打孩子，当然如果劝诱能收到效果就不必打孩子。"①

近几年幼儿园虐童事件频发，这不仅是师德的沦丧，更是对儿童身心的巨大伤害。而一些学校还存在着危害学生身心健康的变相体罚。要知道当儿童犯错时，我们首先要教他们认识错误，然后再教他去改正，而不是先责罚他。

陈鹤琴为我们树立了做人、做事、做学问和献身伟大事业的光辉典范。1981年"六一"儿童节时，他虽然身患重病，但仍然不忘儿童，并为儿童题词："一切为儿童，一切为教育，一切为四化。"1982年，别人去看他，他在连说话都非常困难的情况下，用颤抖的手写下了"我爱儿童，儿童爱我"八个大字。这八个字是他发自肺腑的心声，也是他不平凡的一生的最好写照。

附录：陈鹤琴教育语录选摘

1. 如果说，国民教育是一切教育的基础教育，那么，幼稚教育更可以说是"基础教育的基础"。

2. 儿童时代，是一生的黄金时代，充满着一种天真烂漫的生活。

3. 教育的目的，在于改进生活，充实生活；教育的本身是一种生活，而生活的本身也是一种教育。

4. 儿童的成熟与否，不能用成人的标准来衡量，我们应当用儿童的成熟阶段来衡量儿童。

5. 好奇心是儿童学问之门径，吾人不可不注意的，不得不利用它。

---

① 陈鹤琴. 陈鹤琴全集（第二卷）[M]. 南京：江苏教育出版社，1989：852.

6. 各种高尚道德，几乎多可以从游戏中得来。

7. 活教育不是标新立异想自外于一般教育的主张，而是不满于传统教育的固陋和偏估，想推动为全民幸福服务的一种教育运动。

8. 我们教小孩子当折其衷：一方面予以充分机会以发展自动的能力和健全的意志，一方面限以自由范围使他不能随意乱动，以免侵犯他人的权利。

9. 教师有时候可以叫学生去教学生。

10. 人类的关系，在某种定义上是建筑在"爱"的基础上，基督教所崇尚的"博爱"，佛家所倡导的"慈悲"，儒家所倡扬的"仁爱"，墨子所主张的"兼爱"，莫不以"爱"为出发点。

13 丰子恺：回归童真

姜 男

一、丰子恺其人

丰子恺（1898—1975），现代画家、文学家、翻译家、美术和音乐教育家，一生著述丰厚，在书画、音乐、文学各领域均有极深造诣。基于上述诸领域中的卓越建树，他被日本汉学家吉川幸次郎誉为中国现代艺术大师中"最像艺术家的艺术家"[①]。

丰子恺之所以有如此高的声望，与其在艺术与艺术教育观上的独特之处是分不开的。《缘缘堂随笔》《子恺漫画》《艺术教育思想》均以通俗易懂、平易生动的特质深受大众喜爱。尤其在艺术教育实践中，丰子恺积累了大量艺术教学经验，并在思想和方法上形成了自己独到的见解。他的艺术教育思想和实践对近现代中国的教育界和艺术界都产生了深远的影响，其思想和理论不空谈，而是务实且具有实际效用。直至今天，当我们无法彻底摆脱应试教育所带来的困境时，深入探讨和研究丰子恺的艺术教育思想，仍具有深刻的现实意义。

这里，我们还不得不提到丰子恺富有传奇色彩的人生经历：丰子恺师从弘一法师，30岁时就皈依佛门，法名婴行。不过，他并未在寺中剃发修行，而是在家当了居士。佛家思想——把世间万物，不分贵贱大小，都看作平等造物，都给予悲悯怜惜，自然地加以关爱——对丰子恺影响很大，

[①] 晓宜.港、台及国外丰子恺研究概述［J］.杭州师范学院学报（社会科学版），1988（5）：74—77.

"众生平等,皆具佛性"是他看人、看世界的基本起点。

二、丰子恺儿童观的阐释

卢梭的儿童观中含有"回归自然"之意,蒙台梭利儿童观中明显带有"回归心灵"之意——将儿童生理和心理生长的特殊性展示给世人,而中国的五四文化学人对儿童生命与价值的体认与尊重,却深受达尔文生物进化论的影响,这就使得"以儿童为本位"的儿童观带有了"儿童崇拜的色彩"。在众多关注儿童的学者中,丰子恺的目光尤为独特,他认为儿童天性中的纯洁、率真、同情、创造,彰显着生命的真谛,是成人世界里所匮乏的东西。他以儿童文化为主阵地,通过儿童文学艺术创作来表达他的儿童思想——"回归童真"。

(一)留住清纯的儿童世界

儿童是天真的,他们的思维逻辑与成人不同。正常的生活琐事,在他们眼中却有另一番情趣。丰子恺在和家中孩子们的共同生活中,慢慢发现了与大人们不一样的儿童世界。在孩子们的世界中,一切事情都是简单、清晰的;他们认真忙碌的生活是充满趣味的;在他们的心中,万事万物都需要关心呵护。

拓展阅读

从孩子中得到启示(节选)

儿童的世界是简单直观的,对待日常生活中的事物,他们总是只看表面。我们所打算、计较、争夺的洋钱,在他们看来个个是白银的浮雕的胸章;仆仆奔走的行人,血汗淋淋的劳动者,在他们看来个个是无目的的在游戏,在演剧;一切建设,一切现象,在他们看来都是大自然的点缀，装饰。①

随感十三则（节选）

孩子有这样的看法是因为他们看事物能"撤去世间事物的因果关系的网，看见事物的本身的真相"。丰子恺的随笔中，孩子把雪当"冰淇淋"吃；儿子华瞻看见父亲被剃头，以为麻脸的陌生人在割丰子恺脸，而哭泣（漫画《"妈妈快来打！他拿刀杀爸爸了！"》）；当看到一包包的药时，孩子们叫声一片："啊！一包瓜子！""……哈哈！四只骰子！""……嗯！这是洋囡囡的头发呢""……啊唷！许多老蝉！……"②

这在成人看来是缺乏逻辑的表现，是荒谬的、无法理解的。而丰子恺常常站在儿童的视角，认为孩子这种简单的逻辑推理是他们天真的表现，这种真情流露与成人的善于伪饰形成鲜明的对比，是这个世界上最纯真、最值得留住的清纯世界。

拓展阅读

《丰子恺文集》③（节选）

我的心为四事所占据了：天上的神明与星辰，人间的艺术与儿童，这小燕子似的一群儿女，是在人世间与我因缘最深的儿童，他们在我心中占有与神明、星辰、艺术同等的地位。

由此可见，孩子们在丰子恺心中的重要地位，以及他对孩子的关注和关爱程度之深。

---

① 丰子恺.丰子恺文集（艺术卷二）[M].杭州：浙江文艺、浙江教育出版社，1992：122.
② 同上：310.
③ 同上：115—116.

（二）生活在"成人"世界中的儿童

体味童心、童境，以儿童的心态与感知去观察儿童的生活，是丰子恺独具特色的思维方式。作为艺术家和佛教居士的丰子恺，其儿童观与他一贯坚守的纯艺术观和趋向佛理的人生观有着密切的关联。可以说，他的儿童观正是在佛家"心性本净，客尘所染"的命题中形成的。这使他确信儿童生来就是"身心全部公开的真人"，是世间的种种规范对他们造成了束缚和异化。类似的思维方式使丰子恺能顺利地进入儿童世界，熟谙他们的心理，仿佛自己也变成了儿童，与他们一起生活，共同体味在成人世界里遇到的尴尬与不便。

丰子恺有一幅漫画《设身处地做了儿童》：房间里有异常高大的桌椅与床铺，一个成人正在努力地想爬上椅子去坐，可是椅子的座位比他的胸脯更高的现实使得他的攀爬显得苍白无力；与椅子一样高的床铺也使他爬上去睡觉的可能性减小，要拿桌上的茶杯喝水更是幻想，桌面同他的头差不多高，放在桌子中央的茶杯比他的手大得多。漫画表现出了一切以成人的视角为中心的生活，按照成人的便利标准设计的环境，造成了儿童生活中的不便，体现了成人世界对儿童的忽视，这种忽视造成了儿童在家庭中寄存的实境和精神上的痛苦。他们不断地被要求按照成人的思想生活、成长。丰子恺非常同情孩子的处境，为孩子在成人礼仪道德的驯化下变得循规蹈矩、谦然有礼而扼腕叹息。

拓展阅读

《缘缘堂随笔》[①]（节选）

郑德菱的哥哥虽然没有说我甚么，然而我总讨厌他。我们玩耍的时候，他常常板起脸，来拉郑德菱，说"赤了脚到人家家里，不怕难为情！"

---

① 丰子恺.缘缘堂随笔[M].杭州：浙江文艺出版社，1983：116.

又说"吃人家的面包，不怕难为情！"立刻拉了她去。"难为情"是大人们惯说的话，大人们常常不怕厌气，端坐在椅子里，点头，弯腰，说甚么"请，请，对不起，难为情"一类的无聊的话，他们都有点像大人了！

啊！我很少知己！我很寂寞！母亲常常说我"会哭"，我哪得不哭呢？

的确，儿童是寂寞的，这种寂寞来自儿童自然率真的天性与成人循规蹈矩的思维定式的矛盾冲突。儿童的生活不像成人那样追求功利，而是率性而为，所以事事有收获，天天有长进。儿童的生活不像成人那样可以追求规律，所以不受规律束缚，他们的生活是听任自然的，所以是合规律的，因而能够天真烂漫、自由自在。他的生活不追求目的而又暗合了人生的大目的。这一点许多成人没有看到，也不能理解，只有那些对童年生活念念不忘、时时感怀的成年人才会真正懂得"儿童是成人之父""成人要以儿童为师"的深刻含义。丰子恺就属于这样一批觉醒的成年人，他要从儿童的视角来写出他们在成人世界里的困惑，为儿童争得一片自由成长的天地。

（三）"无用之用"的游戏与玩具

1. 儿童的"游戏精神"

可以这样说，游戏是孩子"执着""非功利"的本真童心的艺术性表现，是儿童精神的体现。如果认真看过孩子的游戏，你就能发现孩子的游戏是无目的的，他们只陶醉于游戏的过程，或者说游戏的过程即是游戏的目的。同时你会发现他们极度认真地"假装"，并极度认真地看待这"假装"（"假装你是孩子，我是妈妈""假装我哭了，你叫我别哭"），孩子游戏的这些特点简直就是成人生活的一个缩影，一个象征，一个说明！不然怎么会有"人生如戏，戏如人生"之说呢？关键是当孩子长大后悟透了人生原来不过是一场游戏时，他又是以何种态度来继续他未完的人生呢？是将过程视为目的，并极度认真地将自身投入其中如痴如醉，还是过于看重目的，只因难以达到而索性放纵与胡为？这便是"游戏精神"与"游戏人生"两者截然不同的态度,前者是倾心于过程从而实现精神的自由;后者是追逐目的从而在惊惶、痛苦和抱怨中故作潇洒、自欺欺人。而只有从孩子那里,我们才能体会到这种"游戏精神"的可贵。

儿童的这种"游戏精神"对人类是有指导意义的,也是对成人文化有反哺作用的极好证明,但这并不是说成人对游戏中的儿童可以忽视或放任,而不顾及儿童生命的安危。相反,成人对执着乃至"痴性"的儿童更应负有保护和照顾的责任,在这一点上,丰子恺又可称得上是最为合格的"成人",如在《穷小孩的跷跷板》一则漫画旁另附上一段"安全提示"就是最好的说明,而漫画《!!!》则是用极为夸张的手法告诫成人,随时要看护好身边的儿童,否则后果不堪设想。

2. 儿童的"工具"——玩具

丰子恺对儿童天性的重视,使他认识到游戏是儿童的天职。而玩具之于儿童的重要则如斧头之于木匠、算盘之于商人、画箱之于画家、乐器之于音乐家。他认为游戏与玩具是儿童文化的重要组成部分。玩具则是儿童从事属于他们的精神文化生活时不可缺少的道具或工具。他多次参与有关儿童玩具方面的著作翻译,乐此不疲地传授孩童的各种游戏方法,孜孜不倦地编写适宜儿童的游戏故事,并将笔墨情趣聚焦于儿童的天性勃发上,为读者展示了一个活力充盈、生机无限、灵性漫溢、呼之欲出的儿童游戏天地。

拓展阅读

《缘缘堂随笔》[①]（节选）

那麻雀牌堆成的火车、汽车;躺在藤椅上的孩子被另一个伙伴拉起双脚就成了一辆黄包车;一排小板凳就筑起了一道保护蚂蚁的城墙。这些无不反映出孩子天然的想象力和创造力。照孩子的愿望,屋里所有的东西应

---

① 丰子恺.缘缘堂随笔[M].杭州:浙江文艺出版社,1983:137.

该都放在地上，任他玩弄；所有的小贩应该一天到晚集中在我家的门口，由他随时去买来吃或玩；房子的屋顶应该统统除去，可以使他在家里随时望见月亮、鸽子和飞机；眠床里应该有泥土，种花草，养着蝴蝶与青蛙，可以让他一醒觉就在野外游戏。

儿童也从来不为缺乏游戏材料、工具简陋而发愁。他们凭借丰富的想象，大胆地在自然生活中发现和创造着游戏工具。泥塑的、面捏的、雪堆的"小人"，沙堆的、纸折的、积木搭的"房子"，两把芭蕉扇即是一部"脚踏车"，几粒花生米就可以扮作"老头子"，竹竿可以当"马"，豆荚可以作"水枪"，就连家里用的凳子，也是"给我们坐的时候少，当游戏工具给孩子们用的时候多。在孩子们，这种工具的用处真真广大：请酒时可以当桌子用，搭棚棚时可以当墙壁用，做客人时可以当船用，开火车时可以当车站用"①。

儿童的生活是游戏的、艺术的，而且儿童生活的艺术性甚至超过了成人艺术家。难怪丰子恺要奉孩子为"艺术的国土的主人"，儿童天然的想象力和创造力的确令成人自叹不如。

（四）"成长"与"退化"——关于儿童成长

在丰子恺看来，随着儿童年龄的增长，理性越来越强，想象力和创造性也就越来越弱。而他认为理性渐强不是一种可喜的进步，反倒是一种退步，是逐渐地"打折扣"和"肤浅"下去。在他眼里，从儿童到成人的过程是一个从"天真、健全、活跃的生活"，逐渐变为"变态的，病的，残废的"的过程。②当他看着自己的儿女由天真烂漫的儿童渐渐变成拘谨驯服的少年，当儿女们在他眼前实证地显示了人生黄金时代的幻灭，他感到更多的是伤感和悲哀。丰子恺曾引用两句古诗表达他的这种感受："去日儿

---

① 丰子恺.缘缘堂随笔[M].杭州：浙江文艺出版社，1983：137.
② 丰子恺.丰子恺文集（文学卷一）[M].杭州：浙江文艺、浙江教育出版社，1992：113.

童皆长大,昔年亲友半凋零。"①

  丰子恺不只是认为他自己的儿女如此,他推而广之,认为世界上所有的人,个个都是从那天真烂漫、广大自由的儿童世界里转出来的,然后进入了"充满了顺从、屈服、消沉、悲哀和诈伪、险恶、卑怯的"成人状态。因此,他把整个人生也看作是一个生命力逐渐萎缩、退化的过程。"在不知不觉之中,天真烂漫的孩子'渐渐'变成野心勃勃的青年;慷慨豪侠的青年'渐渐'变成冷酷的成人;血气旺盛的成人'渐渐'变成顽固的老头子。"②并且他认为这是神秘的大自然原则,微妙的造物主神功!阴阳潜移,春秋代序,以及物类的衰荣生杀,无不暗合于这一法则。

  学校教育最本源的目的是追求儿童的幸福。然而,曾几何时,我们的孩子突然间失去了天真,变得世故、圆滑、老态龙钟了。他们在洋快餐、保健品、高脂、高糖的营养催逼下变得身躯肥硕、步履蹒跚;他们在成人剧、色情信息的刺激下模仿各类明星穿起了低胸露脐装、三点式比基尼;网络游戏的腌渍使其在虚拟空间里"夸夸其谈、唯我独大",生活中却"冷漠寡言、难以相处"。跳皮筋、捉迷藏、放风筝、踢毽子这些传统的儿童游戏消失了,取而代之的是《仙剑》《传奇》等网络游戏。

  那天真、顽皮的孩子本该在童年应有的荒唐闹剧中扮演自己喜欢的角色、或嬉笑、或娇慎、或矜持、或撒欢,一应由自己做主,自己选择。而如今却没有了玩伴,没有了游戏。儿童失去了符合自身年龄特点的人文生长环境,被汹涌的成人文化所淹没。

拓展阅读

正在发育

  一位12岁的儿童作家在作品中以过来人的口气描述其母亲的婚外恋:

---

① 丰子恺.丰子恺文集(艺术卷二)[M].杭州:浙江文艺、浙江教育出版社,1992:469.
② 同上:96—97.

"我坚决不同意我妈网恋","可我妈那傻,头却被'幻想是很容易实现的,还有那10000000'弄得魂都不在了"。于是,"具有英明才智的我","开始对我妈做思想政治工作了"。

"我的婚姻观就是:宁死也不要结婚。要谈一个甩一个,谈一个甩一个。""人一结婚,男的一律爱光膀子了,结婚五年左右,就越来越喜欢到外面乘凉了。结婚十年左右,女的就越来越喜欢穿自己做的衣服了。"

"人一结婚,不出五年,男的就不大敢仔细地完整地看自己老婆了(即使看了,也不会仔细看第二遍)。"

"然而,我找男朋友,是大大地有标准的。只要富贵如比哥(比尔·盖茨),潇洒如马哥(周润发),浪漫如李哥(李奥纳多),健壮如伟哥(这个我就不解释了)。"

三、丰子恺儿童观的教育启示

(一)"大人者,不失其赤子之心者也"

赤子之心,就是孩子的本来的心。这心是从世外带来的,不是经过这世间的造作后的心。它是纯洁无疵、天真烂漫的真心。儿童的初心是真(实)的,这一真心正是孩子童心的真情流露。拥有这真心的孩子,他们常常与狗为友,对猫说故事,为泥人啼笑,或者不问物的所有者而擅取邻家的东西,或把自己家里的东西送给他人。在他们心中"宇宙万物原是一家人,在他们看来原是平等的,一家的。天地创造的本意,宇宙万物原是一家人,人与狗的差别,物与我的区别,人与己的界限……这等都是后人私造的"。在丰子恺看来,"物我无间,一视同仁的孩子们的态度,真是所谓'大人'了"。丰子恺称赞孩子们生活中的"不计利害,不分人我"是所谓的"无我"心态,"这真是宗教的!"[①],即"大人之心,通达万变;赤子之心,则纯一无伪而已。然大人之所以为大人,正以其不为物诱,而有

---

① 丰子恺.丰子恺文集(第1卷)[M].杭州:浙江文艺、浙江教育出版社,1990:77.

以全其纯一无伪之本然。是以扩而充之，则无所不知，无所不能，而极其大也"①。

对此，丰子恺憧憬：如他们成人之后，"能动地拿这心来观察世间，矫正世间"，就"不致受动地盲从这世间的已成的习惯，而被世间所结成的罗网所羁绊"。因此，要想保留孩子这本初真心，不妨"从小教以宗教的信仰，出世的思想，勿使其全心固着于地面，则眼光高远，志气博大，即为'大人'"。这样孩子的赤子之心也会完整地保全。

丰子恺的童年崇拜，在某种程度上是成年人通过关照童心进而关照人生的一种自慰。他的立足点是成人而非儿童，他眼睛盯着儿童，俯下身来亲近儿童，心中感念儿童，他的文化创造一方面对儿童起到了颐养童心童趣，还儿童无拘无束的快乐童年的作用；另一方面也教育成人要以儿童为师，返归童真，找回失去的童年。他的儿童文化创造不但为儿童营建了一个温馨甜美、生机勃勃的世界，还为成人解除压力与困惑、治疗现代病提供了一剂良方。反思童年生活，为我们日渐沉重的教育机体注入消解愁苦的"圣水"，平复焦躁不安、急功近利的教育者们的心灵，还每个人以幸福生活，是现代教育的迫切任务。

（二）童心之于"艺术心"

丰子恺认为，我们在因果相伴的现世艰辛中，时时会有气闷窒息的感觉，而"在艺术中，我们可以暂时放下我们的一切压迫和负担，解除我们平日处世的苦心"②。当我们用"绝缘的眼"再看世相，就能发现世界的美丽和生命的奔放。因此，如果说面包是肉体的粮食，那么"美术（艺术）就是精神的粮食"③。艺术教育就能够使人暂时超越生存的苦难，而获得安慰和幸福。

在学校教育方面，他提醒教育者注意：要尊重儿童，要把他们作为

---

① 朱熹《四书集注·离娄章句下》。
② 丰子恺.丰子恺文集（第2卷）[M].杭州：浙江文艺、浙江教育出版社，1990：252.
③ 同上：296.

一个主体的人来看待,要透过他们的特殊表现去理解其本质意义。使用的方法"要处处离去因袭,不守传统,不顺环境,不照习惯,而培养其全新的、纯洁的'人'的心。对于世间事物,处处要教他用这个全新的纯洁的心来领受,或用这个全新的纯洁的心来批判选择而实行"[①]。对儿童实施艺术教育,能够防止儿童随年龄增长而被世俗社会的寻规陋习遮蔽了"童心",因为艺术教育就是"心的教育",培养孩子的"艺术心"就是保护"童心"。而这恰恰体现了西方现代启蒙教育所推崇的"以儿童为本位"的教育观,也是丰子恺在接受西方启蒙思想的洗礼后,亲身考察身边的儿童生活和世界,通过分析、思考,确认孩子"比我聪明、健全得多"之后才明晰了的。鉴于"童心"的难能可贵和对成人日渐消失童心的痛惜,丰子恺深感自己责任重大,竭力主张学校开展艺术教育,并发出艺术建国的呼吁。

附录:丰子恺教育语录选摘

1.教育是教人以真善美的理想,使窥见崇高广大的人世的。再从人的心理上说,真、善、美就是知、意、情。知意情,三面一齐发育,造成崇高的人格就是教育的完全的奏效。倘有一面偏废,就不是健全的教育。

2.他们这种言语行为的内容意味,确含有一种很深大的人生意味,儿童的这一点心,是与艺术教育有关系的,是人生最有价值的最高贵的心,极应该保护、培养,不应听其泯灭。

3.要处处离去因袭,不守传统,不顺环境,不照习惯,而培养其全新的、纯洁的"人"心。对于世间事物,处处要教他用这个全新的纯洁的心来领受,或用这个全新的纯洁的心来批判选择而实行。

4.你们(儿童)是不受大自然的支配,不受人类社会的束缚的创造者。

5.须得亲自走进孩子的世界中去,讲他们的世界中的话,即你们给孩

[①] 殷琦.丰子恺集外文选[M].上海:三联书店出版,1992:78.

子讲的时候必须自己完全变成孩子。

6. 艺术不是技巧的事业,而是心灵的事业,不是世间的事业的一部分,而是超然于世界之表的一种最高的人类活动。故艺术不是职业,画家不是职业,画不是商品。故练习绘画不是练习手腕,而是练习眼光和心灵。故看画不仅用肉眼又须用心眼。

7. 世间一切美术的建设与企图,无非为了追求视觉的慰藉。视觉的确需要慰藉,同口的确需要食物一样,故美术是视觉的粮食。

8. 世间的大人们,你们是由儿童变成的,你们的童心不曾完全泯灭。你们应该时时召回自己的童心,亲自去看看儿童的世界,不要误解他们,摧残他们的美丽与幸福,而硬拉他们到这枯燥苦闷的大人的世界里来。

9. 有生即有情,有情即有艺术。故艺术非专科,乃人人所本能;艺术无专家,人人皆生知也。

10. 美术(艺术)就是精神的粮食。

14
胡适：做一个堂堂的人

潘安琪

一、胡适其人

胡适（1891—1962），汉族，安徽人，原名嗣穈，学名洪骍，字希疆，后改名胡适，字适之，取自当时盛行的达尔文学说"物竞天择，适者生存"，现代著名学者、诗人、历史学家、文学家、哲学家，新文化运动的领袖之一。

胡适曾任北京大学教授、北大文学院院长、辅仁大学教授及董事、中华民国驻美利坚合众国特命全权大使、美国国会图书馆东方部名誉顾问、北京大学校长、中央研究院院士、普林斯顿大学葛思德东方图书馆馆长等职。

胡适学识渊博，在文学、哲学、史学、考据学、教育学、伦理学等诸多领域均有较高的造诣。他的思想受赫胥黎与约翰·杜威的影响颇深，自称赫胥黎教他怎样怀疑，杜威教他怎样思想。

胡适较早利用西方理论和方法研究中国学术。他曾用西方近代哲学体系和方法研究中国先秦哲学，编写了《中国哲学史大纲》（上卷）。蔡元培赞扬该著作的长处是"证明的方法、扼要的手段、平等的眼光及系统的研究"，称其为"第一部新的哲学史"。

胡适毕生宣扬自由主义，提倡怀疑主义，宣传民主、科学才能救中国，倡言"大胆地假设，小心地求证""言必有证"的治学方法。

二、胡适儿童观的阐释

胡适的教育思想散见于其文章、讲演之中,体现在其行为、活动之中。受家庭环境和中西传统思想的影响,胡适的儿童观主要体现在:教会儿童"做一个堂堂的人"。

(一)独立做人

在胡适看来,儿童教育最重要的是让儿童学会独立。胡适认为,独立生活可以使孩子学会独立做人、适应合群的生活,也能感受到用功读书的必要性。这一点在胡适的家庭教育中体现得淋漓尽致。儿子胡祖望10岁时,胡适便让他离开北京去苏州上寄宿小学。在给儿子的家书中,胡适提到:"祖望:你这么小小年纪,就离开家庭,你妈妈和我都很难过。但我们为你想,离开家庭是最好办法。"[①]

在信中,胡适对儿童的独立生活这样说明:"自己能供应自己、服侍自己,这是独立的生活。饮食要自己照管,冷暖自己要知道。最要紧的是做事要自己负责任。你功课做的好,是你自己的光荣;你做错了事,学堂记你的过。惩罚你是你自己的羞耻。做的好,是你自己负责任。做的不好,也是你自己负责任。这是你自己独立做人的第一天,你要凡事小心。"[②]

胡适所指的"独立"不仅仅局限在日常生活方面,他更强调:无论儿童做事情对与否,都应该对自己"负责任",面对错误应该学会承担。让儿童学会独立生活,需要让儿童懂得承担责任。儿童犯了错误,家长不应该过多插手,否则会给儿童带来误区——逃避错误和责任。这样非常不利于儿童成长,更不利于儿童健全人格的形成。

---

① 陆发春.胡适家书[M].合肥:安徽人民出版社,2010:237.
② 同上.

时事链接

中国独生子女独立能力差，部分国外院校拒收[①]

"China one？我们不要。"在遭遇数次这样的拒绝后，某留学机构负责人纪燕萍对"China one"这个词产生了好奇。经过询问才知道，"China one"指的是中国独生子女。由于中国孩子的独立能力差，甚至有家长提出要给孩子配保姆，这一个群体引起部分国外院校关注。有学校明确表示：拒绝接收中国独生子女入学就读。

"孩子留学不是去受罪的"

"我的孩子从小就没离开过我们身边，他不会洗衣、不会做饭，怎么能让人放心呢。"来自辽宁的胡女士叹气说，送孩子留学，是去享福的，不是去受罪的。

胡女士的独生儿子要到印度学习软件，而印度的公立大学不包住宿。"孩子要自己租房子，在那边吃不到中国菜，又没人给他洗衣服，想起来就心碎。"胡女士说，她直接向留学生中介结机构提出，能否给自己的儿子配个保姆。

家长出国给孩子当保姆

找合适的保姆很难，纪燕萍算了一笔账，去印度，一年生活费要两万元人民币，给保姆开出的工资每月不能低于1万元。如果只雇一人的话，恐怕没人愿意待下去，这样一次要雇用夫妻两人。一年的费用怎么也会超过20万。

纪燕萍只好与学生就读的学校联系，希望学校能给中国学生"开小灶"，但学校表示，他们还从没有给留学生配保姆的先例，学校的学生那么多，也不可能只照顾中国的留学生。

就在寻找的过程中，有几名心急的家长准备自己去当保姆，他们商量

[①] 中国独生子女独立能力差，部分国外院校拒收 [EB/OL]. http://world.huanqiu.com/roll/2010-05/828583.html, 2013-12-20.

好每人去半年，轮流照顾。

印度名校拒收"China one"

"中国'90后'孩子的自理能力确实很差，还不如'80后'。"纪燕萍说，在印度谈留学合作时，经常有大学的校长和外办主任摇着头跟他们诉苦，中国学生比较娇气，自理能力差。中国学生不像韩国、日本、不丹、斯里兰卡等国的留学生那样独立，自己的事情自己办，不找学校麻烦，中国学生什么事情都喜欢找学校，弄得学校很头疼。

纪燕萍说，由于烦不胜烦，印度一所百年老校甚至明确表示：不欢迎中国独生子女，不想惹麻烦！

这则事例充分说明了中国独生子女成长中存在的问题。缺乏独立性，生活不能自理，能力差，逐渐成为了一代人的通病。面对未来的发展，培养儿童的独立性，让儿童懂得承担责任是家长和教师都需要深入思考的话题。

（二）合群的生活

童年生活是促成胡适"合群"儿童观形成的重要原因。上学期间，老师胡观象是位赏罚分明的人，几乎每个学生都因与同伴闹矛盾而受到过老师的责罚，但胡适却从来没有受过。10岁时，村里人都喊胡适"糜先生"，不把他看作孩子，而把他看作大人、先生。这不仅因为胡适博览群书，也因为胡适与同学玩耍时斯文有礼，从不与同学吵嘴、打架。

胡适提出了"成为一个合群的儿童"的教育理念。在教育儿子胡祖望时，他说道："你现在要和几班人同学了，不能不想想怎样才可以同别人合得来。人同人相处，这是合群的生活，你要做自己的事，但不可妨害别人的事。如帮人作弊，帮人犯规则，都是帮人做坏事，千万不可做。"[①]

胡适认为，合群最基本的原则是替别人着想，学会处理人际关系，不

---

① 陆发春.胡适家书[M].合肥：安徽人民出版社，2010：237.

能只想着做自己的事情，要学会换位思考，尽量帮助他人做好事，如果帮别人做坏事，是万万不可的。"合群有一条基本规则，就是时时要替别人想想，时时要想想假使我做了，他应该怎样？我受不了的，他受得了吗？我不愿意的，他愿意吗？你能这样想，便是好孩子。"①

（三）用功读书

在胡适看来，儿童应该用功读书。他教导儿子胡祖望：用功读书，永争第一。在家信中，他鼓励儿子："你不是笨人，功课应该做的好。但你要知道世上比你聪明的人多的很。你若不用功，成绩一定落后。功课及格，那算什么？在一班要赶在一班的最高一排。在一校要赶在一校的最高一排。"②

胡适的"用功"儿童观深受其父母的影响。胡适5岁丧父，童年时代是在绩溪老家度过的。他幼年体质弱，但天资高。胡父在遗嘱中指出，一定要他读书。胡适起先在四叔介如公的学堂里读书，后师从胡观象。胡观象是位秀才，是村中最年轻的老师。他教导学生很严格，经常打学生的手心，甚至打屁股，但从没打过胡适。10岁时，胡适已经博览群书，胡观象老师感觉没有能力再教胡适读书了。但胡母不肯，硬要请老师继续教下去。别的学生每年只付两块银元作为学费，而胡母每年肯出六块银元。由此可以看出，胡母对教育的重视和对老师的信任。

胡父在对待子女教育问题上主张勤勉循理、规范宋儒。他教育的目标是"以学为人，以期作圣"。尽管父亲在胡适5岁时就去世了，教育他的时间比较短暂。但胡适认为父亲留给他的有两方面："一方面是遗传，因为我是'我父亲的儿子'。另一方面是他留下了一点程朱理学的遗风。"③

母亲忠实地执行胡适父亲的遗嘱，严格督责胡适读书与做人，并始终强化其父的影响。母亲告诫胡适："你总要踏上你老子的脚步。我一生只晓

---

① 陆发春.胡适家书［M］.合肥：安徽人民出版社，2010：237.
② 同上：237—238.
③ 胡适.四十自述［M］.合肥：黄山书社，1986：34.

得这一个完全的人,你要学他,不要跌他的股。"①

(四)健康的生活

在胡适看来,儿童不能吃街边的食物、不能喝冷水、不能贪凉,身体有所不适要及时投医。胡适认为,学校饮食不能提供儿童所需的全部营养。他教导儿子每天须吃一勺麦精以补充体力。在与儿子往来的书信中,胡适总在最后嘱咐几句,比如,"儿子你不在家中,我们时时想念你。你自己要保重身体。你是徽州人,要记得'徽州朝奉,自己保重'。你要记得下面的几件事:(1)不要买摊头上的食物,微生物可怕!(2)不要喝生水、冷水,微生物可怕!(3)不要贪凉。身体受了寒冷,如同水冰了不流,如同汽车上汽油冻住了,汽车便开不动。许多病是这样来的。(4)有病赶快寻医生。头痛是发热的表示,赶快试验温度表(寒暑表),看看有无热度。(5)两脚走路觉得吃力时,赶快请医生验看,怕是脚气病。脚气病是学堂里常有的,最可怕,最危险。(6)学校饮食里的滋养料不够,故每日早起须吃麦精一匙,可试用麦精代替糖浆,涂在面包上吃吃看。这几条都是很要紧的,千万不要忘记"②。

时事链接

儿童食品市场质量令人忧　校园周边无证摊点隐患多③(节选)

5月28日中午,记者来到广州天河区棠东东路,附近的泰安中学和泰安小学放学了,身着校服的孩子们成群结伴地从学校走出来"觅食"。不一会儿,离学校不到100米的一间冷饮小店前,已围上了十来个学生,叽叽喳喳地点着自己喜好的冷饮。

这间小店约2平方米大小,没有店名,没见挂营业执照。"我们做的

---

① 胡适.胡适自传[M].合肥:黄山书社,1986:29.
② 陆发春.胡适家书[M].合肥:安徽人民出版社,2010:238.
③ 郑杨.儿童食品市场质量令人忧　校园周边无证摊点隐患多[N].经济日报,2013-05-31.

是薄利多销的生意，饮料价格多在一块五到三块之间，一天卖出几百杯不成问题。"冷饮店老板告诉记者，因为这里饮料的价格比那些正规饮品店能便宜上四五角钱，每到天热，学生都会在中午放学后来打包一些冷饮回教室消暑。

记者询问几位学生："你们不担心卫生有问题吗？""有什么好担心的，我们经常喝，也没见谁拉过肚子。"学生们纷纷说。他们表示，其实也知道街边小吃不卫生，最好不要吃。

对于学生明知有卫生隐患却不重视的做法，身为家长的庞女士非常担忧，"这些小摊小店的小吃很不卫生。孩子吃了，若惹上表征不明显的传染病，无法及时发现治疗的话，会给孩子以后的生活造成很大影响。"

广州市工商局公布的食品抽检结果显示，中小学周边的乳制品和含乳饮料合格率最低。学校周边的居民告诉记者，对于这些隐患重重的小摊小店，其实管理部门都了解，检查常常有，可这些摊店去了又来，成了无法清除的顽癣。

学生健康问题、食品安全问题都是需要每一位教师和家长重视的。在学生的成长中，学习固然重要，但是首先需要重视的是学生的身体健康。胡适儿童观中讨论的儿童健康、饮食安全等问题都需要我们进一步思考。

（五）培养兴趣，发展个性

兴趣是胡适儿童观的重要思想之一，胡适对其子女的教育也能体现其教育思想。比如他在给子女的信中写道："你说你过春假时，买了几种书来消遣。我看了很高兴。你问问老胡开文，我是否曾寄存第一批万有文库。如尚存在，你可取回自用。不要单读旧书，英文要用功读。"[①]"我盼望你好好的用功学习，也许我明年能接你出来上学。要用功学英文英语，要

---

① 陆发春.胡适家书[M].合肥：安徽人民出版社，2010：240.

保重身体。"[1] "我刚写信给妈妈,说我颇想叫你到昆明上学。你心上有何意见?……你二十年不曾离开家庭,是你最不幸的一点。你今年二十了(十八岁半),应该决心脱离妈妈去尝尝独立自治的生活。你敢去吗?你把意见告诉妈妈。决定之后,不宜迟疑。望早早作预备。"[2]

胡适建议儿子胡思杜学习社会科学,并在信中谈及自己对于国内大学的想法:"你是有心学社会科学的,我看国外的大学在社会科学方面未必全比清华、北大好。所以我劝你今年夏天早早去昆明,跟着舅舅预备考清华、北大。上海的大学太差,你应该明白,学社会科学的人,应该到内地去看看人民的生活实况。"[3]

胡适与其子交流的话题很广泛。如他在美国做驻华大使期间曾给胡思杜写信谈论天文现象,体现了胡适重视儿童兴趣的培养,尊重他们的发展的思想。"今夜'火星(Mars)'特别光亮,红的像红鲫鱼。再过四夜,七月廿七夜,是十五年中火星同地球最接近的一夜,所以全世界的天文家和爱看星的人们,这儿大都特别准备着那一夜的火星。我今夜也在外边看火星。很想着你,所以写这封信给你。你这几天看火星了吗?"[4]

在胡适看来,教育应该培养兴趣,发展个性。胡适十分重视受教育者学习兴趣的激发和个性的发展,他提倡大学减少必修课,增加选修课,以此扩大学生的研究兴趣。同时他还针对受教育者选科和择业的动因发表言论:"选科与将来的职业有两个标准:一个是社会的需要,一个是我配干什么?这两个标准中,第二个标准比第一个更重要。"[5]胡适接着从一反一正两个方面作了进一步的阐述:"如果为了迎合社会需要,放弃个人兴之所近,成功的往往很少,故'社会需要'的标准应在其次,个人兴之所近,力之所能最重要。青年学生在选择学科时,切不要太迁就社会需要。"[6]

---

[1] 陆发春. 胡适家书[M]. 合肥:安徽人民出版社,2010:241.
[2] 同上:242.
[3] 同上.
[4] 同①.
[5] 季蒙,谢泳. 胡适论教育[M]. 合肥:安徽教育出版社,2006:75.
[6] 同上:75—76.

胡适在哲学上注重"实用",但胡适在教育理念上反对"急功近利"。胡适在批判急功近利的留学时,指出:"而不知留学乃一时缓急之计,而振兴国内高等教育,乃万世久远之图。留学收效速而影响微,国内教育收效迟而影响大。"[①]胡适反对教育"物化",反对把教育当作"身外之物",而不是将其视为一种培养人的活动。胡适认为教育"物化"会导致重理科轻文科。他认为文理科应该并重,理想的教育是素质教育。这种素质教育典型地体现为对教育对象个性心理结构的全面完善的重视。这里所说的个性心理结构包括能力、兴趣、创造性等。

(六)做一个堂堂的人

胡适一直强调健全的人格的教育理念。在胡适看来,儿童成长不仅要在学习成绩上优秀,更要品行优等。胡适认为儿童首先要有志气,但志气并不等于傲气,志气是一种内在的素养。胡适教导他的子女:"功课要优等,品行要列最优等,做人要做最上等的人,这才是有志气的孩子。但志气要放在心里,要放在工夫里,千万不可放在嘴上,千万不可摆在脸上。无论你志气怎样高,对人切不可骄傲。无论你成绩怎么好,待人总要谦虚和气。你越谦虚和气,人家越敬你爱你,你越骄傲,人家越恨你,越瞧不起你。"[②]

胡适的诗也体现他鼓励子女做最上等的人、有志气的人的思想。比如胡适在《我的儿子》这首诗中写道:"树本无心结子,我也无恩于你。但是你既来了,我不能不养你教你,那是我对人道的义务,并不是待你的恩谊。将来你长大时,莫忘了我怎样教训儿子;我要你做一个堂堂的人,不要你做我的孝顺儿子。"[③]

他希望儿子长大之后"做一个堂堂的人"。这是"五四"一代建立的新人伦观,是一种"儿童文化热"。重新发现儿童,让儿童"有志气""谦

---

① 柳芳,季维龙.胡适全集(第20卷)[M].合肥:安徽教育出版社,2003:12.
② 陆发春.胡适家书[M].合肥:安徽人民出版社,2010:237.
③ 胡适.我的儿子[J].少年儿童研究,1996(6):9.

虚和气"。儿童应该"自立成人",应该成为"自立的人"。胡适平生要求子女"靠自己的本事吃饭",从来不肯出面为孩子介绍工作,甚至拒绝别人因为面子为其子女安排工作。他最大的忌讳就是子女们"指靠我胡适之吃饭"。

三、胡适儿童观的教育启示

胡适儿童教育观既继承了中国文化的优秀传统,也吸纳了西方现代文化的精髓。它从子女的"为学"和"做人"着眼,核心是引导子女"自立成人",宗旨是使子女成为"自立的人"。胡适的这种家庭教育观,对于我们今天的家庭教育在观念上和方法上具有重要参考价值。

在生活方面,胡适强调儿童应从小学会独立、学会处理人际关系,重视食物的营养和卫生是保证儿童健康成长的关键。这在今天也同样值得家长反思,尤其是在独生子女教育问题上,过度溺爱不仅不会培养儿童的独立,反而使得儿童凡事都依靠父母、依靠他人。长此以往,儿童在面对挫折和困难的时候,难以自己承受和处理,这对于儿童未来的成长和发展都是不利的。

在学习方面,胡适强调激发儿童的学习兴趣,促进个性的发展,不仅要博览群书,更要中西融会贯通,做到全面发展,这与新时期我国对青少年提出的教育目标不谋而合。此外,胡适认为课余生活和课堂学习对青少年的身心同样重要,所以支持学校积极开展学生文娱活动。

由于受所处的历史环境的局限,胡适的许多儿童教育理论是行不通的。但他在这方面的积极探索、审慎思考以及实际上作出的历史贡献,仍有其深刻的现实意义。

附录:胡适教育语录选摘

1. 自己能供应自己、服侍自己,这是独立的生活。饮食要自己照管,冷暖自己要知道。最要紧的是做事要自己负责任。

2. 人同人相处，这是合群的生活，你要做自己的事，但不可妨害别人的事。如帮人作弊，帮人犯规则，都是帮人做坏事，千万不可做。

3. 合群有一条基本规则，就是时时要替别人想想，时时要想想假使我做了，他应该怎样？我受不了的，他受得了吗？我不愿意的，他愿意吗？你能这样想，便是好孩子。

4. 你要知道世上比你聪明的人多的很。你若不用功，成绩一定落后。功课及格，那算什么？在一班要赶在一班的最高一排。在一校要赶在一校的最高一排。

5. 只有在自由独立的原则之下，才能有高价值的创造。

6. 没有思想的自由，就没有真正的思想，没有思想自由就没有思想革命，没有思想革命，就无从建设一切。即使有了建设，也只是建在沙土之上，决无永久存在之理。

7. 功课要优等，品行要列最优等，做人要做最上等的人，这才是有志气的孩子。但志气要放在心里，要放在工夫里，千万不可放在嘴上，千万不可摆在脸上。无论你志气怎样高，对人切不可骄傲。无论你成绩怎么好，待人总要谦虚和气。你越谦虚和气，人家越敬你爱你，你越骄傲，人家越恨你，越瞧不起你。

8. 注重训练学生本能天才的发展，使他的知识能力有创造性，能应付新的问题，新的环境，我认为一切教育都应该如此。

9. 没有兴趣的责任，如囚犯作苦工，决不能具有责任心。况且责任是死的，兴趣是活的，兴趣的发生，即是新能力发生的表示，即是新活动的起点。

10. 如果为了迎合社会需要，放弃个人兴之所近，成功的往往很少，故"社会需要"的标准应在其次，个人兴之所近，力之所能最重要。

15 梁启超：提倡儿童的趣味教育

邱化民

一、梁启超其人

梁启超（1873—1929）是中国近代著名的资产阶级政治家、启蒙思想家、教育家。在我国近代教育发展史上，他是首先关注儿童教育的教育家之一。光绪年间，他连续发表了《论幼学》《蒙学报演义报合叙》两篇文章，之后又发表了《教育政策私议》《中国教育之前途与教育家之自觉》《趣味教育与教育趣味》等文章。在这些文章中，梁启超强调应根据少年儿童生理和心理的特点进行教育，使儿童在德育、智育、体育、美育几方面都得到和谐发展，尤其提倡趣味教育。他所阐明的关于儿童教育的建议和主张，不仅在当时是新颖的、精辟的，被视为"很有价值的文字"[1]，而且今天来看，仍值得探讨。

梁启超在匡国济世上施展雄才大略的同时，十分注重对子女的言传身教。其渊博的学识和健康向上的思想也润泽于子女，子女们各有成就，成为本行业的专家。并且梁家出了三个院士，其中，梁思成、梁思永兄弟俩同时于1948年当选第一届中国科学院院士，梁思礼于1993年当选中国科学院院士。梁氏一家可谓是"满门俊秀"。

---

[1] 梁启超. 梁启超文集[M]. 北京：燕山出版社，1997：46—48.

二、梁启超儿童观的阐释

梁启超曾说:"我生平对于自己所做的事,总是做得津津有味,而且兴会淋漓,什么悲观咧,厌世咧,这种字面,我所用的字典里头可以说完全没有。"① 他还说:"我是个主张趣味主义的人,倘若用化学化分'梁启超'这件东西,把里头所含一种元素名叫'趣味'的抽出来,只怕所剩下仅有个零了。我以为:凡人必常常生活于趣味之中,生活才有价值。若哭丧着脸挨过几十年,那么生命便成沙漠,要来何用?"② 他的孩子们也得到了这种真传,每个人都有一段艰辛的奋斗史,但他们从不悲观,个个都是胜利者。梁启超参照西方儿童教育提出了"趣味教育",具体表现如下。

(一) 趣味教育重视学习的快乐和享受

梁启超所倡导的"趣味教育"中的"趣味",不是一种形而下的感官愉快,而是一种超官能感受的精神愉悦。在《学问之趣味》中,他更明确指出,"趣味"就是"快乐""乐观""有生气","趣味"的反面是"干瘪""萧索",趣味具有健康向上的情感意味和生命意味。总之,在梁启超看来,趣味是一种超利害得失、超生理欲望的审美愉快。可以说,"趣味教育"在本质上指能够快乐地学习,学习本身是一种享受、一种趣味、一种美感。

梁启超的"趣味教育"思想,以趣味即美感为逻辑起点,论述了美育在人类生活中的重要地位,尤其强调文艺的审美价值和情感特征,旨在构建真善美相统一的"趣味生活"和理想的人生境界。这一思想内涵丰富且独具创见,是对美育内在本质和特殊规律进行的全新探索,促进了中国近代美育的诞生。即使到了近百年后的今天,他所倡导的"吸收趣味的营养""增进自己生活的康健"的美育理念和人生理想,仍具鲜活的生命力

---

① 于文江,赵丰田.梁启超年谱长编[M].上海:上海人民出版社,1983:953.
② 吴荔明.梁启超和他的儿女们[M].北京:北京大学出版社,1994:78.

和深刻的启迪性。

梁启超说:"凡一件事做下去不会生出和趣味相反的结果的,这件事便可叫'趣味的主体',而凡一种趣味事项,倘或是要瞒人的,或者拿别人的痛苦换自己的快乐,或是快乐和烦恼相间相续,这等统名为下等趣味。严格说来,他就根本不能做趣味的主体。"① 经过比照,梁启超列出了四项趣味的主体:劳作、游戏、艺术和学问。在劳作、学问主要还是一种谋生手段的条件下,趣味毕竟是有限度的,游戏中所产生的趣味又往往稍纵即逝;而艺术比之劳作、学问、游戏却具有更为普遍、持久的影响力。

在这四项主体中,他最看重的是艺术教育。在艺术教育中,他尤其推崇音乐、美术和文学。他认为,美术的功用"是把那渐渐坏掉了的爱美胃口,替他复原,令他常常吸收趣味的营养,以维持增进自己的生活康健。明白了这种道理,便知美术这样东西在人类文化系统上该占何等位置了"②。

(二)趣味教育重视人的全面发展,重视学生的主体性

在梁启超看来,儿童教育需要教授天文地理、古今杂事、数国语言、算学、音乐及体操等,并采用灵活的教学方法,导之以理,辅之以术,使学生易于接受,如演戏法、说鼓词、歌谣等。他还提出要缩短儿童授课时数的看法。在他看来,儿童教育要"日授学不过三时,使无太劳,致畏难也"③。由此可见,趣味教育的课程是指人发展所需要的全面课程,强调课业负担不能过重,体现了学生的主体性。

随着社会的不断发展,"趣味教育"的教育思想不断得到完善,现在"趣味教育"的定义是以人心理情趣为主导,以全面发展人的心理素质和提高人的学习乐趣为目的,以受教育者的个体心理特征为基础,在教育者有针对性地启发和引导下,让受教育者自主地、有创造性地、有规律性

---

① 梁启超.饮冰室合集(文集第十三册)[M].北京:中华书局,1941:14.
② 梁启超.饮冰室合集(文集第十四册)[M].北京:中华书局,1941:24.
③ 梁启超.饮冰室合集(文集第十册)[M].北京:中华书局,1941:152.

地、不断地探索和发现新的知识、理论和真理，从而最充分地满足每一个受教育者的求知欲、创造欲和幸福欲的一种全新的教育和学习方式。

（三）趣味教育的五大特征

1. 趣味性

最大可能地使每一个学生在学习过程中享受最大的情趣，根本目的就是要想方设法地使每一个学生和教师在教学过程中达到这种最佳心理状态。

2. 实用性

要我们所培养的每一个学生的综合素质都能最好地为现实和未来的社会实践服务，就要使教学方式具有最大的人类实用性。如果说趣味性是强调教学的过程，那么，实用性就是强调教学的效果，趣味性与实用性之间的矛盾是趣味教育中最主要的矛盾。

3. 自主性

在整个教学过程中，最大可能地发挥学生的特性，让他们积极主动地、具有创造性地学习各种科学文化知识。

4. 创造性

趣味教育特别强调培养和发挥每一个学生的自我创新能力。

5. 个体性

每一个学生在教学过程中根据自己的个性特征，独立自主地学习各种知识、文化和理论。发展个性是指教师和教学要尽可能促进每一个学生的个性发展。理想的个体性教育是一对一的教育，也就是一个老师教一个学生。但在实际教学过程中，个体性教育主要是指在教学内容、教学方式、教学要求、考查标准和个性发展等各方面对于每一个学生不同的、个体化的教学。

三、梁启超儿童观的教育启示

梁启超认识到儿童发展变化的心理过程，主张根据儿童的大脑发育水平，提倡启发式、理解式教育。这些观念和传统注入式教育、死记硬背式的教育方式大相径庭。他主张趣味教育。在他看来，一个人的生活要以趣味为原动力，一个人的人生观要"拿趣味做根底"，那么在教育界立身的人，"应该以教育为唯一的趣味"。教育家在教育儿童时，要培养儿童对学习某科学问的兴趣，或加深、加厚儿童原有的趣味。他说："我们主张趣味教育的人，是要趁儿童或青年趣味正浓而方向未决定的时候，给他们一种可以终身受用的趣味，这种教育办得圆满能够令全社会整个永久是有趣的。"

梁启超还提出了对儿童进行趣味教育要掌握一个适宜的度。从前教师对于儿童过于严厉，专用体罚，致使儿童视就学为畏途，且足以妨害儿童的发育，"不能扩张其可能性"。但现在为了矫正其弊，"专以趣味教育引起儿童就学之兴味，如教科书之图画等之类"，也不能不加以研究。他指出"徒以趣味教育，俾其毫无勉强，必不能扩张儿童之可能性"，"纯用趣味引诱，不加强迫，小未免过犹不及耳"。[①]

吴荔明在《梁启超和他的儿女们》一书中主要讲述了梁启超和子女之间的情谊，梁启超对子女的教育在其书信中有充分的体现。他们在信中讨论国家大事、人生哲学；他们倾诉彼此生活中的苦与乐、悲和欢；他们互相惦念着、互相鼓励着。信中没有任何说教，只有循循善诱；没有指责，只有建议；每封信中都充满了真挚的爱，这爱变成一种力量，注入了孩子们的生命，使他们不断地奋进。我们可以从梁启超给儿女们的信中悟出很多教育启示。

（一）从趣味出发，做学问注意专精，还要注意广博

1927年8月29日，他在给梁思成的信中说："思成所学太专门了，我愿意你毕业后一两年，分出点光阴多学些常识，尤其是文学或人文科学中之某部门，稍多用点工夫。我怕你因所学太专门之故，把生活也弄成近于

---

① 陈元晖.中国近代教育史资料汇编（第6册）[M].上海：上海教育出版社，2007：957—958.

单调，太单调的生活，容易厌倦，厌倦即为苦恼，乃至堕落之根源。"① 他还讲道："凡做学问总要'猛火熬'和'慢火炖'两种工作，循环交互用去。在慢火炖的时候才能令所熬得起消化作用，融洽而实用诸己。思成，你已经熬过三年了，这一年正该用炖的工夫。不独于你身子有益，即为你的学业计，亦非如此不能得益。你务要听爹爹苦口良言。"②

他在给梁思庄的信中写道："专门科学之外，还要选一两样关于自己娱乐的学问，如音乐、文学、美术等。据你三哥说，你近来看文学书不少，甚好甚好。你本来有些音乐天才，能够用点功，叫他发荣滋长最好。"③

梁启超从个人做学问的经历尝试着根据儿女们的不同兴趣和不同特点给予他们做学问的建议。

（二）全力支持趣味的探索，培养实践能力

梁启超非常支持梁思永在美国哈佛大学读完考古专业回国实习并搜集野外资料的想法，并积极设法给他在国内安排机会。1926年12月10日，梁启超给梁思永写信，告诉他联系情况："得十一月七日信，喜欢至极。李济之现在山西乡下，正采掘得兴高采烈，我已立刻写信给他，告诉以你的志愿及条件，大约十日内外可有回信。我想他们没有不愿意的，只要能派你实在职务，得有实习机会，盘费食住费等等都算不了什么大问题，家里景况，对于这点钱还担任得起也。你所问统计一类的资料，我有一部分可以回答你，一部分尚须问人。我现在忙极，要过十天半月后再回你，怕你悬望，先草草回此数行。"④ 梁思永根据自己的志趣回国实习进行野外材料收集，这一点得到了梁启超的大力支持，不但亲自去帮助联系，给予物质上的支持，还怕其担心，真可谓细致周到。

---

① 于文江，赵丰田.梁启超年谱长编［M］.上海：上海人民出版社，1983：1152.
② 同上：1153—1154.
③ 同上：1154.
④ 同上：1099—1100.

（三）从自身趣味角度帮助孩子选择学校和专业

梁启超从自身趣味角度指导孩子们选择学校和专业。对梁思庄考加拿大哪所大学一事，梁启超在 1926 年 2 月 9 日的信中写道："庄庄暑假后进皇后大学最好，全家都变成美国风，实在有点讨厌，所以庄庄能在美国以外的大学一两年，是最好不过的。"① 又在 1926 年 6 月 5 日的信中鼓励道："思庄考的怎样，能进大学固甚好，既不能也不必着急，日子多着哩。我写的一幅小楷，装上镜架给他做奖品，美极了，但很难带去，大概只好留着等他回来再拿了。"②

梁思庄未辜负梁启超的期望，考上了加拿大著名的麦吉尔大学。两年后待选专业时，梁启超写信给她道："你今年还是普通科大学生，明年便要选定专业了，你现在打算选择没有？我想你们弟兄妹到今还没有一个学自然科学，很是我们家里的憾事，不知道你性情到底近这方面不？我很想你以生物学为主科，因为它是现代最进步的自然科学，而且为哲学社会学之主要基础，极有趣而不须粗重的工作，于女孩子极为合宜，学回来后本国的生物随在可以采集实验，容易有新发明。截到今日止，中国女子还没有人学这门，你来做一个'先登者'不好吗？这门学问与一切人文科学有密切关系，你学成回来可以做爹爹一大帮手，我将来许多著作还要请你做顾问哩，不好吗？你自己觉得性情还近，那么就选取它，还选一两样和它有密切联络的学科以为辅。你们学校若有这门的教授，便留校，否则在美国选一个最好的学校转去，姊姊哥哥们当然会替你调查妥善，你自己想想定主意吧。"③

（四）注意知识的训练，更注意趣味的培养

梁启超不但重视孩子知识的训练，更加注重孩子的道德培养，要他

---

① 于文江，赵丰田.梁启超年谱长编[M].上海：上海人民出版社，1983：1072.
② 同上：1080.
③ 同上：1154.

们生活艰苦朴素，要他们热爱生活，并注意择友。1927 年 8 月 29 日，梁启超在给梁思成的信中说："一个人想要交友取益，或读书取益，也要方面稍多，才有接谈交换，或开卷引进的机会。不独朋友而已，即如在家庭里头，像你有我这样一位爹爹，也属人生难逢的幸福，若你的学问兴味太过单调，将来也会和我相对词竭，不能领着我的教训，你生活中本来应享的乐趣，也消减不少了。我是学问趣味方面极多的人，我之所以不能专积有成者在此，然而我的生活内容，异常丰富，能够永久保持不厌不倦的精神，亦未始不在此。我每历若干时候，趣味转过新方面，便觉得像换个新生命，如朝旭升天，如新荷出水，我自觉这种生活是极可爱的，极有价值的。我虽不愿你们学我那泛滥无归的短处，但最少也想你们参采我那烂漫向荣的长处。"①

他教导梁思忠："一个人若是在舒服的环境中会消磨志气，那么在困苦懊丧的环境中也一定会消磨志气。你看你爹爹困苦日子也过过多少，舒服日子也经过多少，老是那样子，到底意气消磨了没有？我自己常常感觉我要拿自己做青年的人格模范，最少也要不愧做你们姊妹弟兄的模范。"②他教导梁思庄："多走些地方，多认识些朋友，性格格外活泼些，甚好甚好。但择交是最要紧的事，宜慎重留意，不可和轻浮的人多亲近。庄庄以后离开家庭渐渐的远，要常常注意这一点。"③梁启超通过信件的形式与儿女谈心，像谈家常一样的说出了生活的趣味、学问的趣味，鼓励孩子们要从生活趣味、学术趣味的角度去提高自我生活的质量。

趣味教育不是以学生学到了多少科学理论和文化知识为目的，而是以培养学生的学习兴趣、学习能力、生活能力和创造能力为目的，它提倡的不是学习的刻苦，而是学习的乐趣。趣味教育不仅仅是为社会、为将来培养人才，而且是为自己、为现在享受生活。

无论是趣味教育还是我们现行的应试教育，根本目的都应该是培养人

---

① 于文江，赵丰田．梁启超年谱长编［M］．上海：上海人民出版社，1983：1152—1153．
② 同上：1153．
③ 同上：1086—1087．

才，而如今却出现了很多教育异化的事件。

时事链接

高考吊瓶班

"吊瓶班"于2012年5月5日进入人们的视野，指的是湖北孝感一中高三某班。该班同学在教室内一边打吊瓶注射氨基酸补充能量，一边学习备战高考，场面非常壮观。此举引起了网友的热议，支持者不足10%。遗憾的是，一度被调侃为"史上最牛'吊瓶班'"的50多名学生中，在2012年高考中无一人达到一本线。校方回应：图片上正在打吊瓶的是高三（3）班的同学，但是学生们打的吊瓶都是补充能量的氨基酸。"国家有规定，每年给高考学生10元钱的氨基酸补贴。学生若感到身体不适，可以申请到医务室打氨基酸。"夏主任解释："前日孝感天气不好，部分同学身体不舒服。随着高考临近，学校按照学生自愿的原则，组织高三学生到医务室打氨基酸。由于学生太多，导致学校医务室爆满。为了不耽误学生复习，也省得学生们在医务室和教室之间来回跑，所以学校就安排学生在教室内打氨基酸。"[1]

"吊瓶班"之所以引发媒体关注，引发共鸣的评价是"教育有病，学生吃药"。这话一语双关，既指当前教育有病，又指学生在当前学习环境下身体的确不甚健康，以至于不得不打吊瓶以补充能量与营养。一个"吊瓶班"带给了社会与教育很多反思与反省。显然，光有校方的解释是远远不够的，学校、社会需要一起反思，如何平衡孩子身体健康与学习、未来发展的关系，如何让当前的教育制度日益完善，是教育一直在反思也必须在不远的将来找到答案的命题。不然，"吊瓶班"不在此处诞生，也会在

---

[1] 张丹. 湖北一高三现"最刻苦吊瓶班"引争议，学生称是自愿［EB/OL］. http://news.xinhuanet.com/yzyd/legal/20120507/c_123087105_1.htm. 2012-12-16.

别处风靡；不以这种形式呈现，便以其他的形式出现。

教育应该以人为本，学校要以学生为主体，充分尊重、发展学生的个性。趣味教育与应试教育的最终目的都是一样的，但是现行的应试教育却出现了极大的异化，由古代的"头悬梁，锥刺骨"到现在的"吊瓶班"，这是对教育的极大讽刺。正如梁启超所讲的中国古代教育是"成为物的教育，失却人的教育"。如今的教育同样如此，学校设置了统一的课程、统一的标准，千百万学生都将被塑造成统一的模式，最终千军万马过独木桥。而实际上，那些智力、体力较差的学生辛苦、勤奋地学习也未必能达到这一标准。高考"吊瓶班"就是一个鲜活的例子，整个班级的成绩没有一个过重点线的。而那些各方面都较优秀的学生轻松地达到了这一标准，但在多余的时间里，他们毫无收获，这样的教育模式使人才白白浪费，这对于渴望人才、急需人才的中国来说真是令人痛心。为了弥补教育体制的缺陷，应该为学生提供一个发展独立个性的天地、一个多元的评选机制，充分肯定学生在教育活动中的主体意识，真正从学生的学习趣味出发。

"各人选择他趣味最浓的事项做职业，自然一切劳作都是目的，不是手段，越劳作越有趣。"教育就是要让受教育者在知识上得到充实、思维上得到训练、观念上得到更新，而受教育时并不总是愉快的，尤其在学习中遇到困难时，自己对所学知识的兴趣或许会因此而减弱，所以就教育的总体效果和发展的长远目标而言，提高学生的学习兴趣是上策，传统"填鸭式"的教育方法是不可取之举。教育应该培养和增强受教育者的趣味，快乐教育能大大地提高学生的学习兴趣和学习主动性，让学生在学习中得到快乐、增长知识和获得才干，学习效果事半功倍。

附录：梁启超教育语录选摘

1.少年智则国智，少年富则国富，少年强则国强，少年独立则国独立，少年自由则国自由，少年进步则国进步。

2. 趣味主义最重要的条件是"无所为而为"。

3. 凡是职业都是有趣味的,只要你肯继续做下去,趣味自然会发生。敬业是责任心,乐业即是趣味。

4. 凡做学问总要"猛火熬"和"慢火炖"两种工作,循环交互用去。

5. 人生在世是要天天劳作的,劳作便是功德,不劳作便是罪恶。

6. 趣味总是慢慢来,越引越多。趣味比方电,越摩擦越出。

7. 我们一面要养成读书心细的习惯,一面要养成读书眼快的习惯。心不细则毫无所得,等于白读;眼不快则时候不够用,不能博搜资料。

8. 一个人想要交友取益,或读书取益,也要方面稍多,才有接谈交换,或开卷引进的机会。

9. 每历若干时候,趣味转过新方面,便觉得像换个新生命,如朝旭升天,如新荷出水,我自觉这种生活是极可爱的,极有价值的。

10. 多走些地方,多认识些朋友,性格格外活泼些,甚好甚好。但择交是最要紧的事,宜慎重留意,不可和轻浮的人多亲近。

16
鲁迅：儿童作为正当的"人"

李廷洲

一、鲁迅其人

鲁迅（1881—1936），原名周樟寿，后改名周树人，笔名鲁迅，浙江绍兴人，伟大的无产阶级文学家、思想家和革命家。在他光辉战斗的一生中，无论从事教育工作，还是从事文学工作，都是为了先"立人"而后"事举"，以实现"兴国"的目的。

鲁迅的作品集中体现了推翻封建王朝之初，进步的文化发展要求，具有特殊的历史意义。他对儿童问题的看法不仅具有许多独到之处，而且对中国现代儿童观的形成起了启蒙作用。

二、鲁迅儿童观的阐释

在教育实践中，鲁迅形成了自己的儿童教育观。他不仅把儿童的成才与祖国的前途命运紧密地联系在一起，而且深刻揭示了儿童的生理、心理特征、发展规律并创造了特点鲜明的儿童教育艺术。这对我们今天从事儿童教育事业和儿童教育研究，依然有着重要的启示作用。①

---

① 李体秀.鲁迅的儿童教育观［J］.教育科学，1996（4）：51.

（一）"童年的情形，便是将来的命运"

鲁迅从中国的前途命运出发，以"我以我血荐轩辕"的宏图壮志，献身于儿童教育事业。在他看来，"童年的情形，便是将来的命运"，这不单指儿童自身将来的命运，而且也指中国将来的命运。鲁迅说："看十来岁的孩子，便可以逆料到二十年后中国的情形；看二十多岁的青年，——他们大抵有了孩子，尊为爹爹了，——便可推测他们的儿子孙子，晓得五十年后七十年后中国的情形。"因为"将来是子孙的时代"。现在的儿童能否沿着正确的方向健康地成长，自然关系到中国未来的前途命运。

然而，在浊浪排空、阴云四布、充满妖气的旧中国，"从古以来，逆天行事，于是人的能力，十分萎缩，社会进步也跟着停顿"。其原因之一，是对孩子只生不教。鲁迅指出："中国的孩子，只要生，不管他好不好，只管多，不管他才不才。生他的人，不负教他的责任。"只做孩子的父亲，不做"人父"，已成为社会普遍现象。父母生出孩子之后，不尽教育责任，既不为孩子的未来着想，也不为国家和民族的未来着想，只把孩子看作自己的私有财产，"所有小孩，只是他父母福气的材料"。其原因之二，是毒害儿童，家教所灌输的是封建伦理道德。孩子们偶尔进了学校，所学的也不过是宣扬"万般皆下品，唯有读书高"的《神童诗》和古文滥调的《幼学琼林》《太公家教》之类，其结果只能"造成许多矛盾冲突的人"。

在鲁迅看来，学校教育"却多与教育反背，仍然使他与新时代不合"，而社会教育更是乌七八糟，有个所谓神童，由别人代替写书，内容竟"拿了儒、道士、和尚、耶稣的糟粕，乱作一团，又密密的插入鬼话"，宣扬"万恶都由科学，道德全靠鬼话"。鲁迅指出，解决儿童教育的问题已经刻不容缓了。他在大声疾呼"救救孩子"的同时，一面奋力横扫毒害儿童的妖气，一面指出中国儿童教育的要道，满怀热情地为儿童输送健康成长的精神食粮。

（二）父母于儿童——理解、指导、解放

鲁迅指出，"人类总有些为他人牺牲自己的精神""觉醒的父母，完全

应该是义务的，利他的，牺牲的"，使自己的子女"比自己更强，更聪明高尚"。所以，应该用"无我的爱，自己牺牲于后起的新人"。

为此，父母所要做的，第一，便是理解，就是了解孩子们的心理特点，理解他们的心理世界，既不能把孩子看成是"成人的预备"，也不能将其当作"缩小的成人"。在把握了儿童与成人"截然不同"的心理特征的基础上，科学地施教，"一味蛮做，便大碍于孩子的发达"。

第二是指导。家长要与孩子平等地交流，不要非打即骂，要通过引导、诱导、指导、教导的方式，告诉他们应该怎么做以及做什么和不做什么，培养他们"耐劳作的体力，纯洁高尚的道德，广博自由能容纳新潮流的精神，也就是能在世界新潮流中游泳，不被淹没的力量"。

第三是解放，就是把孩子从封建传统思想道德的禁锢中解放出来。鲁迅指出："子女是即我非我之人。"即我，即子女由我所生，那我就"应该尽教育的义务"；非我，即子女虽由我所生，但又是"人类中人"，是社会成员之一，因此，应该把他们解放出来，让他们不仅成为"独立的人"，而且作为中华民族的一员，为振兴中华民族而献力。

对一代新人的教育，父母有责任，学校有责任，全社会也有责任。但在旧时代，父母只管生，不管教；在私塾里，有图画的本子，则被禁止；在社会上，没有科学的儿童读物，甚至连有益于孩子们的玩具都没有。鲁迅无情地讽刺说："我们中国是大人用的玩具多：姨太太，鸦片枪，麻雀牌，《毛毛雨》，科学是乩，金刚法会，还有别的，忙个不了，没有工夫想到孩子身上去了。虽是儿童年，虽是前年身历了战祸，也没有因此给儿童创出一种纪念的小玩意。"因此，他要求那些"甘为泥土的作者和译者"，竭力创造些好的儿童读物，为孩子们"运输些切实的精神粮食"。[①]

（三）儿童作为正当的"人"

西欧现代儿童观充分认识了儿童期的独特意义和价值，尊重儿童的人

---

① 李体秀.鲁迅的儿童教育观[J].教育科学，1996（4）：50.

格和个性,把儿童作为一个正当的"人"来看待。清朝末年,这种新儿童观传入中国。当时,在帝国主义列强的侵略下,国家最需要培养超越旧时代,能够担当国家未来大任的新人才。虽然这一时期进步人士的儿童观与科举兴盛时代相比产生了差异,但还没有从根本上摆脱把儿童放在一个成人或社会既定的同一培养模式中的思想,只是为有效地利用儿童及其潜力而重视儿童。

鲁迅批判旧有的儿童观,并从生物学、进化论的角度批驳了父母同子女的伦理道德关系,提出从亲权尤其是父权中解放子女。鲁迅以变革儿童观为焦点,注目于父母与子女的关系,提倡儿童本位的现代儿童观。在鲁迅看来,儿童长大以后应该把这种权利移交给下一代。因此,儿童不仅有自己的权利,也应该有自己的义务。鲁迅将儿童作为一个正当的"人"来看待,比起一般学校教育中所提倡的儿童尊重论,更加深入地探讨了儿童作为人的存在意义。[1]

在传统的中国,儿童的生命是父亲给的,儿童的生命是父亲生命的延续,儿童一直受父亲意志的支配,没有超越父母的权利。儿童的一切属于父亲,人们把父子看作一体。这与把儿童看作非"人"的基督教世界有所不同,因此产生现代儿童观的思想基础与西欧社会不同。鲁迅的"子女解放论"抓住了中国特点,除掉了传统思想的内容,把它换成了新观念。他认为"子女是即我非我的人,但既已分立,也便是人类中的人"。他的主张不是对西欧现代儿童观的全盘照搬,而是对中国自己的儿童观的改造,也是中国的"人"的发现。

鲁迅重视儿童的社会和历史的侧面,把儿童看作创造历史的主体。所以他说"现在的子,便是将来的父,也便是将来的祖……我知道我辈和读者若不是现任之父,也一定是候补之父"。他说的儿童,并不是眼前的儿童,而是处在历史发展进程中成长的"人",也是处在人际关系中成长的"人"。

---

[1] [日]汤山士美子.我对鲁迅、周作人儿童观的几点看法[J].鲁迅研究动态,1988(1):76.

"五四"以后,鲁迅不再提倡子女解放论。但他的子女解放论所体现出的这种特点一直贯穿在他的各个时期的儿童观之中。在"五四"以后发表的文艺作品和评论中,鲁迅一直注视着社会中的儿童。在《祝福》《药》《明天》里,他描写了在贫困、无知、旧道德观念下死去的孩子,在《风波》《幸福的家庭》《肥皂》中,他描写了儿童仍然在旧习与旧观念的束缚下得不到"人"的权利的生活情况,以及"五四"以后的所谓新家庭、新教育也拯救不了儿童的现实。总而言之,鲁迅的儿童观最大的特点是:始终把儿童置于历史进程和社会环境之中来考察,他眼里的儿童是社会的"人",历史的"人"。[①]这样,鲁迅明确地把父子都看作"生命的桥梁的一级",看作生命"过付的经手人",都是担负人类进化、发展的历史任务的主体。由此,把问题从家族关系发展到人类关系,在理论上相当深刻。

拓展阅读

鲁迅在《我们现在怎样做父亲》中,明确提出要改变父母对子女具有绝对权力的旧思想,强调从亲权特别是父权下把子女教育成"人",而且成年后把他们解放为一个独立的"人"。在这篇文章中,鲁迅把父与子女作为生命的"过付的经手人",只有时间前后的差别,双方都是"生命的桥梁的一级"。在这个意义上,他把父亲作为一个生命体,一个丝毫没有特权的单纯的存在,明确了父亲对于"维持,保存,发展(进化)生命"的责任和义务。他认为"饮食的结果,养活了自己,对于子女当然也算不了恩"。而且,为了维持人类生命与发展,父母必须承担牺牲自己养育子女,并且解放他们的责任。长大成人的子女也得承担与父母同样的义务和责任。

---

① [日]汤山土美子.我对鲁迅、周作人儿童观的几点看法[J].鲁迅研究动态,1988(1):78.

三、鲁迅儿童观的教育启示

（一）有"童心"，"知道孩子们的世界"

鲁迅指出，儿童教育是一门复杂的学问和艺术，只有努力探索儿童的心理特点，掌握其规律性，才能取得事半功倍之效。他为了掌握儿童心理和帮助教育者掌握儿童心理，专门翻译了《儿童心理》等书，倡导儿童教育工作者要有"童心"，"要知道孩子们的世界"。他在《爱罗先珂童话集·序》中说："我觉得作者所要叫彻人间的是无所不爱，然而不得所爱的悲哀，而我所展开他来的是童心的，美的，然而是有真实性的梦。……但是我愿意作者不要出离了这童心的美的梦。"在《我们现在怎样做父亲》一文中，鲁迅说："往昔的欧人对于孩子的误解，是以为成人的预备；中国人的误解，是以为缩小的成人。直到近来，经过许多学者的研究，才知道孩子们的世界，与成人截然不同；倘不先行理解，一味蛮做，便大碍于孩子的发达。"

有"童心"，首先是要求儿童教育工作者了解儿童的心理特征、思想、感情、情趣和性格特点。儿童与成人不仅表现为量的差别，而且表现为质的差别，由于二者间社会实践上的差别，其社会属性必然有较大的差别，从而形成质的差别。儿童的思维简单，天真、烂漫、纯洁，行为幼稚，可塑性大，好动、好问、好奇、好胜、好幻想、好模仿，易冲动、易受感染等，这些都是儿童的特点。儿童是在动中发展的。有些家长和学校教师不喜欢学生动，强制孩子们静，这只能使儿童低眉顺眼，唯唯诺诺。教育者有"童心"，除上述含义外，自身要在心理上"返老还童"。鲁迅在《我们现在怎样做父亲》中也要求孩子的父母要"老复丁""返老还童"，也就是要有"童心"。

有"童心"，才能知道孩子们的内心世界。他说："孩子们是可以佩服的，他们常想到星月以上的境界，想到地下面的情形，想到花卉的用处，想到昆虫的语言，他想飞上天空，他想潜入蚁穴。"孩子对大自然的奥妙有浓厚的兴趣，有强烈的求知欲和幻想。只有知道孩子们的心理追求，把教育目的变成孩子们的心理需要和欲望,才能取得良好的效果。如果不知道孩子们的世界,就无法将教育者的要求变成孩子的心理需要。有些家长和教育者把孩子们看成是无知、浅薄、幼稚、顽皮的"小成人",是完全错误的。

(二)"有味"和"有益"

鲁迅在《表》的《译者的话》中,以转达日本作者槇本楠郎的话的方式,要求作家为孩子们写的作品要"有味"和"有益"。作品的"内容簇新",使孩子们读时"有乐趣",能够帮助孩子们"向着变化不停的新世界,不断的发荣滋长"。鲁迅热烈称赞叶圣陶的《稻草人》"是给中国的童话开了一条自己创作的路",然而,后来不仅"没有人追踪",而且"倒是拼命的在向后转",新印出来的儿童书,依然是司马温公敲水缸、岳武穆王脊梁上刺字,甚而"仙人下棋""山中方七日,世上几千年"及《龙文鞭影》里的故事等。鲁迅认为:"这些故事的出世的时候,岂但儿童们的父母还没有出世呢,连高祖的父母也没有出世,那么,那'有味'和'有益'之处,也就可想而知了。"

儿童读物必须适应儿童的心理特点和思维能力。有趣味性,即能引起儿童阅读的兴趣,读起来津津有味,使其感情与读物内容融合一起,随着故事的发展历游世界,浮想联翩,提出回答不完的疑问,从中涵养广博的知识、高尚的情操及想象的能力。鲁迅说,要做到有味,首先内容和形式要新颖,还要有知识性。鲁迅翻译《表》的时候说:"是要将这样的崭新的童话,绍介一点进中国来,以供孩子们的父母、师长,以及教育家、童话作家来参考。"他非常欣赏《小约翰》中的某些文章、故事,"因为作者的博识和敏感,或者竟以超过了一般成人的童话了。其中如金虫的生平,菌类的言行,火萤的理想,蚂蚁的平和论,都是实际和幻想的混合",不仅"自己爱看"而且"愿意别人看"。儿童读物要有味,就要丰富多彩,如童话、寓言、科学幻想小说、游记、传记、儿童小说、儿歌、连环图画、看图识字等。1925年,鲁迅在给友人的信中说,他希望中国作家要像德国动物学家勃莱姆和法国昆虫学家法布尔那样用生动的文字,写"动物的生活"和"昆虫的故事",多写一些"浅显而有趣",而且"插许多图"的科学读物。并且要浅显易懂,不要一做起文章来就"过于高深,于是就很枯燥",让孩子们望而生畏。而鲁迅为了给孩子们多翻译些有味、有益的读物,经常节假日不休息,非常"卖力气",三伏天"身上一大片汗",累得"头昏眼花",为了赶译童话《表》,以致体力"不能支持了"。

有味是为了有益,有味是实现有益的手段,有益则是有味的目的。有益,就是有益于儿童健康的发展,按照鲁迅的要求,则是有益于增强孩子们"耐劳作的体力,纯洁高尚的道德,广博自由能容纳新潮流的精神"及有益于"扩大眼界,增长知识",发展智慧。

(三)"拓宽眼界,增加知识"

"鲁迅在1933年12月26日致罗清旗的信中,要求作家写出的作品能够起到'拓开眼界,增加知识'的作用,这不仅是儿童作品作者创作的一条原则,也是儿童教育的一条原则,也可以看作是儿童教育的一个目标。"[①]

少年儿童是未走向社会的孩子。他们没有社会经历,知识浅薄。只有通过教育手段,通过信息传递,使他们"拓开眼界",了解社会,了解自然,了解世界,从而开阔胸怀,启迪智力,激发理想。而把儿童关在密封的教室里背"人之初,性本善",看不到新事物,学不到新知识,学校把两耳不闻窗外事,把低眉顺眼的孩子当"好学生"。孩子们的家长,把唯唯诺诺、听话当"好孩子",这样的教育,只能使儿童"能力萎缩"。所以,鲁迅说:"看见了讲到'孔乙己',就想起中国一向怎样教育儿童来。""就是所谓'教科书',在近三十年中,真不知变化了多少。忽而这么说,忽而那么说,今天是这样的宗旨,明天又是那样的主张,不加'教育'则已,一加'教育',就从学校造出许多矛盾冲突的人,而且因为旧的社会关系,一面也还是'混沌初开,乾坤始奠'的老古董。"孔乙己是封建教育的产物,也是受封建教育毒害的典型,如果广大儿童都在旧教育下成为孔乙己一类

---

① 李体秀.鲁迅的儿童教育观[J].教育科学,1996(4):52.

的人物,给中华民族前途命运带来的影响是可想而知的。因而,鲁迅认为,真的要"救救孩子",这"于我们民族前途的关系是极大的"。

要"拓开眼界,增加知识",就必须使孩子的生活由"静"态转变为动态。鲁迅在《上海的儿童》一文中指出,中国家庭教育孩子有两种方法,其一是"任其跋扈","在门内或门前是暴主,是霸王",任其所为;其二是给孩子"冷遇或呵斥","甚而至于打扑",使孩子们"畏葸退缩,仿佛一个奴才,一个傀儡,然而父母却美其名曰'听话',自以为是教育的成功,待到放他到外面来,则如暂出樊笼的禽,他决不会飞鸣,也不会跳跃"。因为他们因无知而愚钝,因受压抑而智力荒废,鲁迅称这是蠢人造就蠢人的教育。鲁迅认为,孩子们是在动中发展。只有动,才能增强体质;只有动,才能体脑并用,发展智力;只有动,才能接触新事物、获得新知识。然而,从家长到教师却强制孩子们在"静"中发展,或者低眉顺眼,或者大门不出,二门不进,他们认为动是日本孩子的特点,是"洋气"。因此,他们要和"这'洋气'反一调:他们活动,我偏静坐;他们讲科学,我偏扶乩;他们穿短衣,我偏穿长衫;他们重卫生,我偏吃苍蝇;他们壮健,我偏生病",更有甚者,竟美其名曰,这是"爱国"。鲁迅对此十分愤慨,他说,"其实,由我看来,所谓'洋气'之中,有不少是优点,也是中国人性质中所本有的,但因历朝的压抑已经萎缩了下去",那些以"爱国"之名,行害儿童之实者,实际是在"诱中国人做奴才"。

想要"拓开眼界,增加知识",就要向孩子们提供丰富多彩、内容和形式合谐统一的教材和读物,使孩子们看了耳目一新,"每一页每一页里,都得着深厚的趣味",从而眼界大开,"以新的眼睛和新的耳朵,来观察动物,植物和人类世界"。鲁迅曾经说过,学习如蜜蜂一样,采过许多许多花,才能酿出蜜来,倘若叮在一处,所得就非常有限、枯燥了。所以给孩子们提供的科学读物,种类要多,载有多方面的知识。鲁迅在《看图识字》中写道:"倘一和孩子接近,便会踏进久经忘却了的孩子世界的边疆去,想到月亮怎么会跟着人走,星星究竟是怎么嵌在天空中,但孩子在他的世界里,是好像鱼之在水,游泳自如,忘其所以的。"孩子们不是白痴和蠢才,他们有着强烈的求知欲和探索大自然奥秘的兴趣,他们会打破砂锅问到底地向大人提出各种各样的问题,作为教育工作应该竭力满足孩子们的欲望和需要。①

附录:鲁迅教育语录选摘

1. 天才并不是自生自长在深林荒野里的怪物,是由可以使天才生长的民众产生、长育出来的,所以没有这种民众,就没有天才。所以我想,在要求天才的产生之前,应该先要求可以使天才生长的民众。——譬如想有乔木,想看好花,一定要有好土;没有土,便没有花木了;所以土实在较花木还重要。

2. 大抵以幼者弱者为本位,便是最合于这生物学的真理的办法。

3. 人性既然是发展的,就没有天生的"愚"和天生的"智",其实即使是天才,在生下来的时候的第一声啼哭,也和正常的儿童一样,绝不会是一首好诗。

4. 穷人的孩子蓬头垢面的在街上转,阔人的孩子妖形妖势娇声娇气的在家里转。转的大了,都昏天黑地的在社会上转,同他们的父母一样,或者还不如。

5. 从前的塾师,学生背不出书就打手心,但愈来愈背不出。

6. 读书人家子弟熟悉笔墨,木匠的孩子会弄斧凿,兵家儿早识刀枪。

7. 儿童的行为,出于天性,也因环境而改变,所以孔融会让梨。打起来的,是家庭的影响,便是成人,不也有争家私、夺遗产的吗?孩子学了样了。

8. 小的时候,不把他当人,大了以后,也做不了人。

9. 凡事以理想为因,实行为果。

10. 至于幼稚,尤其没有什么可羞,正如孩子对于老人,毫没有什么可羞一样。幼稚是会生长,会成熟的,只不要衰老、腐败就好。

---

① 李体秀.鲁迅的儿童教育观[J].教育科学,1996(4):53.

17 陶行知：教育在儿童生活的每个瞬间

钟声辉

一、陶行知其人

陶行知（1891—1946），原名文濬，后改知行，又改行知，安徽歙县人。他毕业于金陵大学，曾任中国人民救国会和中国民主同盟的领导人、南京高等师范学校教务主任、中华教育改进社总干事。陶行知是我国近现代著名的教育家、爱国民主战士。

陶行知将其一生都奉献给了中国教育事业。1926年，陶行知发表了《中华教育改进社改造全国乡村教育宣言》。1927年，他创办晓庄学校。1932年，他创办生活教育社及山海工学团。1938年，他倡导举办了"中华业余学校"，推动香港同胞们共赴国难。1939年，他在重庆创办育才学校，培养有特殊才能的儿童。1946年，他在重庆创办社会大学，推行民主教育。1946年，病逝于上海。

陶行知提出了"生活即教育""社会即学校""教学做合一"三大教育主张，对中国的教育事业作出了卓越贡献，被毛泽东称为"伟大的人民教育家"，被宋庆龄赞为"万世师表"，被郭沫若誉为"中国的裴斯泰洛齐"。

陶行知的主要著作有：《中国教育改造》《古庙敲钟录》《斋夫自由谈》《行知书信》《行知诗歌集》《教学做合一讨论集》《中国大众教育问题》《普及现代生活教育之路及其方案》等。

二、陶行知儿童观的阐释

(一) 教育在儿童生活的每个瞬间

在陶行知看来,教育含于生活之中,教育和生活结合才能发生作用。在论述生活教育时,陶行知曾经这样界定这个概念:"生活教育是给生活以教育,用生活来教育,为生活向前向上的需要而教育。"① 他主张把教育与生活充分连接起来,教育决不能脱离生活,脱离社会。他提倡将生活教育的理论融入课程中,倡导学生自主探究,尊重学生个性,让学生在愉悦的课堂环境中质疑,取长补短,相互学习,从中受到激励和启发,获得更丰富的知识和经验,促进学生全面发展,在学习中创造出更生动活泼的教育局面。在陶行知看来,教育要"捧着一颗心来,不带半根草去",抱着这种精神去教导小朋友,总是不会错的。②

陶行知指出:"生活教育是生活所原有,生活所自营,生活所必需的教育。教育的根本意义是生活之变化。生活无时不变,即生活无时不含有教育的意义。"③ 人们的生活不同,教育也会不同。"过好的生活,便是受好的教育;过坏的生活,便是受坏的教育。""生活教育与生俱来,与生同去。出世便是破蒙,进棺材才算毕业。"④ 在他看来,"教育"是指终生教育,它以"生活"为前提,不与实际生活相结合的教育就不是真正的教育。"我们的真正指南针只是实际生活。实际生活向我们供给无穷的问题,要求不断的解决。我们朝着实际生活走,大致不至于迷路。"⑤

---

① 徐明聪.陶行知生活教育思想[M].合肥:合肥工业大学出版社,2009:96.
② 陶行知.陶行知全集(第8卷)[M].成都:四川教育出版社,2005:295.
③ 陶行知.陶行知全集(第3卷)[M].成都:四川教育出版社,2005:247.
④ 同上.
⑤ 同②:154.

> 教育故事

学会负责（有删节）

安琪五岁时，有一次不小心打翻了茶几上的水。之后，她紧张地看着我，知道自己做了坏事。怕我责骂她。我笑眯眯地告诉她："不小心是没有关系的，妈妈不会怪你的，但你自己做的事要自己负责，你要把茶几擦干净，把地拖干净。"安琪听后立刻笑了，因为她觉得这并不难，马上拿起餐巾纸擦干茶几上的水，用拖把拖干净地上的水。

在这之后，她就有这样一种意识，那就是自己做的事要自己负责。比如哪里弄脏了，她都会自己去弄干净；自己做错了什么事，都不会怪这怪那。上次回家说把同学的一支笔弄坏了，我就问她该怎么办，她说赔给同学。

现在，安琪知道了做事要负责，谁也帮不了自己。我们从小要让孩子拥有一颗责任心，这对孩子来说很重要。①

教育在生活的每一瞬间，不需要刻意追求。做错事情如何处理本身就是在教育。在这当中，父母的行为，潜移默化中投射出的信号，对孩子有很大影响。由此来看，这不正是陶行知先生"生活即教育"的生动体现吗？每个孩子都是落入凡间的精灵，但家长并不都是能给孩子翅膀的家长。

（二）走进社会大课堂

在陶行知看来："学校即社会，就好像把一只活泼的小鸟从天空里捉来关在笼里一样。它要以一个小的学校去把社会所有的一切东西都吸收进来，所以容易弄假。社会即学校则不然，它是要把笼里的小鸟放到天空中使它能任意翱翔，是要把学校的一切伸张到大自然里去。"陶行知认为，到处是生活，即到处是教育，整个的社会是生活的场所，亦即教育

---

① 生活即教育——我的育儿心得［EB/OL］http://blog.sina.com.cn/s/blog_4b282bad0100o07m.html，2013-11-07.

之场所。因此，我们可以说："社会即学校"。"社会即学校"的根本思想是反对脱离社会生活的"小众教育"，要用社会各方面的力量，打通学校和社会的联系。

在陶行知看来，主张"社会即学校"，是因为在"学校即社会"的主张下，学校里面的东西太少，不如反过来主张"社会即学校"，教育的材料、教育的方法、教育的工具、教育的环境都可以大大增加，学生、老师也可以更多起来。坏的社会，我们也要认识，也要有所准备，才能生出抵抗力，否则一入社会，便现出手慌足乱的情状来。①"'学校即社会'也就是跟着'教育即生活'而来的，现在我也把它翻了半个筋斗，变成'社会即学校'。整个的社会活动，就是我们的教育范围，不消谈什么联络，而它的血脉是自然流通的。"②"社会即学校"是与"生活即教育"紧密相连的，是"生活即教育"同一意义的不同说明，也是它的逻辑延伸与保证。

拓展阅读

带孩子进入社会自然大课堂③（有删节）

走出幼儿园，走向大自然、大社会的外出活动，继承了阳光教育"开放、真实、参与"的课程理念，让孩子们回归自然，真实地感受、体验充满生机的大自然。

孩子们徜徉在户外的田野上、果园里、树林里、山间溪流中，呼吸新鲜的空气，见识并惊异于自然中的各种事物和现象，尽情嬉戏、玩耍、探究。

每一次外出活动都是一次意蕴深远的课程之旅，老师和孩子们一起深入未知的世界，共同体验、探究、实验、思考、讨论，一起体验喜悦、快

---

① 陶行知.陶行知全集（第2卷）[M].成都：四川教育出版社，2005：506.
② 同上：491.
③ 带孩子进入社会自然大课堂[EB/OL].山东学前教育网，2012-10-28.

乐、兴奋、困难、挫折，与同伴、老师分享彼此的发现与感受。这个过程中，老师和孩子们一起在书写属于他们共同成长的故事。

春暖花开、春意盎然之际，老师同孩子们一起走进春天，感受大自然，体味春天的美好，享受春天带来的乐趣，相继组织了快乐放飞活动、虎山公园踏青、万亩梨园远足、树木园春游、樱桃园快乐采摘等活动。硕果飘香，金秋送爽之际，带领孩子们一起奔赴承载着满满收获的乡村麻塔，感受大自然带来的丰收与喜悦。活动中，孩子们用他们喜欢的多种方式表征过程中的心情与收获，表现对大自然美的欣赏与热爱。

教育不能整天把孩子禁锢在书本上和屋子里，而是要让孩子们走入自然、走进社会，参加一些实践活动，开拓他们的视野，增长他们的经验，帮助他们树立正确的世界观、人生观、价值观，为他们成长为一个完整的人奠定良好的基础。在这一点上，陶行知的"社会即学校"无疑具有重要的意义。

（三）骑马应从马背上学

"骑马应从马背上学"，在陶行知看来，即教学做合一。教学做合一是生活现象之说明，也是教育现象之说明，在生活里，对事说是做，对己之长进说是学，对人之影响说是教，教学做只是一种生活的三个方面，不是三个各不相谋的过程。"教学做是一件事，不是三件事。我们要在做上教，在做上学。"[1] 教学做合一既是生活法，也是教育法。教学做合一这个理论包括三方面：一是事怎样做便怎样学，怎样学便怎样教；二是对事说是做，对己说是学，对人说是教；三是教育不是教人，不是教人学，乃是教人学做事。无论哪方面，"做"成了学的中心及成了教的中心。要想教得好，学得好，就须做得好；要想做得好，就须"在劳力上劳心"，以收手脑相

---

[1] 陶行知. 陶行知全集（第1卷）[M]. 成都：四川教育出版社，2005：126.

长之效。① 由此陶行知特别强调要在"做"的活动中获得知识。

谈到教学做合一,陶行知曾举例说:种田这件事,要在田里做的,便须在田里学,在田里教。在日本作家黑柳彻子所著的《窗边的小豆豆》中,巴学园小林校长的做法就是很好的明证。小林校长不断创造机会让孩子们探索广阔的世界,体验真正的社会生活。小林校长邀请农民伯伯教孩子们种田。在种田的过程中,孩子们不但获得了知识,学到了有关虫呀、鸟呀、蝴蝶呀、气候呀等各方面的知识,而且还培养了观察思考能力、做事能力。假期里,巴学园的孩子们可以去集体旅游、露营,到更广阔的社会里去体验生活,碰到问题时积极思考解决问题的办法。这些生活中的活动让孩子们心里充满了温暖,他们在期待、好奇、体验、探究中,享受着巴学园里幸福的学习生活。

三、陶行知儿童观教育启示

陶行知在深刻了解中国文化和社会现实的基础上提出的"生活即教育""社会即学校""教学做合一"的教育学说,既强调了教育的现实功能,又关注了教育的终极目的,这对当今的儿童教育仍具有重要的指导意义。

(一)儿童教育要和儿童的生活经验紧密联系起来

儿童教育与儿童生活以及儿童的真实状态是密不可分的。儿童学习通常需要借由学科知识完成自我经验的呈现与建构。教育的过程就是不断更新与丰富生活经验的过程,就是不断获得进一步生活能力的过程。只有生活中,人的个性才能得到自由而真实的表现,也才能谈得上经验的不断改造。儿童教育只有扎根于儿童生活与经验,才能发挥最大效能。然而生活是多层次的、复杂的,生活中既有有益的经验,也有无益的或有害的经验。因此,必须对儿童的生活经验进行过滤,将正能量的内容与教育紧密

---

① 陶行知.陶行知全集(第2卷)[M].成都:四川教育出版社,2005:557.

结合起来，设计真正有效的课程，真正促进儿童的发展。

拓展阅读

3—6岁儿童学习与发展指南[①]（节选）

理解幼儿的学习方式和特点。幼儿的学习是以直接经验为基础，在游戏和日常生活中进行的。要珍视游戏和生活的独特价值，创设丰富的教育环境，合理安排一日生活，最大限度地支持和满足幼儿通过直接感知、实际操作和亲身体验获取经验的需要，严禁"拔苗助长"式的超前教育和强化训练。

目标1　喜欢并适应群体生活

3～4岁	4～5岁	5～6岁
1. 对群体活动有兴趣。 2. 对幼儿园的生活好奇，喜欢上幼儿园。	1. 愿意并主动参加群体活动。 2. 愿意与家长一起参加社区的一些群体活动。	1. 在群体活动中积极、快乐。 2. 对小学生活有好奇和向往。

教育建议：

1. 经常和幼儿一起参加一些群体性的活动，让幼儿体会群体活动的乐趣。如：参加亲戚、朋友和同事间的聚会以及适合幼儿参加的社区活动等，支持幼儿和不同群体的同伴一起游戏，丰富其群体活动的经验。

2. 幼儿园组织活动时，可以经常打破班级的界限，让幼儿有更多机会参加不同群体的活动。

3. 带领大班幼儿参观小学，讲讲小学有趣的活动，唤起他们对小学生活的好奇和向往，为入学做好心理准备。

[①] 教育部. 3—6岁儿童学习与发展指南[EB/OL]. http://www.moe.edu.cn/publicfiles/business/htmlfiles/moe/s3327/201210/xxgk_143254.html.2013-11-9.

儿童和成人是不同的，他们有自己固有的学习方式与独特的学习风格。他们是以具体形象思维为主，通过直接感知、亲身体验和实际操作进行科学学习。因此，不应为追求知识和技能的掌握，对幼儿进行灌输和强化训练。正如陶行知所说"生活就是教育，教育就是生活"，我们的教育一定要与儿童的生活紧密结合起来。这需要我们真正了解儿童，了解儿童的特点与认知；我们对儿童学习的有关知识了解越多，越有可能有效地帮助他们学习。在这一点上，儿童学习发展指南的先进性与科学性不言而喻。

（二）儿童教育要让儿童在做中学

做中学的方式可以充分调动儿童的兴趣，激发儿童主动学习，让儿童的个性在教学互动中得到完全释放，让儿童快快乐乐、轻轻松松地学到知识、提高素养，在潜移默化中爱上学习。儿童在不断的观察、动手实践、合作交流中，加强对知识的理解、掌握，有利于从多角度全面地认识事物，同时合作交流也能让儿童取长补短并获得快乐。从"做"中寻找解决问题的规律，培养举一反三、灵活应用的能力，正是"做"的真正目的。

拓展阅读

3—6岁儿童学习与发展指南[①]（节选）

幼儿的科学学习是在探究具体事物和解决实际问题中，尝试发现事物间的异同和联系的过程。幼儿在对自然事物的探究和运用数学解决实际生活问题的过程中，不仅获得丰富的感性经验，充分发展形象思维，而且初步尝试归类、排序、判断、推理，逐步发展逻辑思维能力，为其它领域的深入学习奠定基础。

[①] 教育部.3—6岁儿童学习与发展指南[EB/OL].http://www.moe.edu.cn/publicfiles/business/htmlfiles/moe/s3327/201210/xxgk_143254.html.2013-11-9.

幼儿科学学习的核心是激发探究兴趣，体验探究过程，发展初步的探究能力。成人要善于发现和保护幼儿的好奇心，充分利用自然和实际生活机会，引导幼儿通过观察、比较、操作、实验等方法，学习发现问题、分析问题和解决问题；帮助幼儿不断积累经验，并运用于新的学习活动，形成受益终身的学习态度和能力。

好奇是孩子学习的重要特征，孩子有好奇心就愿意主动地探索，此时他们的注意力会非常集中，边探索边思考，在探索中体会其自我成就感，体会生活的美好，所以孩子玩开心了以后，你会看到他的脸上心满意足的表情。因此，在教育过程中，一定要注意培养孩子的好奇心，家长和老师一定要注重正确的引导。

附录：陶行知教育语录选摘

1. 教育者要向爱迪生母亲那样宽容爱迪生，在爱迪生被开除回家的时候，把地下室让给他去做实验。

2. 儿童的生活，是社会的一面镜子。

3. 培养求知欲。学习为生活，生活为学习。活到老，学到老。一旦养成学习习惯，个人就能终生不断进步。

4. 把小孩子的头脑、双手、嘴、空间、时间都解放出来，我们就要对小孩子的创造力予以适当之培养。

5. 根据孩子们不断的迷在某种特殊活动的天性，透过特殊的环境、设备和方法，我们培养并引导他们成长，踏进未知之门。

6. 根据孩子们愿意帮助别人的倾向，透过集体生活，我们培养和引导他们对民族人类发生更高的自觉的爱。

7. 先生之最大的快乐，是创造出值得自己崇拜的学生。

8. 民主教育的教材应从丰富中求精华，教科书以外求课外的东西，并且要从学校以外到大自然、大社会中求得活的教材。

9. 我们（教师）要钻进小孩的队伍里才能有新认识与新发现。

10. 我们要解放小孩子的空间，让他们去接触大自然中的花草、树木、青山、绿水、日月、星辰以及大社会中之士、农、工、商、三教九流，自由的对宇宙发问，与万物为友，并且向中外古今三百六十行学习。

18
夏丏尊：教育源于爱

吕凤楠

一、夏丏尊其人

夏丏尊（1886—1946），原名铸，字勉旃，号闷庵，浙江上虞人。夏丏尊是我国著名的文学家、出版家和翻译家，是与叶圣陶、朱自清齐名的语文教育家。他自幼熟读经书，1901 年考上秀才；1905 年赴日本留学；1907 年回国后，历任浙江两级师范学堂通译助教兼国文教员、上虞春晖中学国文教员、浙江省立第四中学国文教员；1925 年，在上海与友人创办立达学园，任国文和文艺思潮教员；1927 年，任上海暨南大学教授兼中国文学系主任，兼任开明书店编辑所长；后与友人开办函授学校，任校长；1938 年起任上海南屏女中国文教员 3 年。

夏丏尊一生从事教育事业。在 20 世纪 30 年代，他与叶圣陶创办的《中学生》杂志成为当时全国中学生喜爱的教育园地。夏丏尊还是著名的散文家，他在上虞春晖中学任教时，在白马湖畔"平屋"创作的著名散文《白马湖之冬》，流传甚广，并曾入选中小学的教科书。

夏丏尊不但在学术上成就卓著，而且是有气节的人。珍珠港事件后，日本人想利用夏丏尊的威望为他们办事，但是他坚守自贞，"居处蜗室"，"节衣、缩食、渴饮、饿餐，初尚勉强而行之，后竟困而行之，以至于死。敌人屡以利诱之，不动"。1943 年 12 月 15 日，日本宪兵司令部逮捕了夏丏尊，并要其出任某杂志社编辑，被他严词拒绝。被捕十多日后，他经人营救出狱。但经此磨难，夏丏尊肺病复发，健康恶化，于 1946 年与世长辞。

二、夏丏尊儿童观的阐释

夏丏尊长期在一线从事教学,具有丰富的教育教学经验。夏丏尊鼓励学生写白话文和新诗,并与蔡元培、黄宾虹、黄炎培、胡愈之、王任叔、杨贤江、柳亚子、蒋梦麟、张大千、刘叔琴、张孟闻、朱自清、丰子恺、朱光潜等大家交往。在自传里,夏丏尊说自己是"受他(鲁迅)启蒙的一个人"。同时,西方教育家杜威、孟禄、克伯屈、伯克赫斯的教育思想和教学方法对夏丏尊的教育思想也产生了巨大影响。夏丏尊的儿童观主要体现为:教育源于爱,教师施爱,学生被爱,在无尽的爱的诱导中,学生才能形成独立而有理想的人格。

(一)情爱教育是"教育的生命"

夏丏尊非常重视情爱教育。他强调教育纯粹靠专业技术知识是不够的,必须有自己的真情投入,而这是"伟大庄严的事业""大丈夫的事业"。

1. 学校教育的"空虚"

在《〈爱的教育〉译者序言》中,夏丏尊说:"平日为人为父为师的态度,读这书好像丑女见了美人,自己难堪起来,不觉惭愧了流泪。"他称书中"叙述亲子之爱,师生之情,朋友之谊,乡国之感,社会之同情,都已近于理想的世界,虽是幻影,使人读了觉到理想世界的情味,以为世间要如此才好,于是不觉就感激了流泪"。还说:"学校教育到现在真空虚极了。单从外形的制度上、方法上,走马灯似的更变迎合,而于教育的生命的某物,从未有人培养顾及。好像掘池,有人说四方形好,有人又说圆形好,朝三暮四地改个不休,而于池的所以为池的要素的水,反无人注意。教育上的水是什么?就是情,就是爱。教育没有了情爱,就成了无水的池,任你四方形也罢,圆形也罢,总逃不了一个空虚。"

2. "感化"与"爱"

夏丏尊说:"我不记学生的过,有事不去告诉校长,只是自己用一张嘴和一副神情去直接应付。每日起得甚早,睡得甚迟,最初几天向教务处取了全体学生的相片来，一沓沓地摆在案上，像打扑克或认方块字似的一一翻动，以期认识学生的面貌、名字及其年龄、籍贯、学历等等。"这正如他所说的："良师对于子弟，益友对于知己，当施行教训的时候，常极力避用教训的方式，而用感化的方法，结果往往得到更大的功效。"①

拓展阅读

心怀天下，心怀他人

据夏丏尊挚友丰子恺回忆："凡熟识夏先生的人，没有一个不晓得夏先生是多忧善愁的人。他看见世间一切不快，不安，不真，不善，不美的状态，都要皱眉，叹气。朋友中有人生病了，夏先生就皱着眉头替他担忧；有人失业了，夏先生又皱着眉头替他着急；有人吵架了，有人吃醉了，甚至朋友的太太将要生产了，小孩跌跤了……夏先生都要皱着眉头替他们忧愁。学校的问题，公司的问题，别人当着例行的公事处理，夏先生却当作自家的问题，真心地担忧。国家的事，世界的事，别人当作历史小说看的，在夏先生都是切身问题，真心地忧愁，皱眉，叹气。"②

3."妈妈的教育"

根据夏丏尊的情爱教育思想，儿童是活生生的人，教师要对儿童倾注爱心，贯穿于教育教学的全过程，建立互相尊重、和谐美好的学习氛围，才便于发展学生的能力，塑造出有着健全的人格、强烈的社会责任感的人。他的爱的教育是以爱国家、爱人民、爱青年为核心内容的"妈妈的教育"。

---

① 夏丏尊.夏丏尊文集——平屋之辑[M].杭州：浙江人民出版社，1983：148.
② 叶小沫.他曾流泪翻译《爱的教育》——没有见过面的外公夏丏尊[J].中国少年报，2006（4）：45.

（二）人格教育是"真正的教育"

在夏丏尊看来，如果说情爱教育是贯穿教育过程的生命红线，是教育的重要目的之一的话，那么人格教育则既是教育的手段和方法，也是教育要实现的终极目的。正如他所说的："真正的教育需完成被教育者的人格。"①

1. 传统教育的狭隘

夏丏尊重视人格教育是因为他认识到人格教育具有重要意义。他认为传统的中国教育讲究"学而优则仕"，追求共性，不讲究学生的真实情感，不问学生的个性、人格发展，极大地限制了学生的发展。夏丏尊在《教育的背景》中写道："现在普通教育上所列的科目，除了以人为背景以外，完全是毫无意义的。""现在的学校教育是学店的教育，教育者与被教育者的中间但有知识的授受，毫无人格上的接触；简单一句话，教育者是卖知识的人，被教育者是买知识的人罢了。机械的大家卖来卖去，试问这种知识有什么用处？真正的教育需完成被教育者的人格，知识不过人格一部分，不是人格的全体。"②夏先生还批判教育者平日里只是传授脱离生活的陈旧知识，到进行品德教育或教化之类的时候，又是拿腔作调，显得不真诚，因为传授知识的时候，没有自己的思想情感，没有自己的道德操守，没有自己的深厚修养的流溢，到管理训练的时候，只能进行空洞的说教，而没有任何效力，只能用惩罚的手段让学生屈服一下，而"只靠规则是靠不住的"。

2. 教师要有相当的人格

这个"相当的人格"并不是要求教师具有完美的人格，而是具有较高的人格。夏丏尊解释道："我说这句话的意思，并不是凡是教育者必须贤人圣人。理想的人物本不可多得的，我并不要求教育者皆有完美之人格。"③

---

① 杜草甬，商金林.夏丏尊论语文教育 [M].郑州：河南教育出版社，1987：12.
② 同上：10—12.
③ 同①.

时事链接

教师的人格魅力

《国家中长期教育改革发展规划纲要（2010—2020年）》第一次在国家文件层面提出"教育魅力"这个词。而在教育魅力中，教师的教育魅力是重头戏。著名语文特级教师于漪主编的《教育魅力——青年教师成长钥匙》最近首发，书中有关教师教育魅力的现状调查显示：教师最吸引学生的首推人格魅力。

根据调查，高中学生认为教师吸引学生的教育魅力最主要是人格魅力（66.2%），其次为师爱魅力（15.3%）、学识魅力（12.1%）和形象魅力（6.4%）。这表明，教师最吸引学生的不是表面的东西，而是从骨子里焕发出来的感染人的人格魅力。[①]

3. 给学生提供基本的端绪

"端"指开端，"绪"本义指丝的头，端绪亦即开端之意。"基本端绪"指的是教师努力让学生在学校学习过程中，获得最基本的人格修养（健康的情感、基本的做人准则、系统的知识、学习的方法习惯等）。为什么是"基本端绪"呢？因为学校生活毕竟是短暂的，而未来自己人格方面的提高才是重要的。

拓展阅读

绝食"义感"窃者

夏丏尊不主张体罚，不用训斥，主张实行人格感化。有一次寄宿舍里有学生丢失了财物，大家猜测是某一个学生偷的，检查起来，却找不

[①] 苏军.调查称教师人格魅力最吸引学生 相貌不受关注[N].文汇报，2013-07-18.

到证据。夏丏尊身为舍监，深觉惭愧苦闷，向李叔同求教。李叔同所指教的方法，说起来吓人，他教夏丏尊自杀！李叔同说："你肯自杀吗？你若出一张布告，说做贼者速来自首，如三日内无自首者，足见舍监诚信未孚，誓一死以殉教育。果能这样，一定可以感动人，一定会有人来自首。——这话须说得诚实，三日后如没有人自首，真非自杀不可。否则便无效力。"这话在一般人看来是过分之词，李叔同说的时候，却是真心的流露。夏丏尊自愧不能照行，向他笑谢。据姜丹书《夏丏尊先生传略》等资料记载，夏丏尊是用绝食感化了行窃者，使其流着泪作了坦白。虽然如今看来颇有些道学气，但是他们俨然以道德感化为己任，以儒家式的修养从事着塑造学生人格的实践。这的确收到了效果，从他们的学生身上可以感受到这一点。

4. 文如其人

人格教育要与语文教育紧密结合起来。"真的文字学习，须从为人着手"，"文如其人，文字毕竟是一种人格的表现……不去从培养本身的知识情感意志着想，一味想从文字上去学习文字，这是一般青年的误解。我愿诸君子弟学得了文字的法则以后，暂且抛了文字，多去读书，多去体验，努力于自己的修养，勿仅仅拘执了文字，在文字上用浅薄的功夫"。[①] 这里夏先生强调，应在读写中引导学生提高自己的人格修养，否则仅了解一些文字是徒然的、浅薄的。

（三）要让儿童学会生存

在夏丏尊所生活的年代，人民生活水平低下，教育严重不平等，农民子弟接受教育的机会少、时间短。而当时的教育对学生无益，只是讲一些空洞无物的春秋大义。所以夏丏尊指出："我们为了生活，要使生活的技能充实，就得求知识。所谓知识，决不是什么装饰品，只是用来应付生活改进

---

① 杜草甬，商金林. 夏丏尊论语文教育[M]. 郑州：河南教育出版社，1987：50.

生活的技能。"①

当前的教学改革提出：培养学生的社会责任感，具有初步的创新精神、实践能力、科学和人文素养，具有适应终身学习的基础知识、基本技能和方法；具有健壮的体魄和良好的心理素质，养成健康的生活方式，学会学习；倡导学生锻炼交流合作的能力。这与夏丏尊的主张不谋而合。

时事链接

迷路的初二女生

因为下错车迷了路，福建莆田仙游一名17岁的初二女学生，居然在福州流浪了三天两夜。没有手机，没有报警，不敢找路人求助，饿了就吃面包，累了就在路边休息。她说："当时一下子就懵了，感到人生地不熟，很担心遇上坏人，心里非常害怕，不敢和陌生人说话，就一直在街上走，就想找到回家的路。"最终，饥饿难耐的她终于鼓足勇气，向一名食杂店老板求助。②

父母看到孩子遭际如此，莫不心疼。尽管这是一个较为极端的个案，但其中所反映的问题却应引起家长和学校深思：我们的教育什么时候已不能让孩子学会在社会中自由生存？或许我们不需要像夏丏尊先生所生活的战火纷飞的年代那样，终日为生存奔波，但是却忽略了培养孩子在社会上生存的基本能力。

（四）教育是自觉自修的终身之事

在夏丏尊生活的时代，中国内忧外患、民不聊生，教育受到这些社会

---

① 杜草雨，商金林. 夏丏尊论语文教育[M]. 郑州：河南教育出版社，1987：69.
② 教育首先要让孩子学会生存[EB/OL]. http://csr.mos.gov.cn/mos/cms/html/122/385/201207/19370.html, 2012-07-10.

状况的影响，贫穷的儿童没有条件上学，青年们强烈渴望读书，但客观现实是当时的社会又不能给他们提供正当的学校教育。在这种情况下，夏丏尊提出了解决这种矛盾的良方——自修教育。这和夏丏尊的自身经历是分不开的。夏丏尊虽然进过不少学校，也曾去日本留过学，但都因家贫而停学，因此没有得过一张文凭。但是，读过他的书，见过他的人都知道，他知识广博，见解精深，具有高超的文艺鉴赏能力。这是他一直坚持不懈的自我学习的结果。

夏丏尊把教育分为狭义的教育和广义的教育。狭义的教育是指学校教育。广义的教育是指终身教育。在夏丏尊看来，"按照广义说起来，学和受教育是'终身以之'的事情，离开了学校还可以学，还可以受教育，而且必须再学，必须再受教育"。

三、夏丏尊儿童观的教育启示

夏丏尊一生热爱学生、热爱教育，以"妈妈的教育"著称。他对教育的贡献在于对人文精神的弘扬，无论是翻译、写作、出版书籍和刊物，都可以看出他对教育的坚守是出于对人文和家国的关怀。在国家民族存亡、政治斗争频繁的20世纪上半叶，能够如此执着而又清醒地坚持以人为本的教育思想，守住这一份平淡，是不易的。因为有了这样的坚守，所以夏丏尊在中国现代人文教育史上，留下了至今依旧绚烂的成果。

夏丏尊的一生是谦逊又切实的一生。他为中国的教育事业倾注了毕生的心血。他从语文教育目的探索到课内课外教材的编写，再到教学方法的研究，都给了后学之辈很多启示，也为儿童教育提供了非常有价值的借鉴。

（一）以人文关爱的思想贯穿于教育教学过程

在《教育的背景》一文中，夏丏尊指出："我们中国办学已经有二十年光景，这个道理好像大家还没有了解。社会上有很多人批评学校里的课程无用……这都是将材料当作目的物看,当作学问看,不当它养成人的方面看的缘故……现在大多的教育者,无非将体操当作体操教,将算术当作算术教,将手工当作手工教罢了。课程自课程,人自人,这种无背景的教育,就是再办几十年也没有什么效果。所以教育上第一件是要以人为背景。"他认为如果只是机械地对学生进行知识的传授,这样的教育者就无异于"卖知识的人",而受教育者就成了"买知识的人",如果教师具备一定的人格并能以其魅力来感化学生,那么受教育者才能心悦诚服地接受老师的教诲,其受益程度将远远超过简单的知识获得。所以教师的情感力量往往会对学生产生莫大的鼓舞作用,唤醒彼此心底里的那份真诚和感动,师生间的关系便豁然开朗,教师从此更乐于教,学生从此更乐于学。

当前应试教育仍占有巨大的市场,老师拼命地灌输着知识,传授着应试技能,根本谈不上对学生的情感教育、人格教育。另外,当前学生评价标准不是看学生的全面健康的发展,而仍然看分数。分数好,就一好百好。但分数很高,情感、人格、心理不健全的现象比比皆是,名牌大学学生屡屡出现自杀现象。虽然我们的新课标已明确提出要用多样化的评价标准评价学生,但在实施过程中收效甚微。

(二)教育者应该是"师"而非"匠"

在夏丏尊看来,教育者应该是"师"而非"匠"。他曾谈到自己对教师队伍的担忧。在夏丏尊所处的年代,师范学校毕业生投入教育的时候,出于种种原因,似乎缺少一个教育者应有的热情。对此,夏丏尊很无奈,他认为:"做教员的就应该自己进取修养,使够得上'师'字的称呼。"由此看来,教学研究不仅仅是教学研究专家的专利,那些从事教学实践的教师,也应从事教学研究,教学研究应该是教学的一个组成部分。

(三)教育者要具有相当的人格,以身作则

教育者必须有相当的人格,被教育者方能心悦诚服。教师的责任心、

爱心，对他人的尊重和了解所凝聚成的人格力量会强烈地影响儿童。夏丏尊也是一个品格坚贞的人，他多次赞赏弘一大师李叔同的人格魅力："李先生教图画、音乐，学生对图画、音乐看得比国文、数学更重要。这是有人格作背景的缘故。因为他教图画、音乐，而他所懂得的不仅是图画、音乐；他的诗文比国文先生的更好，他的书法比习字先生的更好，他的英文比英文先生的更好……这好比一尊佛像，有后光，故能令人敬仰。"这里夏丏尊把教育者的人格比作佛像的后光，形象地说明只有来自人格的力量，才能真正发挥教育的力量。教师作为教师，首先在人格上是健全的，才能成其为教师，这是对教师个体自身道德完善的要求，只有这样才能实施真正的人格教育。

（四）启发诱导，自省自觉

夏丏尊认为："学问要学生自求，人要学生自做。我们以前种种替学生谋便利的方案，都可以说是强牛饮水的愚举。最要紧的就是促醒学生自觉。学生一日不自觉，什么都是空的。"这一点对我们目前的教育仍具有指导意义。新课程改革提倡"探究性学习"，正是鼓励学生在主动的学习过程中发现问题、提出问题、分析问题、解决问题，强调学生的探索过程和体验，这样的学习将是富有个性和充满积极意义的，学生在尝试的过程中主动建构自身的知识体系。但是现实的教育状况并不乐观。很多学生学习是迫于学校和家长的压力，并不是自己乐于学习。他们放学后还要奔波于各个补习班。对于这种情况，家长和教师必须进行深刻的反省，要给学生充分的自由，让他们自主学习。教师甚至可以把讲台让给学生，让学生教，自己只做课堂的引导者和组织者。

（五）培养学生爱的能力，孕育学生爱的态度，促进儿童生命成长

什么是"爱的教育"，爱的教育就是要引导学生发掘自身爱的潜能，转化成爱的能力，其中首要的是引导儿童发展其全部个性，并使其逐渐形成完整的人格。像生活在这个世界的每个人一样，儿童渴望爱，有被关

心、被爱护、被信任、被尊重的需要。这些需求一旦满足，学生就会产生积极的情绪，从而转化为催人奋进的内部动力。缺少爱的儿童容易形成冷漠、孤僻的性格，甚至会走上犯罪的极端道路。所以，家长和教师都要爱儿童、理解儿童。但是对儿童的爱要理智，爱不是主宰，不是剥夺，不是歪曲，而是一种帮助儿童的力量，帮助他了解自己，帮助他成为自己，爱是使儿童生长成为自己的力量。

附录：夏丏尊教育语录选摘

1. 教育上的水是什么？就是情，就是爱。教育没有了情爱，就成了无水的池，任你四方形也罢、圆形也罢，总逃不出一个空虚。

2. 教育上第一件是要以人为背景。

3. 教育毕竟是英雄的事业，是大丈夫的事业。

4. 以言教者讼，以身教者从。

5. 教育是积极的辅助，教训是消极的防制。

6. 学问要学生自求，人要学生自做。我们以前种种替学生谋便利的方案，都可以说是强牛饮水的愚举。最重要的就是促醒学生自觉。学生一日不自觉，什么都是空的。

7. 酱只有酱气者，必非善酱；肉只有肉气者，必非善肉；教师只有教师气者，必非善教师也。

8. 理想的教师应当把真心装到口舌中去。

9. 真正的教育需要完成被教育者的人格，知识不过人格一部分，不是人格的全体。

10. 教育者必须有相当的人格。

19 叶圣陶：童话中的拓荒者

赵 扬

一、叶圣陶其人

叶圣陶（1894—1988），原名叶绍钧，字秉臣，笔名有叶陶、圣陶、桂山等，江苏苏州人，中国现代著名教育家、编辑家、文学出版家和社会活动家。

叶圣陶出生之年正值甲午战争，之后国家经历了百日维新，但很快又被列强割据。为了改善国家将来的命运，他投身于新闻及教育工作，在编辑出版以及语文教学方面取得了极高成就。叶圣陶著名的座右铭——"文学为人生"，这简简单单的五个字可谓是对其儿童教育观的一种高度凝练。

叶圣陶创作了我国第一部童话集《稻草人》和中国现代文学史上第一部长篇小说《倪焕之》。在长期的编辑生涯中，他还曾先后主编或编辑了《诗》杂志、《文学周报》《小说月报》《中学生》等多种重要的语文教育刊物以及几十种中小学语文教科书，并曾撰写十多本语文教育方面的论著，为语文教育事业作出了重要贡献。

人们将叶圣陶评价为"'五四'时期除鲁迅之外最重要的现实主义小说家以及新文学史上最早出现和最有成就的'教育小说家'"。"教育小说"就是在启蒙运动时期的德国产生的一种小说的形式，主题通常是年轻人的成长经历。暴露旧中国教育界黑暗的内幕，并透过教育界而把批判的矛头指向整个旧社会是叶圣陶"教育小说"的基调，可谓极具批判和革新意味。

二、叶圣陶儿童观的阐释

(一)"教是为了达到不需要教"

"教是为了不教"是叶圣陶先生的教育名言,也是他在儿童教育方面的核心理念。从某种意义上说,"教是为了不教"就是指儿童教育的目的应该回归到促进儿童个体发展,教育的本质是使受教育个体能达到"疑难能自决,是非能自辨,斗争能自奋,高精能自探"的理想境界。

在叶圣陶看来,"教育应该是引导学生自主学习,学会自学,以至坚持终身自学的过程",在这一过程中教师要逐渐放手,把"达到不需要教"作为追求目标。[1]教师的责任在于培养学生的自主学习能力。正如叶老所言:"教师当然须教,而尤宜致力于'导'",引导学生学会自学,"好比扶孩子走路,能放手时坚决放手,是一条规律"。教师要启发学生,熏陶学生,"让他们自己衷心乐意向求真崇善爱美的道路昂首前进"。简言之,教育就是教人自我教育,教育的理想境界就是不需要教。

近几十年,我国的教育领域经历了许多重大改革。即使在新课程改革逐步深入开展、多元教育评价方式逐渐盛行的今天,叶圣陶的儿童教育观依然拥有越来越强的启示意义,其教育观念与思想对教育者而言一直具有极其重要的研究价值。教育目的已经逐渐回归到儿童个体发展本身,让学生拥有自主学习的能力将成为今天的教育者最重要的努力方向之一。从某些角度说,这不正是叶老"教是为了达到不需要教"的观念在当今社会的投射和应用吗?

(二)习惯成自然

"习惯成自然"是人们在生活中经常会提到的一句话,我们通常将其理解为:做事的方法习惯了往往就很难改变,也就成为很自然的事了。"习惯成自然"也是叶圣陶儿童教育观的重要内容之一。在叶圣陶论著中涉及

---

[1] 任苏民.叶圣陶教育思想对中国特色现代教育理论的贡献[J].民主,2012(9):16—18.

"习惯"的表述有百余处之多。① 他甚至认为:"养成习惯,换个说法,就是教育。"

对于习惯成自然的具体内涵,叶圣陶曾言:"德育方面,要养成待人接物和对待工作的良好习惯;智育方面,要养成寻求知识和熟习技能的良好习惯;体育方面,要养成保护健康和促进健康的良好习惯。咱们社会主义社会的教育,就是要使学生养成社会主义社会里生活的一切良好习惯。""任何知识,第一要正确,第二要能够随时随地地应用,这哪里是讲一讲听一听的事?要正确,就得认真学习,成为习惯。要应用,就得切合实际,成为习惯。"

叶圣陶曾指出:"好的态度才能随时随地表现,好的方法才能随时随地应用,好像出于本能,一辈子受用不尽。"如果联系当今的教育现状,我们可以发现"养成良好习惯"的思想在本质上其实很接近我们现在所说的"终身教育"②,其重要价值不言而喻。

拓展阅读

习惯成自然③(节选)

通常说某人能力不强,就是某人没有养成多少习惯的意思。譬如说张三记忆力不强,就是张三没有把看见的听见的一些事物好好的思想和感情说出来的习惯。习惯养成得越多,那个人的能力越强。我们做人做事,需要种种的能力,所以最要紧的是养成种种的习惯。

养成习惯,换个说法,就是教育。教育不限于学校,也不限于读书,学校教育只是教育的一部分,读书这件事也只是教育的一部分。我们在学校里受教育,目的在养成习惯,增强能力。我们离开了学校,仍然要从种种方面受教育,并且要自我教育,目的在养成习惯,增强能力。习惯越自然越

---

① 徐龙年.好习惯比什么高学历都重要[N].中国教育报,2007-07-12.
② 单永志.叶圣陶主体性教学思想论析[J].教育探索,2008(6):3—4.
③ 百度百科——"习惯成自然"[EB/OL].http: //baike.baidu.com/view/370680.htm,2013-11-22.

好,能力越增强越好,孔子一生学而不厌,就因为他看透了这个道理。

(三)"只有做学生的学生,才能做学生的先生"

叶圣陶提出了变"教"为"学"、变"教"为"导"等具有全新理念的主体性教学方法。[①] 其依据是在教学中"须认定作之者读之者为学生,即以学生为本位也"。在叶圣陶看来,学生绝不是"空瓶子"等着"揭开瓶盖,把各种知识、各项道德条目装进去",与之恰恰相反,学生应该是教育的主体。儿童是"有生机的种子,本身具有萌发生长的机能,只要给予适宜的培育和护理,就能自然而然地长成佳谷、美蔬、好树、好花"。教育"为儿童全生活着想,固当特设一种相当的境遇",而"儿童既处于特设的境遇里,一切需要,都从内心发出"。

叶圣陶先生认为,学生主体观还贯穿于阅读教学的整个过程。在传统的"填鸭式"和"满堂灌"教学方式中,教师是主角,学生是被动接受者,这种教学忽视了学生个性的张扬和未来的发展等问题[②],对阅读教学产生了不利的影响。因此,阅读教学中教师应该处于帮助者或协调者的位置。在阅读教学实践中,学生是主体,而不是教师的附庸,学生的主体地位,教师无法也不能够代替,不能剥夺。[③]

时事链接

"桃花源式教育"

2012年10月,武汉的7对父母由于对现行的教育体制失去信心,放弃城市的优质教育,在乡下找了一所废弃的小学,自己教孩子诵经读典、练习书法。尽管社会对家长们的做法褒贬不一,但其行为和家教实践所

---

① 单永志.叶圣陶主体性教学思想论析[J].教育探索,2008(6):3.
② 陈晓红.阅读教学过程中的学生主体观——叶圣陶阅读教学思想浅谈[J].课程·教材·教法,2005(8):40—43.
③ 同上.

展现的教育理念却值得学校教育深思。7对家长坦言,此举实属无奈,只因对现行的教育体制失去信心。"远离城市污染和喧嚣,保护孩子的天性,尽可能地给他们自由,给他们一片没有污染的人文和自然环境,陪伴他们一起学习和成长,这就是我们想给孩子们提供的生活。"一位妈妈这样解读她心中的"世外桃源"。①

看到这条新闻,许多人心中都有一个疑问,即:为什么要放弃现行的学校教育,选择自己教孩子?家长们称自己的出发点是不希望子女重复自己经历过的灌输式教育。对此,湖北省社会科学院社会学研究所所长冯桂林认为,这7对父母的选择是用实际行动对现行学校教育模式的无声反抗。现行的"应试教育"模式的弊端就是忽略了健全人格的培育,造成了对孩子童心和人格的压抑。②可见想要破除填鸭式教育对儿童天性的压抑,使其成为真正的教育主体,获得自由发展,我们亟需反思现行教育体制和教学模式存在的问题,并采取措施及时给予补救。

(四)儿童教学方法

1. 语文教育方法

作为20世纪20年代第一位写童话的作家,叶圣陶的儿童文学作品影响深远,带给当代儿童教育许多启示。目前我国各省使用的中小学语文教材中,叶圣陶多篇作品入选。叶圣陶对语文教育的影响不仅体现在其众多具有深远影响的文学作品里,更体现在他为改进现代语文教育所作的一系列努力中。

首先,叶圣陶为语文教育引入了一个全新的观念,即"应当教给学生学习的方法,而不是长期详细地灌输书本知识"。这一观点对习惯于强调依赖记忆和灌输的传统语文教学观念产生了强烈冲击。

---

① 七家庭联手为孩子建起"世外桃源"[N].楚天金报,2012-12-04.
② 武汉7个家庭"桃花源"式教育引争议[N].北京日报,2013-01-04.

其次，叶圣陶让人们认识到个人价值判断的重要性，这对于培养学生语文学习的基础素养乃至今后人生观、价值观的正确养成都至关重要。

此外，叶圣陶还归纳了语文教育的基本规律和原则：正确处理白话与文言的关系，正确处理语文与文学的关系，阅读与写作、读写与听说相结合，知识学习与能力、习惯养成相结合，语文教育与思维发展有机统一。关于语文教学的思路与阅读方法的教学，叶圣陶强调要"自读、活读、多读、恒读"，即尝试自学，了解揣摩，质疑讨论，诵读感悟，练习应用，积累养成。

拓展阅读

稻草人（节选）

稻草人看见主人就要走了，急得不得了，连忙摇动扇子，想靠着这急迫的声音把主人留住。这声音里仿佛说："我的主人，你不要去呀！你不要以为田里的一切事情都很好，天大的祸事已经在田里留下根苗了。一旦发作起来，就要不可收拾，那时候，你就要流干了眼泪，揉碎了心；趁着现在赶早扑灭，还来得及。这儿，就在这一棵上，你看这棵稻子的叶尖呀！"他靠摇着扇子的声音反覆地警告；可是老妇人哪里懂得，一步一步地走远了。他急得要命，还在使劲摇动扇子，直到主人的背影都望不见了，他才知道警告是无效了。

2. 导学教学法

导学教学法是叶圣陶"教是为了不教"教育思想在教学实践中的一种体现。他提倡的"引导自学"，既指引导学生在知识、技能上"自为研索""自我历练"，又指引导学生在思想、品德上"自辨是非""自我修养"；既要引导学生自己去读书，又要引导学生自己去实践；既包括学习方法的指导，又包括自学动机、态度、习惯、精神的培养。

叶圣陶提出了变"教"为"学"、变"教"为"导"等具有全新理念的主体性教学方法。这种观念有两层意思，首先是要变依赖学习为自主学习，变被动听老师讲课为主动求知，即"能令学生于上课之时主动求知，主动学习，不徒坐听教师之讲说，即为改进教学之一"。在这种教育模式中学生能自主地安排学习时间、确定学习目的和学习进度。另一层意思则是变灌输学习为尝试学习。在尝试学习中，通过教师与学生在教学次序上的互换，学生的"学"摆脱了在教师"教"下的附庸地位，传统教学观中由教而学、先教后学的模式将被打破，取而代之的是教师先教、学生后学，教师先讲、学生后练。①

3. 习惯的培养方法

叶圣陶说："教师工作的最终目的，无非是培养学生具有各种良好的习惯。"要培养儿童的良好习惯，首先就要明确什么样的习惯才是儿童通过教育而应该养成的。叶圣陶曾多次提醒儿童，有两种习惯是万万不能养成的，即"一种是不养成什么习惯的习惯，又一种是妨害他人的习惯"。其中前者是指"今天东，明天西，今天这样，明天那样，那就什么习惯也养不成。而这今天东，明天西，今天这样，明天那样，倒反成为一种习惯，牢牢地在身上生根了"。可以说，"不养成什么习惯的习惯"从根本上阻隔了儿童对良好习惯的模仿与养成，这是一种存在于思想根源上的消极与惰性，如果形成不仅难以改正，还会给儿童教育的诸多方面带来巨大障碍，使教育者对儿童良好习惯的培养工作难以得到真正落实。

4. 强化实践意识

叶圣陶认为学生不仅要学习书本上（不限于课本）的知识，更重要的是了解社会。一个人对现实生活参与、体验得越深刻，他对于人类文化知识的理解和消化就越透彻、越真实，他创造的力量也就越强大。因为"书本固然是增进经验，取得知识的一种工具，但决不是唯一的工具。除了书本，还有实际的观察，亲身的历练，都可以增进经验，取得知识。两相比较，实际的观察和亲身的历练尤其重要"，书本只是这些事项的记录，而

---

① 单永志. 叶圣陶主体性教学思想论析［J］. 教育探索，2008（6）：3—4.

实际的观察和亲身的历练才触着了这些事项的本身。

三、叶圣陶儿童观的教育启示

叶圣陶的儿童教学方法经过长期的研究、实践与探索，已经在我国教育现实的基础上形成了一套完整的系统。

（一）探索与实践——课程思想

作为我国现代教育史上课程问题的最早探索者之一，叶圣陶曾几度承担我国中学语文课程标准的起草工作，对于新中国成立后相当长时间内我国的语文教学工作发挥了积极的指导作用。[①] 课程思想是叶圣陶儿童教学方法的重要组成部分，从在早期的基础教育实践探索中初步形成，到20世纪三四十年代在针砭时弊、探索著述中趋于成熟，再到后期组织指导教育工作时期一以贯之，发展完善。或针砭时弊，或提出建设性见解，或亲自创制[②]，叶圣陶的课程思想立足于我国国情，极富现实意义。

（二）发展的需要——儿童本位

叶圣陶是我国现代教育史上确立以人为本位，以儿童为本位的"为人生"的教育和课程价值观的先知先觉者之一。叶圣陶清醒地认识到各种课程形态的价值所在，重视活动课程的开发，较早清晰地论述了选修课程的独特价值。一般来说，选择课程内容的视角有三个：学科知识的传授、教者教学便利的取舍、儿童人生的需要。早在20世纪初，叶圣陶在思考选择课程内容问题时，考虑到满足儿童人生的需要，看到了前两种视角的不足，注意到许多关系人生的有价值的事物没有被列入学校课程的现象，洞察到学校课程的缺憾。由于多方面因素的影响，有些学科被纳入学校课程

---

① 陆平. 叶圣陶课程思想及新课改启示[J]. 南京社会科学，2007（10）：134—139.
② 同上.

体系，有些则被排除在外，而后者于20世纪后半叶才引起国际课程研究界的重视，这不能不让后人服膺于叶圣陶思考课程问题的思路之开阔，目光之深邃。①

（三）创造与想象——童话世界

叶圣陶在其所著儿童文学中传达的教育观念同样具有深刻的现实意义。叶圣陶的童话是纯真而质朴的，但是却蕴含着极其深刻的内涵。作为一位犹如"童话中拓荒者"的教育名家，他通过童话故事或其他儿童文学作品，让孩子们逐渐获得了社会与个体本身之间关系的清晰认识。虽然叶圣陶的童话多写于20世纪上半叶，集中反映的是当时的时代脉搏以及少年儿童和作家在那个时代的生活、理想和追求，但这些作品至今仍有重要的现实意义和教育价值。

附录：叶圣陶教育语录选摘

1. 教训对于儿童，冷酷而疏远；感情对于儿童，却有共鸣似的作用。所以谆谆告语不如使之自化。

2. 学生须能读书，须能作文，故特设语文课以训练之。最终目的为：自能读书，不待老师讲；自能作文，不待老师改。教师之训练必作到此两点，乃为教学之成功。

3. 教习某科为教学工作，熏陶善诱为教育工作，凡为教师，固宜教学与教育兼任也。

4. 做教师最主要的是不说假话。要求学生做到的，自己要先做到。

5. 自始即不多讲，而以提问与指点代替多讲。提问不能答，指点不开窍，然后畅讲，印入更深。

6. 读书忌死读，死读钻牛角。

---

① 陆平. 叶圣陶课程思想及新课改启示 [J]. 南京社会科学，2007（10）：134—139.

7. 尽量运用语言文字并不是生活上一种奢侈的要求,实在是现代公民所必须具有的一种生活能力。

8. 人们最高精神的连锁是文学,使无数弱小的心团结而为大心,是文学独具有力量。文学能揭穿黑暗,迎接光明,使人们抛弃卑鄙和浅薄,趋向高尚和精深。

9. 教师当然须教,而尤宜致力于"导"。

10. 要文章写得像个样儿,应该在拿起笔之前多做准备功夫。准备功夫不仅是写作方面的纯技术的准备,急躁是不成的,秘诀是没有的。实际生活充实了,种种习惯养成了,写文章就会像活水那样自然的流淌了。

20 周作人：发现儿童

王璐环

一、周作人其人

周作人（1885—1967），原名櫆寿（后改为奎缓），字星杓，中国现代著名的散文家、文学理论家、评论家、诗人、翻译家、思想家，中国民俗学的开拓者，新文化运动的杰出代表；历任国立北京大学教授、东方文学系主任，燕京大学新文学系主任、客座教授。

周作人一生翻译了许多高质量的日本和古希腊文学经典汉语译本，包括日本现存最古的史书《古事记》、滑稽短剧《狂言选》、平安时代随笔代表作《枕草子》、滑稽本《浮世澡堂》，古希腊喜剧《财神》《希腊神话》《伊索寓言》全译本等。除翻译作品外，还著有《知堂文集》《周作人书信》《知堂回忆录》《药堂杂文》《中国新文学的源流》《近代欧洲文学史》等。

周作人是现代中国历史上"发现儿童"的第一人，他的儿童观集中见于《祖先崇拜》和《儿童的文学》两部书中。他提出"儿童文学"的概念，并撰写多篇儿童文学文章。著名教育家钱理群认为周作人已经开始尝试运用人类学理论来研究童话，这也是国内运用西方现代科学来研究童话的最初尝试。"周作人把儿童视为'未来之国民'，将儿童教育与民族的兴亡直接联系起来：这正是这一时期他教育思想的基本出发点。"[①]

---

① 钱理群.周作人传[M].北京：北京十月文艺出版社，2005：140.

二、周作人儿童观的阐释

周作人认为"儿童的生活,是转变的生长的","儿童期的二十几年的生活,一面固然是成人生活的预备,但一面也自有独立的意义和价值"。① 西方在 16 世纪发现了人,在 18 世纪发现了妇女,在 19 世纪已经发现了儿童;而中国受儒家思想的影响,不重视妇女和儿童的人格。因此,对儿童的文学教育就被周作人纳入"人的文学"的范畴。他的儿童观,倘若一言以蔽之,便是"以儿童为本位"。结合他 20 世纪初的儿童学论述,可以将周作人儿童观的主要内容归纳为以下五个要点。

(一)儿童作为独立的个体

成人要把儿童当作人,这句话的意思是不能把儿童看作缩小的成人与不完全的小人或父母的私有物。周作人认为儿童时期作为成人生活的预备,固然应该接受作为将来生活的预备的一些知识;但另一方面,儿童也是"完全的个人,有他自己内外两面的生活"②,儿童期也有自己独立的意义与价值,这对于个人成长来说是非常重要的,一味地让儿童成人化,是对儿童的不尊重。

时事链接

儿童唱歌成人化引热议

许多家长表示,自己的孩子热衷于改编、传唱恶搞儿歌,内容不仅有"炸学校""老师最凶"之类的,甚至还有一些十分成人化的内容,这让家长们忧心忡忡。成都市未成年人心理咨询中心副主任袁茵说,虽然改编歌曲能给孩子带来一定乐趣,但恶搞儿歌不利于孩子成长,"因为恶搞儿歌

---

① 罗庆云,戴红贤.周作人与民国早期小学语文教育的"儿童文学化"[J].武汉大学学报(人文科学版),2012(1):100—105.
② 钟叔河.周作人文类编[M].长沙:湖南文艺出版社,1998:682.

往往内容肤浅,会影响孩子心理成长,甚至可能误导孩子"。袁茵认为,现在许多儿歌注重引导性,但却忽视了与儿童心理特点和现实生活的贴近性,"这些儿歌不能和孩子产生共鸣,孩子不理解,所以不会喜欢"。袁茵建议,要引导孩子传唱"有营养"的儿歌,就需要儿歌创作者去了解孩子,写出更多反映他们真实生活的作品,当这些作品和孩子产生共鸣后,他们才会真正喜欢。①

(二)儿童的生活是转变着生长的

儿童成长有其顺序和规律,既不能用静止的眼光看待儿童,也不能不顾儿童的生长特点及自然程序去"揠苗助长"。周作人在《儿童研究导言》中对儿童期进行了更加确切的划分。在该文中他介绍了儿童学上比较普遍的划分方法,将儿童期分四部分:婴儿期(1—3岁)、幼儿期(4—8岁)、少年期(9—14岁)、青年期(15—25岁)。"盖儿童期虽包括上列四者,而大要又可分为二,即自诞生至十四岁为前期,十五至二十五岁为后期。普通儿童研究,恒归重于前期,而别为青年期研究详治之,今亦依其例焉。"不同阶段的儿童有不同特点,需要不同的教育,这一点在发展心理学中也得到了相应的理论支持。

时事链接

一年级要学复杂字,家长担忧孩子难适应

苏教版低年级的语文识字课本将"戈""矢"这些复杂的字编排在了开始的部分,引起了很多家长的质疑,认为这样的安排不仅难度大而且学习效果不佳。参与苏教版小学语文"大纲本""国标本"教材编写的江苏省语文特级教师、金陵中学河西分校小学部校长杨新富对此作出了回应:"家长提到的那些复杂的字在苏教版教材上属于'认一认'这个板块,不

---

① 黄越,李明宇.张嘴就唱爱情买卖 小学生说"很有感觉"[N].华西都市报,2011-03-15.

在生字表里。这里面的字只要求学生认识，不要求会书写。""这些字都在课文里或者古诗词里出现，如果不列出来加上拼音，会影响孩子对文章的整体阅读。把复杂字单独拎出来，也只是混个眼熟而已。"杨校长提出，这种"识写分流"的方法体现了"寓识于读，以识促读，识写结合"的原则。

此外，杨校长还提到了应该让孩子顺其自然，不要低估了孩子从生活中自己识字的能力。"日常生活就是一个大的语言环境，孩子在生活中不自觉地就认识了很多字。学前刻意让孩子去学字，甚至强迫孩子参加各种辅导班都是不可取的，只会取得反效果。"

教育是动态的，是一天天超越，也是一点点改变的。对于学校的教学内容，一方面要遵循儿童的身心发展特点，另一方面也要考虑儿童的兴趣。对于识字来说，一年级关键是培养孩子的识字兴趣。可将识字与儿童的日常生活紧密结合，让孩子感受汉字的趣味性。

（三）儿童有丰富的想象力

儿童最大的特点是爱幻想，成人应尊重并加以开发与引导。如果儿童的想象被压迫，他将失去一切兴趣，变成枯燥的唯物人；若被放纵又将变成梦想家，同样有害无益。儿童最可爱的地方莫过于天马行空的想象力，这些是他们最宝贵的财富。而在当前教育中，很多时候成人和教师都在扮演园艺师的角色，用手中"标准化"的剪刀，把那些充满想象的枝桠剪断，让每个孩子都变成了标准化的产物，孩子的年龄越大，越缺乏想象力。

（四）以幼者为本位

在中国传统的家庭中，一直遵循的是"父为子纲"的旧道德观，而周作人则主张家庭关系应"以幼者为本位"，主张废除祖先崇拜，改为子孙崇拜，倡导"祖先为子孙而生存"的新型家庭道德观。在《祖先崇拜》一文中，周作人一方面论述了祖先崇拜存在不科学性，认为祖先崇拜的起源在于精灵信仰本来就是一种迷信的存在，应予以废止；另一方面，他认为传统封建思想当中的还债关系是祖先崇拜的理论支撑，但从科学的自然律来讲，父母与子女之间应当是一种相互的义务关系，应该由"天性之爱，互相联系住"，共同向积极的一方面去发展进化。① 周作人的这一观点对当时的封建思想具有颠覆性的意义，"幼者本位"的观点不仅提高了儿童在家庭、社会中的地位，而且为开展幼儿教育提供了重要的理论基础。

（五）儿童是国家的未来

在周作人的儿童观中，儿童具有重要的社会作用，是未来的国民，是事关种族兴衰的源头。儿童属于民族与人类，"盖儿童者，未来之国民，是所以承继先业"，儿童是国家、民族的未来与希望。这一观点的提出与周作人所处的时代有很大的关系，当时的中国战乱不断、内忧外患，各路知识分子都在寻求救国治国之道。周作人的这一观点，可以视为一种教育救国论。"教育之效，在养成国民性格，事甚繁重，范围至大。"② 儿童教育也就不仅是增长学识的活动，而成为事关国家民族的要务。

三、周作人儿童观的教育启示

围绕着儿童为本位这一价值取向，有研究者将周作人的儿童教育内容归纳为两点：承认儿童的社会地位和理解儿童的世界。这两点对现在的儿童教育仍有深刻的启示。

（一）给孩子看童话

周作人特别强调童话对儿童的重要作用，就像他们必吃的食物一般，

---

① 孟惺惺.周作人儿童教育思想研究[D].辽宁师范大学，2011：4.
② 周作人.家庭教育一论[J].绍兴县教育会月刊，1914（6）：9.

倘若没读到,他们就会自己编造,这种编造往往很粗劣,难以满足儿童自我成长的需求。这一点不难理解,孩子有孩子的天性,他们在儿童时期非常喜欢阅读故事、童话、寓言等包含生命力的幻想类作品,没有哪个孩子是不爱看童话的。

在周作人看来,童话有两方面的功能:一能激发儿童的想象力,二能让儿童了解成人世界。有人曾经认为儿童如果只看童话会变得十分天真,不能适应现实社会。周作人认为这种忧虑无异于杞人忧天,并从两方面对童话和神话进行了辩护。一方面,儿童有自己独立的生活,有自己独立的想象世界,在儿童的世界里,他们相信猫狗草木都是有思想的,能够说话的,如果强制性地遏制了他们这种思想的发展反而是有害无益的;另一方面,儿童的生活是"转变的生长的",儿童相信猫狗草木有思想、会说话的这一时期是人生无法越过的阶段,对于父母和教育者来说,只需要适当地供给,正确地引导,这样不但使儿童感到欢愉,得到他们所必需的精神食粮,而且也造不成坏的影响。①

关于童话如何选择,周作人也在著作和文章中进行了分析:有些童话不适于儿童阅读,成人思想太浓重、太忧郁等都不适于儿童阅读,有些童话比如安徒生童话,是很适合儿童看的。为儿童提供适合他们的、高质量的动画片是我们需要完成的任务,并且要引导他们正确理解故事中的内容。

时事链接

少儿名著扎堆再版

记者在一家图书大厦的儿童图书区观察了一下各类少儿图书,发现"经典名著"的版本实在很多,尤其是"四大名著""百科全书""十万个为什么"和"世界经典童话"。简单数了两个书架,总共有六七个版本的

---

① 孟惺惺.周作人儿童教育思想研究[D].辽宁师范大学,2011:19.

"百科全书"和"十万个为什么""四大名著"也有四五个版本。最让人咂舌的是,在二楼的搜书系统里,记者竟然搜到近30个版本的"安徒生童话"。[1]

经典固然值得我们一再阅读,但是数量如此众多的再版,除了利益需要之外,是否还反映出了一点原创的优秀儿童文学的缺乏呢?如何为儿童创造一个健康的文化环境,为儿童提供更多优质的文学作品,才是我们真正需要关注的重点。

(二)考虑儿童发展的阶段性

在周作人看来,不同时期的儿童,需阅读和学习的文学作品也应该是不同的。这一点是十分科学的,因为儿童的认知是不断发展的,对应他们的发展阶段,周作人把童话、诗歌、寓言等按照不同的教育重点和教育功效进行了安排。

例如,周作人认为在幼儿前期的主要教育内容有诗歌、寓言和童话三种。诗歌的作用在于声调的优美,粗俗的内容应该予以排斥[2];寓言的主要教育意义在于它有趣的内容,过于悲痛、残酷和恐怖的故事不应选入其列;童话的作用在于激发儿童的想象力,让儿童有美的感受,但不宜夸大其作用。而在幼儿后期的主要教育内容是诗歌、童话等。这一时期的诗歌就要注意内容上的选择,童话的内容也应注意,不要去培养滋生儿童崇拜英雄的心理或助长儿童的暴力行为。周作人认为安徒生的不少童话都是很适合这一时期的儿童阅读的。少年期,应选取更为丰富的文学内容带给儿童。可以选取一些不同国家的英雄事迹,以免使儿童的理解过于偏颇,引起不适当的英雄崇拜与爱国心。[3]在儿童阅读时,成人要给予其一定的指导,教导儿童形成良好的阅读水平和正确的价值观念。这个过程,是激发儿童

---

[1] 潘冬."安徒生童话"竟有30个版本[N].金陵晚报,2013-11-06.
[2] 孟惺惺.周作人儿童教育思想研究[D].辽宁师范大学,2011:19—20.
[3] 同上.

的创造力和想象力的良好时期,要尊重和鼓励儿童形成自己的想法。

(三)对儿童的性教育

周作人的性教育思想主要来源于英国思想家蔼理士。① 蔼理士是在生物学和心理学的基础上,对人类两性关系进行科学研究的先驱者,他尽毕生之力,披荆斩棘,终于突破了传统的愚昧所设下的重重障碍,在西方奠定了人类两性之学的基础,为社会上推广性教育提供了科学教材。

在当时,由于中国的传统文化特点,性教育几乎是简单鄙陋的,很多乡村中小学都不进行性教育。在性教育是否开展和怎样开展的问题上,周作人是十分超前的。周作人认为没有恰当的性教育是中国封建社会伪道德盛行和歧视妇女儿童的根本原因。从儿童期就予以恰当的指导,使儿童得到正确的性知识才能确保儿童的心理向健康的方向发展。

周作人曾翻译过戈斯德的《民种改良之教育》,文中涉及了一些性教育的问题,提到儿童对于自然界繁衍生息的现象势必会感到好奇,对于弟弟妹妹是从哪来的也会问个究竟,而大人则有意无意地向儿童传达了一些错误的不完全的信息,比如告诉他们是从垃圾袋里捡来的,或者以一些其他的荒唐可笑的理由含糊其辞。儿童得不到合理的解释,必然会感到神秘,如周作人所描述的:"使神秘庄严之事,转为秽隐,因以污其心灵,为害于终生。"

周作人认为较为恰当的方式应该是由特定的人选,如教师、医生等教给儿童正确的科学的性知识,并引导儿童正确地学习,端正儿童对于性的态度。② 恰当的性教育还能引发儿童对生物学及生理学、医学等方面的兴趣,对于将来的生活是有益而无害的。当孩子提出有关性方面的疑问时,父母不应回避,而宜用孩子能理解和接受的言语和方式予以解答,使孩子的好奇心和求知欲得到满足。

---

① 肖晓玛.周作人教育思想探略[J].教育评论,2004(1):89—91.
② 孟惺惺.周作人儿童教育思想研究[D].辽宁师范大学,2011:25.

在当代社会，人们对于儿童的性教育也有待加强。一方面父母自身行为的模范很重要，父母为孩子树立良好的榜样，就会使孩子热爱人生，热爱生活，正确对待性的问题。另一方面，对常遇到的问题应恰当予以理解。如对于人是怎样出生的这一问题，可以从植物开花结果讲起，接着联系到人的性与生殖，也可以从动物的生殖活动进行示范性比喻。进行性教育时既要如实相告，又不能太复杂；既要肯定孩子的求知欲，又要把一些具体细节很自然地延迟到孩子的未来生活中去了解。

（四）儿童的游戏与玩具

游戏与玩具这种儿童生活中琐碎的东西，在周作人看来都包含着教育意义，是儿童教育的重要补充。① 爱玩是儿童的天性，他们往往在游戏中成长。充裕和恰当的游戏时间帮助儿童理解规则、理解社会，是儿童形成各种社会观念的重要组成部分。儿童的生活中是离不开游戏的，而且游戏占据他们生活的大部分时间。如果能将游戏与一些教育内容很好地结合，可以达到寓教于乐的效果，而且符合儿童生活的规律。

在周作人看来，游戏不但可以提高儿童的审美意识和生活趣味性，而且能够激发儿童艺术创作的灵感。所以说，游戏是培养儿童艺术感和创造性的良好法门。很多人们熟知的游戏方式，都可以让儿童学到很多东西，比如剪纸、折纸、捏泥人、涂鸦绘画等。几乎所有的儿童都喜欢画画，这是创造的萌芽。

成人指导儿童在适当适时的游戏中发展自己的特长，在周作人看来是必要的，也是十分有价值的。玩具则是儿童进行游戏时的道具，同样不应当被人们忽视。而且"玩具本来是儿童本位的，是儿童在'自然'这学校里所用的教科书与用具"。如果说游戏是儿童的事业，那么玩具就是儿童在完成事业的过程中所使用的器具。"今言幼稚教育而轻视玩具，是犹弃

---

① 孟惺惺.周作人儿童教育思想研究[D].辽宁师范大学，2011：26.

斧匠,毁规矩。"① 周作人认为玩具与游戏一样,都可以促使儿童形成美感和审美意识,这些不用成人刻意去指示,哪个丑,哪个美,即对于儿童美感的教育并不在于"示以艺术之极品,告以美学之理法"②,让儿童在游戏、玩具之中,自己接触各种各样的,包括不同的颜色、不同的形状、不同的纹地,这些都会吸引儿童的注意力,让他们在耳濡目染中习得一些知识。故周作人强调玩具要"足助精神之发达,有益于品性之修养""色彩、形状、花样皆求其美,以儿童趣味为主"。

今天的儿童受到了极大的关注。可是,我们真的像周作人所提到的以儿童为本位,尊重他们的世界吗?当今的儿童依旧被成人、社会风气干涉到无以复加。真正的以儿童为本位,是让儿童健康自由地发展。儿童良好地发展是一个国家、一个民族振兴的希望。在这点上,我们仍需进行深入的思考,思考中国的教育该何去何从。

附录:周作人教育语录选摘

1. 以前的人对于儿童多不能正当理解,不是将他当作缩小的成人,拿"圣经贤传"尽量的灌下去,便将他看作不完全的小人,说小孩懂得甚么,不去理他。近来才知道儿童在生理心理上,虽然和大人有点不同,但他仍是完全的个人,有他自己的内外两面的生活。

2. 学校之教,但为人生教育之中坚,未为尽教育之能事。学校之外,有社会之应响,举凡制度、礼法、宗教、习俗、职业、交游皆是,于造成个性,至有关系。其内有家庭之影响,以家族关系,与儿童年龄之故,先入为主,习为天性。

3. 盖学校制度纵极完善,达于理想之域,而校(效)用各殊,终不能代家庭而有之。

---

① 孟惺惺.周作人儿童教育思想研究[D].辽宁师范大学,2011:26.
② 同上:26—27.

4. 我们承认儿童有独立的生活，就是说他们内面的生活与大人不同，我们应当客观地理解他们，并加以相当的尊重。

5. 我们对于教育的希望，是把儿童养成一个正当的"人"，而现在的教育却想把他做成一个忠顺的国民，这是极大的谬误。

6. 我很反对学校把政治上的偏见注入小学儿童，我更反对儿童文学的书报也来提倡这些事。

7. 今言幼稚教育而轻视玩具，是犹弃斧匠，毁规矩。

8. 教育之效，在养成国民性格，事甚繁重，范围至大。

9. 儿童期的二十几年的生活，一面固然是成人生活的预备，但一面也自有独立的意义和价值。

10. 儿童同成人一样需要文艺。

后 记

长期以来，我们习惯于从成人的视角认识世界、看待教育，也习惯于在学校教育中按照成人的思维方式及习惯来安排、实施学校的教育教学活动，儿童的兴趣、爱好、情感，他们的想法、愿望、诉求等常常被漠视或遗忘。

记得几年前在甘肃兰州组织联合国儿童基金会"SDP与爱生学校管理项目"的培训时，我们从一所农村小学找来了十多位三、四年级的小学生，让他们给自己的学校画一张地图，然后再说一说学校哪些地方安全、哪些地方不安全以及为什么。这些孩子们说："学校大门口不安全，门太小了，每天放学时很多家长堵在门口，特别拥挤，外面路上有很多汽车，我们出门都费劲！""学校的主席台虽然有台阶，但只有一面。总有同学喜欢直接从上面跳下来或不小心摔下来。如果安一个滑梯就好了，就像公园一样。""上学的路上，经常有高年级的同学向我要钱，我们都被劫过。""教学楼下边不能走，因为有玻璃松了，一刮风就可能从楼上掉下来。""课桌的角如果做成圆形的，可能更安全一些。""下课时如果校园里放一些优美的音乐，就不会像现在这样太吵闹，而有益于我们的心情。"……学生们站在自己角度说的每一句话，都使我们感叹、震撼，引起我们深深的思考。当时，一位参与培训、教书近30年的小学老师说："从来没想到学生会这样看问题，他们给我上了难忘的一课！"

其实，从儿童的视角来观察、透视我们的学校、教育乃至整个世界，常常会使我们惊喜、惊讶地发现我们难以体察到的、忽视的，或认为理所当然、应该如此的很多事情或事务，在儿童看来则完全是另外一种景观、一个别样的世界。作为第一部保障儿童权利且具有法律约束力的国际性约定，《儿童权利公约》于1989年获得联合国大会通过。儿童最基本的权利，包括生存权、发展权、受保护权、参与权等，受到成人们的重视，并确定了四项基本原则：无歧视、儿童利益最大化、生存和发展权、尊重儿童的想法。联合国儿童基金会为更大限度地保护儿童权利，在全世界大力倡导"儿童视角"，即想儿童之所想、乐儿童之所乐，以儿童的眼睛去看，以儿童的耳朵去听，以儿童的心灵去体会、感知世界，让成人们在尊重儿童的基础上纠正认知、态度及行为偏差，使儿童能够健康、自主地成长。

然而，遗憾的是，随着时光流逝，我们的童心渐行渐远，我们与孩子也有很多隔膜，我们的课堂充满了功利性，儿童的主体性、自主性等被遗忘，尊重儿童的思维方式、成长规律、价值观念等也成了空话。爱因斯坦曾说："你能发现的关键在于你的发现方式。"对于我们身边熟悉的东西，一旦观察视角发生改变，就会有新的感触和体会，社会生活、教育教学工作也概莫如此。

基于此，我们编写了这本书稿，期待能够从国内外教育名家的儿童观中有所感悟、有所思考，并在现实生活中，关注儿童的兴趣、心理、认知水平、思维品质，尊重他们的权利、维护他们的尊严，为他们人格的健康发展创造和谐、宽松的环境，不仅使他们受到公平、公正、体面的对待，而且使他们的禀赋、个性、潜能等都得到充分的发挥和展现，使我们的学校、家庭、整个社会都能成为儿童向往的精神家园。

本书共分二十章，每一章均由四部分构成，即：名家其人，名家儿童观的阐释，名家儿童观的教育启示，名家教育语录选编。本书的编写人员由两部分构成：一部分是教育管理领域的专家，另一部分是学校管理者。具体分工为：

第一章：郑策；第二章：孙琦；第三章：雷雪玉；第四章：邱化民；第五章：阿依古丽、周小娟；第六章：艾巧珍；第七章：徐庆萍；第八章：

欧恬；第九章：李廷洲；第十章：吕凤楠；第十一章：王莉方；第十二章：麻嘉玲；第十三章：姜男；第十四章：潘安琪；第十五章：邱化民；第十六章：李廷洲；第十七章：钟声辉；第十八章：吕凤楠；第十九章：赵扬；第二十章：王璐环。姜男和王莉方进行了组织协调，并对书稿分别进行了一审和二审；我负责全书的体例编撰、通稿，以及最后的修改与校订工作。

感谢各位作者对编写工作的大力支持，感谢华东师范大学出版社的程晓云女士为本书贡献的智慧与力量。

尽管编写人员付出了很大的努力，但由于多种原因还存在不少遗憾。敬请各位读者批评指正，不吝赐教！

楚江亭
2014 年 2 月 28 日于北京京师园

 华东师范大学出版社
全国百佳图书出版单位

教师爱阅读

书香传幸福

 大夏书系

全国知名教师用书品牌

- 华东师范大学出版社北京分社策划出版
- 至今已出版500余种，销售1800万册
- 涉及教育理论、教师素养、教师专业发展、班主任工作、学校管理等

大夏书系读书节——推动教师全员优质阅读的公益平台

我们愿意以专业的精神和最大的诚意为各地教育行政部门提供支持

图书推荐
传递最优质、最新出版的图书信息,结合当地读书需求推荐最合适的图书

活动策划
按照需求,策划读书活动,邀请国内知名教育专家、图书作者参与阅读现场

媒体支持
由我社创办的《教师月刊》杂志为您提供免费报道,并邀请国内权威教育媒体参与活动

深度参与
《教师月刊》、大夏书系的编辑和记者可深入当地进行座谈、讲学

GO 大夏书系
读书节的足迹

江苏、上海、河南、
湖南、北京、黑龙江、
福建、四川、甘肃、江西……

《与大数据同行——学习和教育的未来》

维克托·迈尔-舍恩伯格 等著　42.00

《大数据时代》作者最新力作，预见全新的教育时代

与大数据同行的学习就是未来的教育，这既是书名的意义，也是本书的主题。

多年以来，事实上是多个世纪以来，教育领域的决策从来就是在缺乏数据的基础上作出的。弄明白哪些教学技术确实会产生作用，而哪些教学技术不会产生作用，正是本书所探讨的一场革命。

我们第一次要求自己拥有理解学生正在做什么的能力。我们能够理解在最大规模情况下学生是如何学习的，理解在任何给定的学年中数以百万计的各种数据。不同于旧有的调查世界，我们能够把两种规模的数据连接起来使用——大数据是数以亿万计的小数据的汇集。

教育的未来依赖于本书巧妙而有力地论证的特征：教学的个性化，把有效努力从无效努力中分离出来的反馈循环，以及由大规模数据集的概率预测而产生的设计体系。决定着教育之未来的，是那些更好地利用大数据来适应学习的组织。

分享人：克莱·舍基

著名教育学者朱永新、李希贵力荐，《中国教育报》《文汇报》、澎湃网等众多媒体重磅推荐

《教师如何做课题》

李冲锋 著　39.80

一本指导教师成功申报课题到推广成果的实战书

《教师如何做研究（第二版）》

郑金洲 著　25.00

全国教师教育推荐使用课程资源，贴近中小学教师教学实际

《教育与脑神经科学》

大卫·苏泽 等著   35.00

一本将最新脑神经学研究成果应用于教学实践的书

在手机、电脑等多媒体触手可及的环境中,学生已经很难安分地静坐45分钟听教师上(讲)课。教育工作者必须审慎地思考:如何利用我们对大脑的新知来恰到好处地改变学校、改变课堂,有效地激发孩子们的成长潜能。

本书的书名听起来有点高深莫测,但出自不同作者之手的学术探讨都深入浅出,秉承着美国学者重视实用的著述传统,注意将大脑研究的最新成果转化为改进、变革和推动学校教学的实践活动,通俗易懂,操作性强。细细读来,不禁让人感叹美国学者们扎实的理论研究与实践操作能力。

读完本书,你就能大体把握近年来与教学相关的神经系统学研究成果,也能熟悉各种促使你的学生勤奋好学并学业有成的教学策略与技巧。

分享人:方彤

荣获《中国教师报》、中国教育新闻网2014年"影响教师的100本书"之十佳图书,畅销美国多年,销量达数十万册。

《差异化教学》

格利·格雷戈里 等著 35.00

《课程领导者与教育技术》

林妮·施伦普 著 35.00

美国畅销教师工具书,差异化教学必读

《忠告中层——给学校中层管理者的47封信》 郑杰 著 29.80

首部直接为中小学中层管理者量身定做的成长图书

这本书，我几乎是一口气读完，其间不禁圈点勾画，共鸣有之，联想有之。

常被称为"风箱里的老鼠"的中层管理者，到底怎么做才"上对得起校长、下对得起老师、中对得起自己"呢？想起苏格拉底的"每个人身上都有太阳，主要是让它如何发光"。这岂止是一种教育理念，也道出了管理的本质和价值追求，刚到教科室上任时，我眼巴巴地求校长指点迷津，校长笑眯眯地说："第一，我支持你，你只管大胆去做；第二，按你的想法去开展工作。"呵呵，这与书中的校长何其相似？

读完这本书，我明白了：校长不可靠，只能靠自己；也好，我可以好好想想该怎么干。放手——这种类似无为而治的管理思想，会给教师一个广阔的发展平台。当教师真切地感觉到自己身上发生着美好的变化，其发光发热就是一个再自然不过的结果了。

说到底，管理者要关注的，始终是人，是人心。

分享人：王晓燕

入选《中国教育报》"年度教师喜爱的十佳图书"，《中国教师报》和中国教育新闻网"影响教师的100本书"，教育部中小学图书馆(室)推荐书目

《我的教育视界》
窦桂梅 著 42.00
魅力校长窦桂梅游学五国的的见闻和思考

《"瞎子摸象"——书生校长的西方教育见识》
程红兵 著 35.00
书生校长程红兵深刻阐发全球化背景下，如何"阅读他者"

《重建教师的精神宇宙》 李政涛 著 35.00

新基础教育领军人物李政涛教授叩问教师职业价值的警醒之作

李政涛兄发现,人很容易被自己的眼界、经验,被已有的荣誉、资历、地位所捆绑和束缚,这些东西会变成自设的监狱。所以,他提出了"教师如何重建精神宇宙"这个命题。他的意思很明确:教师要不断自我"越狱"。

在他那里,所有与之相遇的人与事,都会变成"朝向自我的教育","或从正面提醒,或从反面警醒。"这实际上也道出了"教育的味道"是如何生生不息的:在"面向他人的教育"和"朝向自我的教育"的双向转化中,教师从学生身上看到了教育的"不及物"之处和各种可能性,同时以不断生成的生命经验为新的教育资源,与学生分享自我生长的奥秘与愉悦。

这种转化,无时不存在于每个教师的人生,也无时不存在于这个人世间。其前提是,教师的精神宇宙是开放的、运动的,处于不断重建当中的。

分享人:林茶居

荣获《中国教育报》2014年"教师喜爱的100本图书"之十佳图书

《教育照亮未来——民国八大教育家经典文选》

杨斌 编 35.00

教育大家思想之灼灼光芒,现代教师研习之不朽经典

《迷人的阅读——10位名师的秘密书架》

朱煜 主编 35.00

《中国教育报》《中国教师报》、中国教育新闻网年度获奖图书

《教学勇气——漫步教师心灵》

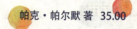 帕克·帕尔默 著　35.00

全球销售过百万的教师心灵之书，全新修订

对于教学，教学应符合学生的特点，社会的期待，学校的目标等，但我们很少想到，教学还应该符合教师的自我。对于教师，我们也有很高的要求：教师应具有高尚的人格、丰富的经验和教学智慧等，但我们很少想到，教师还应该具有教学勇气。

教学需要勇气。教学勇气就是指教师有勇气以符合他们内心最推崇的价值的方式教学，而不是以符合制度规范的方式教学，也不是以迎合学生的方式教学。

教学勇气源自教学的内部景观，就是用真心去教学，就是使教学契合本性，就是追求完整的教学。之所以如此重视教学勇气，主要是因为它是优质教学的前提，它能保障心灵的健康，它有助于教学的变革。

美国著名作家、教师、活动家帕尔默的《教学勇气——漫步教师心灵》对教学勇气的精辟论述对我们所有从事教育工作的人都具有重要的启发意义。

分享人：罗祖兵

《我的教育信条》

[美]杜威 著　罗德红 等 编译　35.00

精选适合中小学教师阅读的杜威著作，教师节献礼之作

《教师的价值》

钱梦龙 著　35.00

一位教龄与新中国同岁的老教师的传奇经历

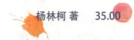

《推动自己，就是推动教育》　　杨林柯 著　35.00

一位"真正的教师"的真话录

读了杨老师的"万言书"，我一则以喜，一则以忧，最后仍怀希望。

这些年，我一直在寻找"真正的教师"，而且总有收获。在我看来，真正的教师的出现，这应该是中国教育改革的重要成果；同时，这些真正的教师所遭遇的困境，也在一个相当重要的方面，反映了中国教育和改革的某些深层次的问题。

我之所以把"杨老师们"称为"真正的教师"，是因为他们的教育理念与实践，不仅体现了教育的本质、教育的良知，而且体现了我们正在推进的教育改革的基本精神。

杨老师所要倾心培育的"独立思考，独立判断，独立行动"的人才，也是国家最需要的"创新型"人才。而且最为难能可贵的是，"杨老师们"把这样的教育信念和理想融化到日常细微的教学工作之中，"认真上好每一堂课，精心组织好每一个班级活动，不期待奇迹发生，只要求有微小的变化，移步而换形，潜移而默化，不苛求立竿见影，一切着眼于长远的发展"。

因此，我说他们是在用自己的平凡的教学活动，悄然无声地改变着学生，改变着自己，也改变着中国的教育，我称之为"静悄悄的教育变革"。

分享人：钱理群

《给教师的阅读建议》

闫学 著　32.00

一本带你走近更多好书的阅读指南

《下辈子还教书》

蔡兴蓉 著　35.00

"鬼才癫师"独辟教书之道，演绎非常人生

教师素养

教师素养的高低决定了教师的专业发展水平；教育专家的反思和建议，一线教师的成长经验，有助于老师们开阔视野，理解教育

- 《教学勇气——漫步教师心灵（十周年纪念版）》　帕克·帕尔默 著　35.00　热卖
- 《与大数据同行：学习和教育的未来》　维克托·迈尔-舍恩伯格 等著　42.00　热卖　New
- 《我的教育信条》　杜威 著　罗德红 等编译　35.00　New
- 《我的教师梦——钱理群教育讲演录》　钱理群 著　30.00　★
- 《李泽厚论教育·人生·美——献给中小学教师》　李泽厚 著　杨斌 编选　35.00　★
- 《重建教师的精神宇宙》　李政涛 著　35.00　★　热卖
- 《不跪着教书》　吴非 著　22.00　★　★　热卖
- 《教育照亮未来——民国八大教育家经典文选》　杨斌 编　35.00　★　★　★　热卖
- 《推动自己，就是推动教育》　杨林柯 著　35.00　New
- 《教育是心灵的艺术——李镇西教育随笔选》　李镇西 著　35.00　New
- 《我的教育视界》　窦桂梅 著　42.00　★　热卖
- 《下辈子还教书》　蔡兴蓉 著　35.00　New
- 《教师的价值》　钱梦龙 著　35.00　New
- 《教育公平》　兰德尔·林赛 等著　35.00　New
- 《第三只眼睛看教育——5位海外华人学者的教育省察》　陈心想 等著　35.00　New

- 《为幸福而教——教育长短记》 檀传宝 著 35.00 New

- 《迷人的阅读——10位名师的秘密书架》 朱煜 主编 35.00 ② ③ 热卖

- 《"不乖"教师的正能量——海峡两岸30位优秀教师的修炼之道》 谢云 等 主编 35.00 ② ③

- 《幸福教师五项修炼——禅里的教育》 谢云 著 35.00 ① 热卖

- 《给教师的60条法律建议》 雷思明 著 29.80 热卖

- 《做幸福的好教师——名家名师教育访谈》 朱永通 著 35.00 New

校长领导力

校长需要立足学校管理实践，从学校文化、教学引领、人才战略等方面入手，提升领导力和办学素质

- 《忠告中层——给学校中层管理者的47封信》 郑杰 著 39.80 ① ② ③ 热卖

- 《战略的胜利：初中崛起的秘密》 郑杰 著 32.00

- 《学校文化建设的路径——书生校长的教育行动》 程红兵 著 35.00

- 《"瞎子摸象"——书生校长的西方教育见识》 程红兵 著 35.00 New

- 《教育如此迷人——好学校是如何成长的》 杨勇 著 35.00

- 《优秀校长99个成功的管理细节》 陈兴杰 主编 29.80 ① 热卖

- 《学校管理从何入手：内部管理机制建构》 李雯 著 29.80 ①

- 《校长领导力修炼》 王铁军 著 29.80

- 《学校管理的50个典型案例》 程凤春 著 25.00 热卖

教师专业成长

教育专家和一线名师对不同课堂、学科进行系统性的思考，对课堂的结构与意义进行剖析，帮助老师们提高课堂教学效果

- 《教育与脑神经科学》　　大卫·苏泽 等著　方彤 等译　35.00
- 《差异化教学》　　格利·格雷戈里 等著　刘颂 译　35.00
- 《差异化教学探究：文学、数学和科学》　　莱斯莉·劳德 等著　35.00
- 《课程领导者与教育技术》　　林妮·施伦普 等著　35.00
- 《学会教学（第六版）》　　阿兰兹 著　68.00
- 《有效教学十讲》　　余文森 著　29.80
- 《好懂好用的教育心理学：解决学生学习的10个困惑》　　赵希斌 著　28.00
- 《教育中的心理效应（第二版）》　　刘儒德 主编　29.80
- 《课堂密码（第二版）》　　周彬 著　29.80
- 《教师如何做课题》　　李冲锋 著　39.80
- 《跟随佐藤学做教育——学习共同体的愿景与行动》　　陈静静 等著　35.00
- 《问题学生诊疗手册（第二版）》　　王晓春 著　32.00
- 《听，学生在说——故事里的教育心理学》　　赵希斌 著　32.00
- 《给教师的阅读建议》　　闫学 著　32.00
- 《吴正宪给小学数学教师的建议》　　吴正宪 编著　29.80

- 《数学教育的智慧与境界》　　任勇 著　39.80

- 《小学语文文本解读（上、下）》　　闫学 著　各32.00　❸

- 《语文的回归：一个大学老师的小学课堂》　　陈国安 著　36.00

- 《什么是我们的母语——民国三大家论语文教育》　　叶圣陶 夏丏尊 朱自清 著　35.00　New

- 《给音乐教师的建议》　　王艳芳 著　28.00

班主任成长

荟萃名家的德育思考和优秀班主任的实践智慧，针对当前学校的现实问题，提出合宜的解决方案，是德育教师的智慧百宝箱

- 《班主任兵法（修订版）》　　万玮 著　25.00　❶❷ 热卖

- 《清华附小的德育细节》　　窦桂梅 丛书主编　35.00　热卖

- 《创建幸福教室的35个秘密》　　梁岗 著　32.00　New

- 《班主任幽默施教100篇千字妙文》　　张万祥 主编　32.00　New

- 《班主任工作艺术六讲》　　刘金玉 著　35.00　New

- 《美学是未来的教育学：德育世界的探寻》　　檀传宝 著　35.00　New

- 《做学生最好的成长导师——张青娟班主任工作艺术99例》　　张青娟 著　35.00　❶

- 《班级管理智慧案例精选》　　熊华生 主编　29.80　❶

- 《中小学班级主题活动40例》　　庄传超 主编　29.80　❶❷ 热卖

- 《给年轻班主任的建议》　　张万祥 主编　22.00　❶❹ 热卖

学前教师教育

权威专家对幼儿园教师专业成长进行全方位的指导，既有具体案例的分析，也有国家标准的解读

- 《<3-6岁儿童学习与发展指南> 案例式解读》　　管旅华 主编　　32.00　热卖
- 《幼儿园创意美术活动案例集》　　谢颖蘋 主编　　45.00
- 《幼儿园活动设计与经典案例》　　张亚军 方明惠 主编　　32.00　3 热卖
- 《<幼儿园教师专业标准（试行）>案例式解读》　　尹坚勤 管旅华 主编　　32.00
- 《怎样做幼稚园教师》　　陈鹤琴 著　　29.80
- 《给幼儿园园长的建议》　　朱家雄 张亚军 主编　　28.00　热卖
- 《幼儿园保教管理工作指南》　　马虹 李峰 等 编著　　35.00　New
- 《幼儿园安全策略50条》　　雷思明 著　　35.00
- 《开发幼儿智力和创造力的99个策略》　　（美）格温·斯奈德·科特曼 著　　29.80
- 《幼儿园音乐有效教学六讲》　　陈泽铭 著　　35.00

更多好书请登陆大夏书系官网　www.dxjy.com

- 阅读《教师月刊》
  做一个出色的自我教育者

  每期16元，全年12期共192元　　邮发代号 82－326

- **2015年封面报道：** 学生处主任王赫　　窦桂梅：站在课堂上的校长
  王木春：我的教育省思　　李镇西的课堂密码

- 我愿意向《教师月刊》表达"慢"的敬意：在期刊生产日趋泡沫化和功利化的今天，《教师月刊》坚持做一些能真正给人启迪和增强信仰的事情，愿意在快时代中下慢功夫，值得我们读者和作者尊敬。

  ——陈先哲（华南师范大学高校师资培训中心教师）

欢迎扫描教师月刊

微信：daxiashuke

欢迎到各大书店、网店购买

大夏书系官网　　　www.dxjy.com

阅读热线　　　　　010-82275571

客服邮箱　　　　　daxiakefu@163.com

QQ读者群　　　　　84913798

sina 微博　　　　　@大夏书系

sina 博客　　　　　@大夏书系